曹嬿 著

A Study of
the Role of
Court Interpreters

法庭口译员角色研究

上海人民出版社

前　言

法庭口译是保障司法公正的必要手段。交际各方对法庭口译员角色的正确认识是口译员介导的交际顺利进行的前提。尽管不少学者已经在口译员角色研究方面取得了重要成果，突出口译员是交际的参与者，但是这些成果至今尚未得到公众的广泛认可。人们对法庭口译员的角色定位仍然是“翻译机器”或“传声筒”，各法庭口译行业组织的行为守则仍要求口译员保持绝对“中立”和“隐身”。这不仅对口译员、对交际双方是不利的，而且也不利于保障司法公正。

本书以“法庭口译员角色研究”为题，借助翻译学、社会语言学以及社会学的理论资源，以法庭口译员“是否现身”、“如何现身”和“为何现身”为主线，深入剖析法庭口译员角色问题，并探讨口译员面临角色冲突的原因和解决途径。除了理论分析外，还加入了口译员、法官和律师的问卷调查和口译员深度访谈，以定性和定量相结合的“三角测量”研究策略，弥补单一的研究方法可能存在的局限性。作为对法庭口译员角色的一次跨学科研究尝试，本书力图打破口译研究相对封闭的视野，借鉴其他学科的既有成果，初步构建立体的法庭口译员角色理论框架。

由于法庭口译研究相较其他口译研究起步较晚,现有研究成果有限。借鉴其他场域的口译员角色研究,无论在研究方法,抑或是在研究内容上,都可对法庭口译员角色研究带来有益的启示。因此,作者选择首先对包括会议口译、社区口译在内的口译员角色研究成果进行梳理。不同于单纯依赖定性评价的文献综述,本书建立了国外和国内口译员角色研究文献数据库,利用文献计量方法,从文献来源、文献数量、研究场域、研究内容、研究方法和研究者等方面系统地梳理了国内外口译员角色研究取得的成果,通过定性与定量相结合的方法更加客观地提供一个该领域全景式的研究概览。在此基础上,作者进一步聚焦法庭口译员的角色问题,指出了目前研究的局限,以及进行跨学科研究的必要性。

作为一个相对年轻的学科,口译研究的发展和成熟迫切需要借鉴其他成熟学科的理论资源。对口译员角色进行跨学科研究的努力,有助于全面、科学地认识法庭口译员的角色定位和行为模式。因此,不同于传统的口译研究,除了借鉴翻译学理论之外,作者尝试利用社会语言学和社会学理论分析法庭口译员的角色问题,这也是本研究的理论创新之处。首先,与会议口译不同,法庭口译属于社区口译范畴,其重要特点之一是与发生在真实场景中的对话和互动密切相关。而对话和互动正是社会语言学的研究对象,因此,社会语言学理论为我们深入剖析和理解译员角色提供了独特的视角。其次,口译并非发生在脱离社会的真空中的。口译活动发生在某个机构中,而这个机构处于社会环境之中。口译员的所有行为都受到社会环境的影响。为了更加深入地了解法庭口译员角色的本质，我们需要把法庭口译活动作为一种社会活动来看，探索法庭口译员在这种活动中扮演的多面性角色。从社会学的角度切入，将法庭口译员放在社会环境中分析，有助于找到合理的解释。

在理论分析部分，首先从翻译学的视角，指出随着翻译研究“作者中心论——文本中心论——译者中心论”三种范式的更替，译者的身份也发生了相应的变迁，从“隐形人”到“忠实的仆人”再到“积极的建构者”，译者“隐身”的迷思得到破解，“忠实”和“中立”的内涵得到重新解读。随后，从社会语言学的角度探讨了口译员在翻译时转换人称等“现身”的表现，并利用参与框架理论，分析了法庭口译员在发声者、作者和责任者之间的角色切换。然后，受到布迪厄的社会实践论的启发，探讨了可能对口译员的角色行为产生影响的司法场域的权力关系，交际参与者拥有的资本和法庭口译员在实践中积累形成的惯习。最后，在社会学的动态角色理论的指导下，探索了相互矛盾的角色期待、角色行为和角色规范等口译员角色冲突的根源，并从根源入手，提出了角色矛盾的解决途径。在理论分析的基础上，设计了针对口译员和用户的问卷和对资深法庭口译员的深度访问，调查现实中口译员和用户对口译员角色的看法以及口译员的角色行为。

本书的研究发现对修订法庭口译职业准则、完善法庭口译员教育以及转变法律专业人士观念，具有一定借鉴意义。交际是一个动态的过程，关于口译员角色的规定应以功能和目的为标准，给予口译员一定的专业裁量权，为达到最佳交际效果，口译员有权在法庭口译的不同阶段，根据交际目的选择是否现身、如何现身。法庭口译员教育应注重提高学员对口译员角色的深层理解，训练时可模拟庭审时的真实情景，让学员进行角色扮演。法官和律师往往是口译效果的评价者和相关规章制度的制定者，通过相关研究让他们充分认识到口译员的主体地位，承认口译员是交际的积极建构者，允许口译员利用专业知识判断适时“现身”，对口译员工作的顺利开展，乃至整个法庭口译行业的健康发展，具有非常重要的意义。

为了便于对法庭口译和口译员角色研究感兴趣的读者拓展阅读，便于研究者开展进一步的相关研究，本书将第二章的研究中涉及的“口译员角色研究文献数据库”、“法庭口译研究文献数据库”和“法庭口译员角色研究文献数据库”以及几本国际上较具影响力的法庭口译成果集中发表论文集和期刊特刊目录附在书后，以供参考。此外，附录中还包含各翻译行业组织的职业道德规范。由于会议口译较法庭口译发展更加成熟，前者的职业规范对后者影响颇大，其中较有代表性的属“国际会议口译员协会职业道德守则”和“澳大利亚翻译协会道德守则和行为准则”；在继承这些会议口译行业组织对口译员角色规定的基础上，诸如“美国司法翻译协会”、“国际译联”和“英国全国公共服务口译员注册局”等组织专门针对法庭口译员行为作了规定，在法庭口译较发达的美国，许多州也制定了法庭口译员行为准则。这些职业道德和行为准则既存在共性，也有各自的特点，集中体现了社会对法庭译员的角色期待，是口译员角色规范的主要来源，对口译员的角色行为产生重要影响。

Foreword

Court interpreting is a necessary means to guarantee judicial justice. The correct understanding of the role of the court interpreter is the prerequisite for the smooth communication. Although many scholars have made significant achievements in the study of the role of interpreters, emphasizing that interpreters are active participants in communication, these achievements have not yet been widely recognized by the public. The role of court interpreters in people's eyes is still the "translation machine" or "conduit", and the codes of conduct of professional organizations still require court interpreters to maintain absolutely "neutral" and "invisible". This is not only harmful to the interpreter, but also to both parties of communication, and it is not conducive to the protection of judicial justice.

Titled *A Study of the Role of Court Interpreters*, with the help of the theories of translation studies, sociolinguistics and sociology, this thesis tries to explore the role of court interpreters, analyzing questions such as "whether they are visible", "how are they visible" and "why are they visible", as well as the reasons of role conflict faced by court interpreters and possible solutions. In addition to theoretical analysis, a questionnaire survey of interpreters, judges and lawyers, as well as in-depth interviews with experienced court interpreters are added. Triangulation strategies combining qualitative and quantitative studies are used to make up for the limitations of single research methods. As an interdisciplinary research attempt on the role of court interpreters, this thesis tries to break the closed perspective of interpreting studies, and draw lessons from achievements of other disciplines, and build an initial theoretical framework of the role of court interpreters.

Due to the late start of court interpreting studies compared with other interpreting studies, the existing research results are limited. The study of the role of interpreters in other fields can bring useful inspiration to the study of the role of the court interpreter, either in the research method or in the research content. Therefore, the author chooses to first review the research results of the role of interpreters in general, including conference interpreting and community interpreting. Rather than simply relying on qualitative evaluation in the literature review, this thesis has established foreign and domestic research literature databases on the role of interpreters. Using the method of bibliometrics, these databases have been analyzed from literature sources, the number of the literature, research field, research contents, research methods and researchers, providing a more objective overview of the panoramic research in this field through a combination of qualitative and quantitative methods. On this basis, the author further focuses on the role of court interpreters, pointing out the limitations of current research and the necessity of interdisciplinary research.

As a relatively young discipline, the development and maturity of interpreting studies urgently need to learn from the theoretical resources of other mature disciplines. An interdisciplinary study of the role of interpreters helps to fully and scientifically understand the role and behavior of court interpreters. Therefore, unlike traditional interpreting studies, apart from the theories of translation studies, the author tries to use the theory of sociolinguistics and sociology to analyze the role of the court interpreter, which is the theoretical innovation of this study. First, different from conference interpreting, court interpreting belongs to the category of community interpretation. One of its important features is closely related to dialogue and interaction in the real scene. And dialogue and interaction are the research objects of sociolinguistics. Therefore, the theory of sociolinguistics provides a unique perspective for us to deeply analyze and understand the role of the court interpreter. Secondly, interpreting does not take place in the vacuum. Interpreting activities take place in an institution which is embedded in the social environment. All behaviors of interpreters are influenced by the social environment. In order to get a deeper understanding of the nature of the role of the court interpreter, we need to look at the court interpreting activity as a social activity and explore the multifaceted role played by the court interpreters in this activity. To put the court interpreters in the social environment and analyze from a sociological perspective is helpful to find reasonable explanations.

The theoretical analysis is first conducted from the perspective of translation studies: translators' role has also undergone a corresponding change from the "invisible man" to the "loyal servant" to "active constructer" with the development of research paradigms from "writer-centered theory" to "text-centered theory" and to "reader-center theory". The myth of the "invisible translator" has been dispelled, and the connotations of "faithfulness" and "neutrality" have been re-interpreted. Then, from the perspective of sociolinguistics, interpreters' switch of personal pronouns has been discussed as a means of "becoming visible". Goffman's participation framework has been used to analyze interpreters' change from the "animator" to the "author" and to the "principal" in participant roles. Then, enlightened by Bourdieu's theory of pratique, the power relationship in legal field, the capital of different participants in communication and the habitus court interpreters formed through the accumulation in practice, have been discussed as the factors which may have impacts on interpreters' role behavior. Finally, under the guidance of the dynamic role theory in sociology, the causes of interpreters' role conflict such as contradicting role expectations, role behaviors and codes of conduct. On the basis of the above theoretical analysis, questionnaires for court interpreters, judges and lawyers, and in-depth interviews with experienced court interpreters were designed to investigate the perception of interpreters' role by themselves and the users of interpreting service, as well as interpreter's role behavior in practice.

The research findings of this thesis can be used as reference in revising the codes of conduct of court interpreting, improving the education of court interpreters and changing the concept of legal professionals. Communication is a dynamic process, so provisions on the interpreter's role should be formulated in terms of function and objective, and give interpreters certain discretionary power, allowing interpreters to decide whether to be visible and how to be visible, in different stages of court interpreting, according to specific communicative purposes. The court interpreter education should pay more attention to the students' deep understanding of the interpreter's role. Role play in the simulated real scene could be used to achieve better results. Judges and lawyers are often the evaluators of the effect of interpreting and the makers of the relevant rules and regulations. Therefore, making them fully realize court interpreters' active role in communication and recognizing interpreters' power to decide when to be visible by using their professional knowledge through education, is of great significance not only to the successful work of interpreters, but also to the court interpreting profession as a whole.

In order to facilitate the reading of the readers who are interested in court interpreting and the role of the interpreter, and to help researchers carry out further research, this book offers the database of interpreters' role research, "the database of court interpreting research" and "the database of court interpreters' role research" in the appendix, as well as the contents of several influential international collections of papers and a special issue of a journal which focus on court interpreting researches. In addition, the appendix also contains codes of ethics of various professional translation associations. As conference interpreting is more mature than court interpreting, the former has a great influence on the latter in terms of professional codes of conduct, of which typical examples are codes of ethics of AIIC(the International Association of Conference Interpreters) and AUSIT(Australian Institute of Interpreters and Translators). On the basis of inheriting the provisions of the role of interpreters of these conference interpreting associations, organizations such as NAJIT(National Association of Judicial Interpreters and Translators), FIT(International Federation of Translators), and NRPSI(National Register for Public Service Interpreters) sets codes of conducts specifically for the role of court interpreters. In the United States where court interpreting is more developed, many states have also formulated codes of conducts for court interpreters. These professional ethics and codes of conducts share some common features and their own characteristics, which embody the role expectation of court interpreters. They are the main source of the regulatory role of the interpreters, and have an important influence on the role behavior of the interpreters.

目录

图表目录

第一章　绪　　论

第一节　研究问题的缘起和研究假设的提出

一、研究问题的缘起

人类自不同民族、不同国家之间发生交往开始就发生了口译活动(黎难秋,2002)。作为一种历史悠久的社会活动,口译在人类发展史上发挥了十分重要的作用。与任何交际活动一样,口译活动受到社会文化、职业机构、场所情境、交际目的等多种因素的制约。但与单语交际相比,由口译员介导的交际活动更为复杂,涉及两种不同的语言和文化。同交际双方一样,口译员作为交际的参与者,在一定程度上通过自身对信息的加工,对交际活动产生影响。然而,无论是行业组织的职业规范,还是口译服务对象或社会公众,都习惯于将口译员视为“隐形人”。口译员的角色和作用一直未能得到合理客观的定位,这显然不利于口译行业的健康发展。

这一问题在法庭口译中尤为显著。法庭口译(court interpreting)一般是指在民事或刑事诉讼过程中，当事人或证人由于不通晓当地(国)的通用/官方语言造成理解和表达上的困难时所得到的翻译服务。从事这一翻译工作的人被称为法庭口译员。由于外国公民同样具有使用其母语的权利，法庭口译便成了原告、被告、法官和证人之间的沟通桥梁，是庭审顺利进行的必要保障，也是彰显法律公平、公正的必要手段。

忠实和准确是法庭口译的最基本要求。要达到忠实和准确，许多法庭口译员的角色规定要求口译员要完整地、一字不差地(verbatim)传译说话人的话语，不得增加、删减、解释、改述，更不能有遗漏、曲解、误传等现象发生。这些行为准则将法庭口译员角色局限于"翻译机器"或"传声筒"，将法庭口译局限于语言方面的一致，而不考虑要达到的交际目的、说话的意图与涵义，忽视双方的文化与其他方面的因素。这样的角色定位与口译员在错综复杂的法庭口译实践遇到的情况相去甚远。

有关法庭口译员的角色规定和口译员在口译实践中面临的现实情况使人不由产生好奇和担忧。好奇的是整个法庭口译职业如何建立在看似虚构的迷思之上(梅茨格(Metzger)，1999)：即口译员能够保持绝对"中立"和"隐身"，并且口译员"隐身"被看作一个可以实现的理想的目标。

法庭的语境决定了交际各方地位不平等，且拥有不同的教育、社会和文化背景。在这样的语境下，要求口译员仅扮演翻译机器的角色是不实际的。逐字翻译无法保证各方顺利的沟通。而这与口译的最终目标——有效的沟通——是背道而驰的。不仅如此，各方对法庭口译员角色的不准确理解及不切实际且相互矛盾的角色期待，往往使口译员处于进退两难的尴尬境地，甚至常常面临在逾越职业角色和达成交际目标之间取舍抉择的难题。这使笔者不禁从理论和实践层面对法庭口译员角色问题产生好奇。

从理论层面上看，假如法庭口译的知识基础是基于口译员“隐身”的话，那么这一“隐身”的迷思的潜在预设是什么？为什么这一迷思能长期存在？法庭口译员如何能做到“隐身”？事实上，任何交际活动中的任意一个会话参与者怎么可能做到完全“隐身”？有没有相关的理论能支持这一“隐身”的迷思？

从实践层面上看，令人担忧的是“隐身”的迷思究竟对那些依赖口译员达成交际目标的人产生什么样的影响？对口译员本身和法官、律师又产生什么样的影响？对于那些语言不通的被告或证人，他们参与庭审或获得审判完全依赖于法庭口译员，因此，法庭口译员是帮助不同语言使用者实现完整准确的语言沟通的不可或缺的参与者。令人好奇的是口译员如何以“隐身”的理念为基础进行口译实践？口译员是不同文化之间的桥梁，而法庭口译员是强势文化和弱势文化之间的桥梁，这意味着法庭口译员必须承担什么责任？法庭口译员是否必须接受司法机关或行业组织强加给他们的命令？口译员能否改变这些命令？法庭口译员自身想要扮演什么样的角色？他们是否在实践中行使他们拥有的权力(agency)？如果是，如何行使？

多年来，口译员、口译教师以及行业组织等对以上这些问题置若罔闻。这些问题也促使笔者质疑所谓的“隐身”迷思。要帮助法庭口译员摆脱这一迷思所导致的两难境地，保证司法公正，促进法庭口译行业健康发展，有必要深入探索法庭口译员的现身及其扮演的角色。

二、研究假设的提出

口译研究选题范围日益呈现多样化特点，包括口译过程研究、口译产品研究、口译质量评估研究、口译职业活动研究和口译教学研究等主要选题（仲伟合，2012）。本书将研究对象聚焦于法庭口译员角色问题，目的在于探索法庭口译员在交际中作用以及影响口译员角色行为的各种因素。

口译产品可以理解为经由口译过程所得的成果，它不仅包括语言层面的口头翻译内容，还包括其他层面的交际效果，以及职业规范、用户期待和口译员角色等。口译产品是辅助人们在不同语言之间沟通交流的有机整体，是口译活动中各种因素相互作用的结果（仲伟合，2012：96）。由此可见，本研究属于口译产品的研究范畴。

本研究将从寻找翻译学、社会语言学以及社会学与口译研究之间的契合点入手，着重关注并力图解决以下若干问题：

（1）翻译学、社会语言学和社会学的多学科理论对法庭口译员角色研究有哪些贡献？

（2）口译员在法庭口译过程中扮演哪些角色？口译员如何通过角色行为实现自己扮演的角色？

（3）哪些因素导致法庭口译员在交际中现身？

（4）法庭口译员对角色的自我认知与用户期待之间存在什么差异？

（5）法庭口译员如何摆脱角色冲突，从而推动交际顺利进行？

本研究基于上述研究问题提出如下研究假设：

（1）跨学科研究是推动新兴学科成熟、发展的必经之路。翻译学、社会语言学以及社会学的角色理论、社会实践论，对深入剖析法庭口译员角色问题有重要借鉴意义。

（2）法庭口译员是交际的积极参与者，通过人称转换、解释等角色行为实现自身角色。

（3）口译员对自身角色的认知程度，决定着法庭口译过程中翻译策略的运用，是影响口译交际结果的决定因素。

（4）法庭口译的特殊性，使口译员自身角色认知与用户对口译员角色期待之间存在差异，使口译员陷入角色冲突。

（5）角色冲突的解决需从根源入手，寻求多渠道解决途径。

总之，本书的研究不仅要打破口译研究封闭的视野，通过语言学、社会语言学和社会学等多学科理论深入剖析法庭口译员角色，更要努力解决具体问题，使研究结果为法庭口译行业规范的修订、法庭口译员的专业教育以及法庭口译用户的观念转变，提供有益的借鉴。

第二节 研究方法

在口译研究中有必要注意的是，无论是定性研究还是定量研究方法，单独使用时都不可避免地存在一定的局限性，如：客观数据收集的局限性、主观判断的准确性等因素都会影响研究的效度和信度。为了避免研究的缺陷，研究者可以采用“三角测量”（triangulation）的研究策略。“三角测量”是一种起源于几何学的自然科学研究方法，通常指从不同角度对同一对象进行测量以便得出关于该对象的准确定位数据（汉森（Hansen），2005）。近年来，社科研究中也开始应用此方法，即在社科研究过程中，运用多种数据搜集的方法，从不同角度考察数据，以交叉比较各类数据的可信度，使得研究结果更具效度与信度（仲伟合、王斌华，2010：21）。因此，本次研究采取混合研究方法（mixed method），以理论分析和定性分析为主，辅以问卷调查研究和深度访谈，以使结果互相佐证，推论依据更强。

本书认为，对法庭口译员角色进行跨学科研究的努力，可以为正确、科学地认识法庭口译员的角色定位及其行为模式，搭建起一个立体的法庭口译员角色的理论框架。同时，对法庭口译员及用户的问卷调查和深度访谈，可以客观地反映口译实践中口译员自身的角色认识及用户的角色期待，为进一步分析法庭口译员的角色冲突和角色困境以及角色行为背后的原因提供依据。本研究采用的具体研究方法如下：

（1）文献计量法：围绕论文确定的研究主题和目标，收集和了解国内外口译员角色研究相关的论文和专著，并对其进行系统的统计分析，找出现存研究的贡献和局限。

（2）跨学科借鉴法：通过对与口译活动紧密相关的翻译学、社会语言学、社会学等多学科理论的阐释和运用，借鉴其他学科的既有成果，初步构建立起法庭口译员角色的理论框架。

（3）问卷调查法：根据研究问题制作中英文问卷，通过法庭口译行业组织和承接法庭口译任务的翻译公司获得国内外法庭口译员的联系方式，向这些口译员发放问卷，了解他们对口译员角色的认知以及实践中的角色行为。

(4) 深度访谈法:根据研究问题制作访谈提纲,采用半结构式访问方式,"目的性抽样"和"异质性抽样"相结合的方法确定访谈对象,深入了解法庭口译员对自身角色的认知以及在法庭口译实践中的角色行为。

(5) 定量研究方法:使用软件对法庭口译员及法官、律师等口译用户对口译员角色的认知的问卷调查数据进行定量统计分析,以探索法庭口译员自身及用户不同的角色期待。

第三节 研究意义与价值

口译员是交际的参与者,而不仅仅是逐字翻译的翻译机器。同交际的双方一样,口译员可能影响甚至决定交际活动的方向和结果。尽管这一观点在之前已有学者提出(安吉莱莉(Angelelli),2004;因基莱里(Inghilleri),2005),但并未引起足够的重视,研究成果和公众看法的脱节现象依然存在。现今社会,不少人仍认为口译员的任务非常简单,只需要将每个人说的话逐字转换成另一种语言既可,每个字在目标语中只有一个与之对应的翻译;任何未经过培训的双语者都能担任口译员;法庭口译员的服务对象只是不通当地语言的被告或证人;保证口译准确及沟通有效的责任都由法庭口译员一人承担。大多数法庭口译员的职业准则仍将"准确"、"隐身"、"中立"作为对法庭口译员的角色定位。这些关于口译员角色定位的传统观念和制度偏见仍占主导地位,使口译员陷于角色困境,在角色冲突中挣扎,面临究竟应该根据实际情况调整口译策略,还是应该墨守成规、恪守本分的艰难选择。这不仅对口译员、交际双方是不利的,而且也不利于保障司法公正。

要帮助口译员摆脱角色冲突，找到恰当定位，我们有必要针对口译员角色和作用进行更加深入的研究。

单一的视角无法全面客观地反映法庭口译员的真实角色，因此本研究打破传统的口译研究相对封闭的视野，借鉴翻译学、社会语言学、社会学等学科的理论资源，试图更加立体全面的剖析法庭口译员角色。

一、理论意义

（一）丰富口译员角色研究理论

尽管口译员角色研究一直以来是口译研究的重要命题之一，多年来，研究成果不断增多，但是公众对口译员角色的讨论和质疑却未因此平息。本研究以法庭口译员角色问题为研究对象，引入多种学科的相关理论，通过对法庭口译员是否在交际中现身，现身如何表现，现身背后原因何在等问题的探索，全方位立体化地阐述了法庭口译员在互动中扮演的角色，并通过问卷和深度访谈了解法庭口译员对自身的角色的认知和实践中的角色行为，与法官、律师等用户对译员的角色期望相对比，分析了法庭口译员如何走出角色困境。在一定程度上丰富了口译员角色的理论探索和成果，为口译员角色研究注入了新的活力。

（二）深化口译的跨学科研究

本研究首先从翻译学视角分析了不同研究范式下译者身份和主体性的变迁，破解了传统的译者“隐身”的迷思，并指出要更加深刻地认识译者角色需要突破封闭的翻译学研究视角，借鉴社会语言学和社会学等翻译学以外的学科理论；然后从社会语言学的视角分析了法庭口译员在交际活动中现身有何种表现，借助社会学的社会实践论探究了影响法庭口译员现身的场域、资本和惯习，最后利用社会学的动态角色理论剖析法庭口译员面临的角色困境，并提出解决这一困难的可行途径。这种从多维理论视角深入研究法庭口译员角色的做法与口译研究的社会学转向不谋而合，也进一步深化了口译的跨学科研究。

（三）拓展口译研究方法

多年以来，与其他学科相比，口译研究中的方法论意识相对淡薄，研究手段比较单一，以理论引介和经验总结为主。本研究采用理论分析和数据分析相结合的方式。在理论分析上，摒弃传统的参照某个单一理论系统的做法，利用翻译学、社会语言学和社会学多个学科的理论资源分析法庭口译员角色问题，以期更加立体和全面地刻画出法庭口译员角色和角色背后的动因。当然，本研究的理论分析和探讨目的是要服务于具体的口译实践。因此，除了理论分析，本研究也通过问卷和深度访谈的形式采集了现实中法庭口译员对自身角色的看法以及他们的角色认知对角色行为的影响，将数据分析的发现与理论分析的结果相比较，以便更加客观地展现法庭口译员角色。

二、实践价值

目前，行业组织、培训学校和用人单位对法庭口译员角色的看法没有深入探究“规定”和“现实”之间的差异。单纯地将口译员的角色规定为“隐身”,没有看到口译员角色的本质。本研究提供了一个可供参考的文本,对推动法庭口译行业组织行为准则的修订、法庭口译员的职业教育以及法律专业人士观念的转变具有一定启发意义。

(一)推动法庭口译行为准则的修订

1. 修订法庭口译行为准则的必要性

由于会议口译无论从职业化程度,还是从发展规模和运用范围上,都远超法庭口译,所以会议口译的行为规范和职业道德对法庭口译产生了重要的影响,以至于法庭口译行业组织在制定口译员职业守则时,几乎照搬了会议口译的规范,而未体现出法庭口译这一特殊领域所特有的个性。

此外,受到将法庭口译员视为“管道”的传统看法的影响,世界各地的法庭口译员的行为准则都强调口译员应当保持中立和公正,并将口译员的职能严格地限制在单纯完成翻译。这样的要求意味着口译员应避免引起关注,以直接引语翻译讲话人的讲话。公正的意思是要求口译员应避免与双方不必要的接触,告知法庭任何利益冲突,在庭审中不与任何一方站在一边。这些准则通常要求口译员将其行动严格地限制于翻译,避免给任何一方建议。

通过多学科的理论分析和对口译员的调查,我们发现许多规定口译员该做什么不该做什么的职业规范,一味强调口译员保持“隐身”、“中立”和“忠实”,实际却妨碍了交际的正常进行。要知道,口译员原本的作用是帮助沟通有困难的双方进行交流。假如口译员以“隐身”和“中立”的理由对交流采取抽离的立场,这反而会给沟通带来障碍。

首先，口译本身也是一种交流，而任何成果的交际是以所有参与者相互信任为前提的。假如口译员在互动中没有按其他参与者的期待呈现自己，而是保持所谓的“中立”或者“疏离”的态度，这种拒绝合作的行为很可能被解读为对其他交际参与者以及他们讲的内容不感兴趣。更糟糕的是，“中立”和“隐身”的职业规范要求口译员除了翻译，对那些直接向口译员提出的问题或讲话不作回应和反馈，这可能导致其他交际参与者无法确定他们讲的话是否被充分理解，因为这些回应和反馈实际上在共同创造对话意义中是至关重要的。其次，口译员这些行为可能会使其更像是互动中的“旁听者”，其他交际参与者可能会觉得口译员在评判他们及他们所讲的话。

实际上，“隐身”和“中立”这些“角色规范”否定了“意义不是单一的”这个事实，忽视了“意义是由对话的所有参与者共同构建的”。“中立”和“隐身”的口译员角色无法解释口译实践中诸如给出或要求给出信息，澄清概念，重复信息，总结讲话等行为。为了保证双方有效的沟通，有时口译员不得不“逾越角色”，而不是机械地遵守这些职业规范规定的口译员角色。假如许多口译员眼中正确的行为要求他们逾越角色，那么这些职业规范中对口译员角色的规定本身是否存在不合理之处？

可以看出现有的法庭口译员职业规范机械的、不符合现实的规定束缚了口译员应有的权力，置口译员于角色冲突之中，不利于促进有效顺畅的沟通。这些职业准则更多地注重“符合规范”，而不是“提高质量”。为适应法庭口译实践，并保障法庭口译质量和口译员权力，对口译员的角色作出更加合理的定位，现有的职业准则急需修改完善。当然，我们并不是要走另一个极端，提倡职业规范不对法庭口译员作任何限制。像任何其他成熟的行业一样，口译行业也需要系统的职业规范，对口译员的角色作出明确的界定。我们真正需要的是一种新型的能够真实反映口译实践的口译员职业规范。

2. 修订法庭口译行为准则的建议

法庭口译的功能/职责是使不通当地语言的当事人或证人能和懂当地语言的其他人一样参与到庭审过程中，以确保司法公正。法庭口译的目的是促成有效的交际，保证审判的公正。

根据动态的角色理论，关于口译员角色的规定应以功能和目的为标准，至于为达到这一目的可采用的行为应有多种可能。这为我们提供了跳出以往将口译员角色局限于传声筒、将翻译限制于文字转换的口译员行为准则提供了可能。

因此，我们建议从目的/任务来定义口译员角色，而非单纯地限制口译员的角色行为。

科塞利斯(Corsellis)(2008)在强调将主要参与者的每个话轮准确翻译之外，指出有四种情况，口译员的插话是合适的：

(1) 要求主要参与者适应口译的过程，例如，当有人讲话听不清或速度太快的时候。

(2) 要求主要参与者澄清一个意思模糊或含有口译员不理解的术语的语句。

(3) 提醒参与者，尽管口译准确，但依然有人可能没听懂刚才说到话。这种情况可能有多种原因，例如，某一方使用了正式语体或专业术语，即使翻译到另一种语言对方也超出另一方的理解能力。

(4) 提醒参与者某个相关的文化涵义没有被理解。这指的是这个文化信息在另一个参与者的文化参照框架里不存在。例如，某个宗教节日的重要性，诸如印度的排灯节等。

在上述这些情况下，口译员的插话，介入或干预都是恰当的，甚至是必要的。根据交际目的作出专业的判断，而非单纯地充当“翻译机器”，才能真正确保庭审交际顺利进行。

口译员的主要任务，即口译的总体目的是，准确地传达讲话人的意思，促进对话主要参与者之间的相互理解，保证交际顺利进行。交际活动的目的是决定口译员角色的重要因素之一。例如，医生与患者之间是合作关系，诊疗活动的目的是让医生了解病人的病情，并据此作出判断，给出治疗方案。鉴于这一目的，医疗口译中口译员的角色超越了传统意义上的传声筒，更多地倾向于扮演帮助者的角色。而法庭口译活动的目的不同于诊疗活动，因而口译员扮演的角色也不尽相同。即使同属法庭口译范畴，律师和客户的沟通与对抗性的法庭审判目的也大相径庭，口译员所扮演的角色也有所不同。

律师和客户的沟通目的是使律师充分了解案件的来龙去脉以及当事人的具体情况和诉求。要达到这一目的，需确保律师和当事人充分了解彼此要表达的意思。只要是为这个目的服务，口译员根据需要灵活使用一些总结、增减词、解释的策略，有利于律师和当事人有效沟通的，都是可以接受的。例如，口译员在翻译时发现律师讲话中某个部分需要拥有当地的法律文化背景知识才能准确理解，而来自异国的当事人不具备这些知识，此时，出于保障沟通有效进行的目的，口译员可以选择向当事人提供额外的文化解释，或提醒律师他的话可能当事人理解有困难，建议更换其他措辞。再如，当事人在描述案件情况时用词啰嗦，存在一些重复内容和冗余信息，为了提高律师和当事人的沟通效率，口译员可对当事人的讲话作一定总结提炼，略去冗余信息。

然而，在法庭审判中，尤其是对抗性较强的普通法国家的法庭审判中，对话双方的关系和交际活动的目的都发生了很大变化。在普通法系的庭审中，律师—证人询问分三种，一种是直接询问（direct examination），控辩双方对该方证人的询问。第二种是交叉质询（cross examination），控辩双方对他方证人的询问。第三种是复问（re-examination），控辩双方在认为有必要时对被交叉质询过的该方证人再作询问。询问通常是以问答式的语言行为进行的，其目的是获取对该方有利的信息。交叉质询是权势之争尤为激烈的地方。在这个阶段，交际的目的不再仅仅是传递信息。律师通过提问等主要语言策略控制证人。此时，假如口译员为了便于证人理解而转换提问方式、简化语言或提供额外的解释，将直接影响到律师的提问效果和法官或陪审团对案件的判断。因此，在这一阶段口译员的翻译应尽量遵守"忠实"和"中立"的标准，不仅做到内容上的准确，更要保留源语讲话的语气、风格和语言形式。

口译员行为准则的修订必定会引起一定矛盾，但是从长远来看，口译员的解放将有利于整个法律体系的健康发展。

（二）促进法庭口译员教育的完善

无数事实证明，角色扮演的成功，其关键在于提高角色的整体素质。高质量的法庭口译员职业教育是提高口译员整体素质的最佳途径。根据国际法律语言学家协会（International Association of Forensic Linguists，IAFL）的法律口译课程名录，即使是在美国这个法庭口译发展相对成熟的国家，目前涉及法庭口译教育的大学仅有几所，而且大多只提供一些课程而已，其中涉及本科层次的法庭口译教育的大学数量很有限，而涉及研究生层次法庭口译教育的大学目前只有查尔斯顿大学（University of Charleston）一所（刘淑颖，2006）。其他国家状况则更为严峻。世界范围内，与会议口译等其他类型的口译教育相比，法庭口译教育严重落后，无法满足司法实践对合格的法庭口译员的需求。现有的数量有限的法庭口译教育更多地倾向于将“忠实”、“中立”、“准确”等作为唯一的口译标准。这些标准过于简化，无法给缺乏经验的口译学员提供切实的指导。

本研究对法庭口译员角色全方位的立体分析可为专业教育提供参考，帮助学员客观认识法庭口译员在实践中可能面临的问题，也可为口译员如何处理角色冲突，解决角色困难提供可行的方案。

为适应法庭口译工作，法庭口译员应具有流利地应用双语的能力、渊博的知识，能熟练运用多种方言和各种语体，还应熟悉法律程序，相关专用术语和法律语言。掌握以上这些技能需要体系的、有计划的和有规模的相关教育。然而，以上这些技能的学习不足以使口译员掌握如何应对法庭口译实践中可能出现的各种情况。现有的教育更多地倾向于将“忠实”、“中立”、“准确”等作为唯一的口译标准。这些标准过于简化，无法给缺乏经验的口译学员提供切实的指导。受到各种口译行业组织的职业规范的影响，各机构和学校在培养口译员时也将目标定为使语言不通的各方交流顺畅犹如不存在语言障碍一样。在口译培训中，学员们经常被告知“你们的工作就是将意思用另一种语言传达给另一方，你们不是交际的参与者”。无疑，当口译员的角色被局限于语言的解码者和编码者，口译工作的复杂性被降低了，口译教学也变得更加单纯，只关注口译中的信息处理即可。但是，假如要帮助学员探索口译工作的不同侧面，使之了解口译员的权力和责任，口译教学会变得更加复杂（安吉莱莉（Angelelli），2004）。目前的口译员教育更倾向前者，而非研究、探索、理解并描述口译员的实质角色。

专门的法庭口译员教育中除了上述到的法律语言和翻译技巧外，有必要将跨文化交际，翻译学，社会语言学和社会学列入课程内容，以帮助学员真正理解法庭口译员在实际交际中扮演的角色。除了理论素养的提高，建议训练时模拟庭审时的真实情景，让学员进行角色扮演。活动设计时可加入口译实践中口译员可能遇到的问题，例如，假如一方使用了不恰当的语言或者口译员明知会引起误会的说法，口译员该怎么做？假如法官或律师使用的复杂的法律专业语言，受教育程度不高的被告无法理解，口译员该怎么处理？提前让学员了解诸如此类法庭口译实践中经常出现的问题，并引导他们根据口译员的角色定位作出专业的判断，思考有效的应对方案，有利于口译员的整体素质和能力的提高，以便在正式踏上口译员岗位时，面对压力时，能够作出合理的反应。

（三）推动法律专业人士观念的转变

前面的分析已提过，并非所有的法律专业人士都接受过跨文化交际训练，由于缺乏跨文化交际知识，有些甚至不了解如何通过口译员与他人进行交际，这些都可能使他们对口译员角色产生不合理的期望，导致法庭口译员陷入角色困境，或妨碍庭审的顺利进行。

作为与法庭口译员共事的合作者，他们往往是法庭口译效果的评价者和相关规章制度的制定者，因此有必要让法律专业人士理解口译员的正当角色以及口译过程的复杂性。此外，他们往往是口译效果的评价者和相关规章制度的制定者，因此，获得法律专业人士的认同和理解，对口译员工作的顺利开展，乃至整个法庭口译行业的健康发展，具有非常重要的意义。

本研究成果有助于转变法律专业人士将法庭口译员视为隐身的翻译机器的传统观念，更加理性地看待法庭口译员在交际中的作用，从而在合作中更好地配合口译员以达到交际目的。

对律师来说，当事人的利益是至高无上的。为确保当事人的最佳利益，必须确保当事人明白律师所说的话，并且感到与律师沟通舒适通畅，即便是通过第三方的翻译。完全“隐身”的口译员无法帮助律师达到交际目的。因此，律师应当充分认可口译员的积极作用，允许口译员利用专业知识判断适时“现身”。如果信息不够清晰，口译员可能要求重复，解释或澄清。如果当事人因不熟悉语言或文化概念而不理解讲话的意思，口译员不应为此负责。如果某个概念是不可译的或文化上不合适的，口译员应提醒律师。但同时口译员必须告诉客户他们对律师说了些什么。例如，如果律师正在谈论“先例”，口译员可能知道“先例”的意思，但是如果当事人来自不同的法系，可能不理解这一概念。口译员应该告诉律师，这个概念不存在于当事人的法律文化中。口译员的角色应包含在恰当的时候以恰当的方式提供与案件相关的文化信息。口译员的角色是促进与当事人或证人的沟通，不应被视为语言或文化问题的专家证人。因此，法官和律师不应向口译员直接提问，关于当事人所属国家的政治局势，或是否口译员认为当事人说了实话。

第四节 研究思路与框架

本研究以法庭口译员角色为研究对象，按照“法庭口译员在交际中是否现身——法庭口译员在交际中如何现身——法庭口译员在交际中为何现身——法庭口译员在交际中面临的角色困境和解决途径——现实中法庭口译员的角色认知和角色行为”的总体思路，在利用文献计量法系统全面地分析国内外相关研究的基础上，通过翻译学、社会语言学和社会学的多维理论视角，深度剖析法庭口译员角色问题，并通过问卷了解和深度访谈法庭口译员和法律专业人士对口译员角色的认知和口译实践中的角色行为。在思路上，本研究既突出理论建构，又重视联系实际，具体结构安排大体如下：

第一章为绪论，主要介绍本书的研究问题的缘起，提出研究假设，概述研究方法，从理论和实践两方面指出研究意义，最后简述本书的结构和布局。

第二章先从口译的定义、起源和分类开始，然后将视线聚焦到法庭口译，阐述了法庭口译的定义、分类和历史沿革，并对比了国内外的法庭口译法规制度，最后详细比较了法庭口译区别于会议口译的特点。

第三章主要利用文献计量法对国内外的口译员角色研究进行了较全面的回顾与评析。该章以口译员角色的定义和对口译员角色的传统看法开头，随后详细介绍了口译员角色研究文献数据库的建立，以及从研究场域、研究方法、研究内容和研究学者的角度对文献数据库的分析。在此基础上，对法庭口译员角色研究的代表性成果进行梳理，为本研究接下来的理论分析和问卷调查和深度访谈提供视角和思路。

第四章为翻译学视角下的译者身份研究，分别阐述了作者中心论、文本中心论和译者中心论范式下译者身份的变迁，探讨了译者主体性的内涵，对长久以来在翻译中占据统治地位的“忠实观”和“中立观”进行新的思考，解构了译者“隐身”的迷思。

第五章运用社会语言学理论对法庭口译员角色进行了科学的解读，指出法庭口译员可能扮演的三种不同角色，法庭口译中人称的使用可以作为判断口译员“隐身”和“现身”的依据，并分析了口译员现身可能的原因。

第六章为社会学视角下的法庭口译员角色探究，首先运用布迪厄的社会实践论分析了法庭口译的特殊场域，法庭口译员的双语双文化资本以及口译员的惯习的形成及其对口译员口译行为的影响；然后通过动态角色理论分析了不同人群的角色期待以及口译员角色行为与角色规范的相互矛盾可能使法庭口译员面临角色冲突，陷入角色困境的问题，并提出角色冲突的解决途径。

第七章在前三章理论分析的基础上，设计了问卷调查，试图了解现实中法庭口译员及其用户对口译员角色的认知。章节内容包括对口译员与用户问卷调查结果，以及对法庭口译员的深度访谈的整理、分析和数据统计，以统计结果支持本研究的总体思路和提出的假设。

第八章结论部分指出，法庭口译员角色研究的理论价值和实践意义。其理论价值在于，丰富了口译员角色理论，促进了口译的跨学科研究，完善了口译研究方法论；其实践意义，主要体现在，为法庭口译行为准则的修订提供依据，为法庭口译员的教育提供科学指导，为转变法律专业人士对法庭口译员角色的看法提供启示。最后该章概述了本研究的局限性，并对后续的研究提出建议。

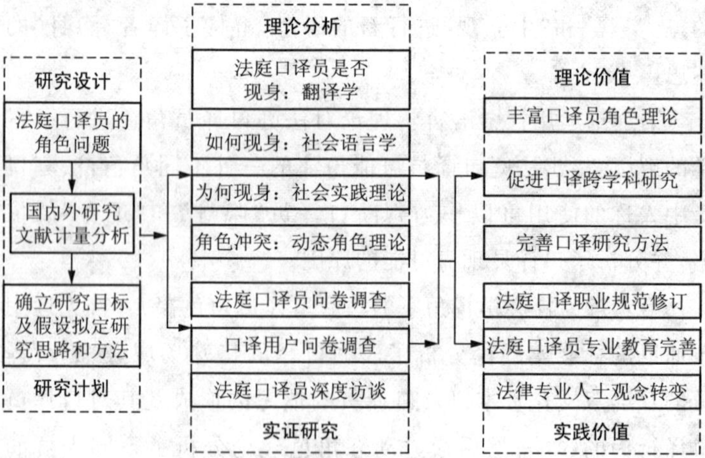

图 1-1　研究线路图

第二章　法庭口译概论

第一节　口译的定义和分类

一、口译的定义

口译，是翻译的一种形式，它作为人际间的交际行为，广泛地存在于社会生活当中。口译作为沟通各国的纽带和桥梁，在国际间政治、经济、科学和文化等各领域的频繁交流中发挥着重要作用。《大英百科全书》(*Encyclopedia Britannica*, 1911)认为，“口译”即英语中的“interpreting”或“interpretation”，来自拉丁语，其动词形式“interpretari”含有“阐述”、“解释”(to explain, to expound)的意思，“interpres”则是其名词形式，有“中介”、“阐释者”等多重含义(任文，2010)。而《中国大百科全书》(第二版)还未单设“口译”条目，只是将口译之意包含在“翻译”词条内，即“把已说出或写出的话的意思用另一种语言表达出来的活动”。有关口译的定义，学界至今没有达成共识。本研究倾向于采用波赫哈克(Pöchhacker)的定义：“口译是翻译的一种类型，它是在源语一次性表达的基础上向其他语言所作的一次性翻译”(2010:11)。从这个定义不难看出，即时性、单次性和现场性是口译不同于笔译的重要特点。

二、口译的起源

口译的历史与人类的历史一样源远流长。口译活动的出现远早于书面文字的出现。由于文献资料的缺乏，有关口译的具体起源时间很难考证。口译活动的历史要比笔译活动更加悠久，人类自从不同民族不同国家发生交往，就开始有口译活动，而笔译活动则是人类发明文字以后相互交流的产物(黎难秋，2002)。

与口译活动的悠久历史相比，口译职业的发展相对晚了很多。第一次世界大战结束后的1919年“巴黎和会”聘用了有多种语言背景的口译员，他们以正式口译员的身份为大会作交替传译工作，从此口译作为一种职业开始发展起来。“巴黎和会”结束后，这批口译员中的不少优秀人士陆续参与创立了欧洲多家翻译院校和机构，推动了口译职业的发展壮大。

在口译的发展历程中，法庭口译一直占有重要的地位。早在1563年，法庭的建立以及规范口译员收入的法规的出台使口译员获得了职业地位。法庭要求口译员宣誓，承诺不省略、不添加、不带偏见地准确翻译(Bastin in Baker, 2001:508)。第二次世界大战后的纽伦堡审判(1945—1946)被认为是人类历史上首次大规模使用同声传译。莫里斯(Ruth Morris)在评论同声传译对纽伦堡审判的贡献时指出：“毫不夸张地说，如果没有同声传译，1945—1946年在纽伦堡对纳粹战犯的多语言审判是不可能进行的。在口译职业发展史上，纽伦堡审判是个无与伦比的经典，是人类智慧和技术成就超越语言障碍、实现崇高的公平理想的典范(莫里斯，1999)。”纽伦堡审判同时提供四种语言的同声传译，这在人类历史上是前所未有的。口译员的重要角色得到了包括纳粹战犯在内的大多数参与者的认可。当时，纳粹二号人物戈林在被告知可以从指定名单中选择辩护律师时，竟然说：“我当然需要律师，不过恐怕更重要的是得有个好口译员。”①可见，戈林充分意识到口译员在审判中所扮演的重要角色。口译职业的发展也促进了口译教育的进步。其后，各个领域对口译员的需要不断增加。欧洲、美洲、亚洲等地的大学开始开设口译课程，颁发口译学位，致力于培养口译人才。纽伦堡审判之后召开的国际劳工组织大会和接连成立的联合国等国际组织对现代口译的发展起了里程碑式的作用(柴明颎，2007)。1953年，“国际会议口译员协会”(AIIC)的成立规范了口译员工作环境和行业标准，使口译这一行业又向职业化迈出了坚实的一步。

三、口译的类型

根据工作方式、传译方向、服务场合等不同的分类标准，口译可以分出很多不同类型：

按照工作方式，口译主要分为交替传译、同声传译、耳语传

---

① “Germany：The Defendants”，Time，(29 Oct. 1945)：38.

译、视阅传译、手语翻译。交替传译是指口译员在说话人每讲完一段话停顿时，当即译给听众的口译形式，是最常见的口译形式之一，主要用于交谈和演讲等双语交际场合，如演讲、记者招待会、会晤、谈判、讲课、日常接见、宴请、旅游观光等活动。同声传译是指口译员在说话人讲话的同时边听边译的口译形式。作为一种高效的口译形式，同声传译需要专门的设备。由于同传主要用于各种国际会议，因此，也叫会议口译（conference interpretation）。耳语传译是指口译员把听到的讲话内容连续不断地小声翻译给身边少部分的听众的口译形式，常用于小组讨论、观看文艺演出等场合的口译。视阅传译简称视译，是指口译员看着事先准备好的讲稿或文件，用另一种语言直接连续不断地把讲稿或文件的内容译给听众的口译形式。手语翻译指从有声语言到手语或从手语到有声语言的传译。

按照传译方向不同，口译可分为单向口译、双向口译及接力口译。单向口译指源语和目标语固定不变的口译，口译员只需将一种语言译成另一种语言。双向口译是指两种不同的语言交替成为口译的源语和目标语的口译形式。接力口译指的是一个口译员的译语是另一个口译员的原语，多用于涉及多种语言的国际会议。由于小语种的存在和使用，在缺乏既懂原语又懂目标语的口译员的情况下，通常采用接力口译的形式（刘和平，2003：33）。

按照服务场合分类，口译可分出更多的类别，包括商务口译、医疗口译、会议口译、科技口译、联络陪同口译、导游口译、外交口译、军事口译、法庭口译、电话会议口译、电视口译、传媒口译，等等。

第二节　法庭口译的定义和分类

一、法庭口译的定义

法庭口译(court interpreting)，有时也被称为庭审口译(forensic interpreting)、司法口译(judiciary interpreting)或法务口译(legal interpreting)。然而，从众多研究文献来看，“法庭口译”是使用频率最高的说法(伯克-塞利格森(Berk-Seligson)，1988，1990；德琼(de Jongh)，1992；黑尔，1997；米克尔森(Mikkelson)，1998，2000；莫里斯，1995；罗伯茨(Roberts)，1997)。按狭义的理解，“法庭口译”仅指发生在法庭环境下的口译。广义上看，在案件审理过程中由法院提供的职业口译服务，在法庭外的其他相关司法场所，如警局、避难所(难民)、移民局、拘留所、律师事务所等场合发生的口译活动，也可归入“法庭口译”的范畴(米克尔森，2000：1)。法庭口译员需要完成一系列的工作，包括协助司法机关审问证人和嫌疑人，帮助律师与当事人沟通，向被告人或诉讼当事人翻译诉讼过程，翻译证人的证词等。

法庭口译有时被认为属于“社区口译”的一种(罗伯茨，1997)。这类口译活动也被称为文化口译、联络口译、或公共服务口译。然而，从连续多年召开的关键链接国际会议(Critical Link)来看，“社区口译”逐渐成为最为普遍使用的说法(Toronto，1995；Vancouver，1998；Montreal，2001；Stockholm，2004)。我国学者研究联络口译时，也将法庭口译归于其中。例如，任文在其专著《联络口译过程中译员的主体性意识研究》，以及张梦璐在其博士论文《联络口译译员角色理论及西汉—汉西口译语境中的实证研究》中都引用了法庭口译的例子，将法庭口译作为联络口译的一种加以研究。

但是，在总结20世纪60年代以来的社区口译发展状况时，波赫哈克(1999:127)发现“法庭口译”更多时候被认为是区别于社区口译的一种特殊的口译活动。由于“社区口译”包含在各种环境下、各种文化群体和语言间发生的口译，使这一概念过于复杂，难于确切描述。因而，在研究中更实际的做法是根据特定的环境或场合来区分口译活动，如法庭口译、医疗口译等。

本研究赞同波赫哈克的看法，认为法庭口译由于环境特殊，口译员扮演的角色也不同于其他场域下的社区口译。本书用“法庭口译”指称司法语境下的口译活动，包括发生在法庭内的庭审口译，以及发生在法庭以外的其他相关司法场所，如警局、避难所(难民)、移民局、拘留所、律师事务所等场所的口译活动。

二、法庭口译的分类

根据不同的分类标准，可将法庭口译作进一步的分类。根据工作模式的不同将法庭口译分为视译、交替传译和同声传译。法庭口译中的视译(Sight Interpreting)指对法庭出示的书面材料进行阅读，同时将所阅读的书面材料进行口头翻译。交替传译(Consecutive Interpreting)是法庭口译中最常见的形式，即法官、证人及律师等相关人员讲完一段话后，口译员将这段话译为目标语，并以此模式循环反复。通常，在进行交替传译时，口译人员可以做笔记以辅助记忆。同声传译(Simultaneous Interpretation)通常只为在庭审过程中只听不说和/或暂时不发言的有关人员而作(如陪审员、陪审团成员、被告等)，大多情况下需要同传设备以保证口译员在工作时不受干扰。根据实际需求，口译员需要在庭审中在这三种模式之间来回切换。

除了常见的分类，法庭口译也有其特殊的分类。休伊特(Hewitt, 1995:34)因其服务的对象不同，将法庭口译分为三类：诉讼程序口译(proceedings interpretation)、证词口译(witness interpretation)、讯问口译(interview interpretation)。其中，诉讼程序口译是为不通当地语言的诉讼当事人提供的口译服务，目的是使其理解诉讼程序并能有效地参与到诉讼过程中。这一部分的口译多以同声传译的形式出现，口译员翻出的都是外语，不在庭审记录范围之内。证词口译是在证人在作证时的口译，目的是向法庭提供证据，以交替传译的形式出现。庭审记录的是证词口译的英语部分。证词口译还有另一种形式，即口译员协助法官及其他人员与不通当地语言的被告人或民事诉讼当事人进行沟通，典型的例子有传讯、抗辩或量刑听证时的口译。讯问口译指的是讯问时的口译，可与庭审程序同时进行，也可在庭审前或庭审后进行。最常见的是律师与委托人沟通时的口译，以及不通当地语言者与保释或缓刑筛选人员沟通时的口译。讯问口译依情况不同，同传和交传的形式都有。

三、法庭口译的历史沿革

口译活动可追溯到人类最早的历史记载。根据哈里斯(1997)的研究，口译早在古埃及法老时代就有了石刻的记载。而有文字记载的法庭口译最早可以追溯到17世纪。柯林和莫里斯(1996)较详细地记录了1682年在英国进行的一次涉及法庭口译的庭审。那次庭审涉及一桩凶杀案，诉讼各方有多种语言背景。法庭在决定哪一方当事人可享受法庭口译服务时，依据的不是各方的语言需求而是阶级(郑家捷、戴羽君，2006)。

现代意义上的法庭口译始于第二次世界大战后的两次世纪审判。1945年，设立在德国纽伦堡的国际法庭审判21名德国法西斯战犯，整个审判耗时217天，涉及5种语言，庭审记录长达400万字，共计16 000余页。当时，法庭成立了由36名口译员组成的法庭口译小组，为庭审提供同声传译。这也是世界上第一次在大型国际活动中采用大规模的同声传译(德琼，1992)。受此启发，联合国也于1946年开始大量使用同声传译。

同样于1945年开始的东京审判采用的是英美法系的审判规则，共28名被告被起诉，但其中27人声称无罪。由于案情极为庞大，审判时间长达两年半，共开庭818次，出庭证人419人，书面证人779名，受理证据约30 000页，英文庭审记录达48 488页。英语和日语(被告语言)为法庭官方语言。庭审记录显示，出场次数较多的日语口译员有27位，半数来自日本外务省，余下均为拥有双语背景的日本人。为维护口译公正，法庭设有监听员和仲裁员(Kayoko Takeda，2010)。

第三节　法庭口译的制度规定

在现代诉讼制度中，程序公正十分重要。它不仅具有促进和保障实体公正的外在价值，而且具有独立于实体公正的一系列彰显其自身有用性的内在价值。实现程序公正的途径是建立有效的程序保障机制，形成制度化的程序，并在实际运作中严格遵守其程序要求(高建勋、刘云，2011)。语言平等是公平审判的必要条件，因此，法庭口译是维护和保障法律赋予诉讼各方的公民权和法律平等的必要手段。如果当事人一方没有良好的语言表达能力或是不具备运用官方语言进行交流的能力，审判过程将因此产生偏差和歧视(杜碧玉，2003)。法庭口译则是保障语言平等的有效手段。正如律师从法律知识的角度为当事人或被告人提供对等保障一样，法庭口译员的介入则为程序的公正提供了最基本的语言平等保障(程乐，2005)。

一、国外的法庭口译法规制度

世界各国都建立了各自的法庭口译制度。联合国于1966年颁布了《公民权利和政治权利国际公约》(*The United Nations International Covenant on Civil and Political Rights*)，第14条第1款规定：所有人在法庭和裁判所前一律平等。在判定对任何人提出的任何刑事指控或诉讼案中的权利和义务时，人人有资格由一个依法设立的合格的、独立的和无偏倚的法庭进行公正和公开的审讯;第 3 款第 6 项规定:如果他(她)不懂或不会说法庭上所用的语言,可免费获得口译员的帮助。

(一) 美洲的法庭口译制度

作为最早对法庭口译进行系统立法的国家,美国 1966 年修订的《联邦刑事诉讼程序法规》第 28(b)条规定,法院有权自行指定口译人员,其翻译费用从法律规定或政府提供的经费中支出。1978 年制订了《庭审口译员法案》(*The Court Interpreters Act of 1978*),并于 1988 年进行修订,规定在刑事案件或美国政府为一方当事人的民事诉讼中,如主审法官认定当事人或证人为不通晓英语或为喑哑人,以致不能了解程序之进行,从而无法与其律师或法官沟通时,法官应使用具有翻译资格的口译员。如无具有翻译资格的口译员可供使用,法官应聘用合适的口译员。该法案为民事和刑事诉讼中使用庭审口译服务提供了依据,从而保障了各个语种的人在法律上平等的权利。受该法案的影响,美国自 1980 年开始实施"联邦法庭口译员资格考试"(The Federal Court Interpreter Certification Examination)。各州根据自身情况制定本州的法庭口译规范制度,其中加利福尼亚、新泽西、华盛顿、马萨诸塞、科罗拉多州、内华达州、印第安纳州等州在法庭口译的标准制定,考试开发设计,口译员、法官和其他司法工作人员的培训等方面取得了突出的成绩(休伊特,1995)。

颁布于 1982 年的《加拿大权力与自由宪章》(*Canadian Charter of Rights and Freedoms*)第 14 章规定,诉讼任意一方或证人不通晓当地语言,或是聋哑人,有权获得法庭口译员的帮助(Northwest Territories Justice, 1993:1-2)。加拿大有为数众多的原住民群体,因此对原住民语言的口译作了专门规定

（雷帕（Repa），1991；阿基索（Akeeshoo），1993）。

（二）欧洲的法庭口译制度

于1950年在罗马向欧洲理事会成员国开放签署的《欧洲人权公约》（*The European Convention on Human Rights*），又称《欧洲保障人权和基本自由公约》（*European Convention for the Protection of Human Rights and Fundamental Freedoms*），第6条规定：刑事案件的被告人必须出席法庭审判，案件必须由公正的法院审理，应"用被告人理解的语言"告知被告人对他的指控，如被告人不懂或不会说法庭上所用的语言，可获得口译员的免费帮助（Jacobs & White，1996：122）。截至2006年8月2日，该公约已有46个缔约国。

《法国刑事诉讼法典》（*the French Criminal Law*）对法庭口译的相关事项作出了严格的规定。其中第344条规定，在被告人、当事人、证人不会说法语或者有必要对提交庭审的文件进行翻译时，庭长依职权可聘任一名口译员，该口译员应至少年满21岁，庭长应让其宣誓，本着荣誉和良心提供司法帮助。即使检察官或被告人同意，也不得从组成法庭的法官、陪审员及参加庭审的书记员中挑选口译员，也不可从当事人或证人中挑选。

英国有关提供法庭口译的安排比较松散、随意（科塞利斯（Corsellis），1995）。皇家刑事司法委员会（The Royal Commission on Criminal Justice）建议建立提供法庭口译服务的体系，但是目前为止还没有这方面的法律颁布。由于普通法依据判例，法院也在通过相关案例的审判逐步建立法庭口译制度。此外，1984年生效的《警察和刑事证据法案》（*the Police and Criminal Evidence Act*，*PACE*）对涉及非英语母语人士的刑事调查有相关规定（科塞利斯，1995；柯林和莫里斯，1996）。英国的法庭分为地方法院、郡法院、刑事法院、上诉法院和专门法院。不同法院处理的案件不同，相应的口译员参与庭审的流程和担负的职责也不尽相同。在地方法庭或郡法庭，口译员的主要职责是在庭审中为上诉方、应诉方及当事人做交替传译和耳语同传。一般要求口译员到达法庭后进入专门的口译员室等待。开庭前，通常口译员不得与任何案件当事人进行沟通，但根据案件情况，律师会决定是否简要告知口译员案件的情况。审判过程中，法官对口译员的要求是用标准清晰的语言进行口译，且口译过程会被全程记录。刑事法院由于主要涉及情节较为严重的案子，所以在审判开始之前，口译员要为律师和犯罪嫌疑人之间简单的面谈做交传。在这一过程中，口译员可以对案件情况有大致了解，以便为之后的庭审口译做好准备。

(三) 澳洲的法庭口译制度

和英国一样，澳大利亚没有关于法庭口译的专门立法，但是其在法庭口译方面的改革颇受认可，有比较完备的法庭口译资质认证制度。早在 1977 年，政府便成立了全国唯一的翻译资格认证机构 NATTI（National accreditation authority for Translators and Interpreters），设定不同等级的口译员职业标准，注册和上岗资格证体系。对考试合格者，NATTI 颁发的证书分为 5 个等级，其中职业口译就是涉及专业领域的口译，如医疗口译和法庭口译。由于考试语种多达 60 多种，并在全球范围设置考点，认证体系比较成熟和规范，因而 NATTI 认证在国际上享有很高的知名度。

(四) 亚洲的法庭口译制度

虽然很多亚洲国家都签署了诸如《公民权利和政治权利国

际公约》等国际公约，但在实践中未必都遵守这些公约的条款。例如，日本没有相关立法保障非日语母语者在法庭上获得口译的权利。在刑事案件的审理中，听不懂日语的外国人在受到不会说外语的警官的审讯时，常处于完全无助的处境。在很多时候，他们甚至无法与不会说外语的辩护律师沟通（津田（Tsuda），1995：22）。所幸的是，随着对语言权利的重视，这种状况已经有所改善。1992年，日本成立了司法翻译人协会。刑事诉讼法的规定，日本法院有义务为不懂日语的诉讼参与人提供法庭口译服务。口译员介入诉讼程序，可与当事人顺利沟通，促使诉讼程序顺利进行，协助法院查明案件情况。翻译前，口译员要宣誓，增强责任意识。为保证公正性，在侦查阶段和审判阶段，日本法庭原则上使用不同的口译员。日本采用了多种措施以提高口译的质量，如制作不同语言的法庭口译指南，完善翻译人名册，召开法庭口译研究会，并通过模拟法庭的形式，以外国人为假想被告进行模拟庭审等（何玉丽，2013）。此外，法庭口译员在开庭前多可接触到保密的案件材料，庭审中如出现疲劳或技术问题，可要求法官休庭。法庭口译员虽貌似不起眼，实际却发挥着重要作用。日本政府对法庭口译的重视以及立法上的细致规定使法庭口译水准不断提高。

与日本形成鲜明对比的是，在多民族、多文化、多语言并存的马来西亚，使用法庭口译的频率非常高。几乎所有的案件，无论是刑事案件，还是民事案件，都需要口译员帮忙。《马来西亚刑事诉讼法》规定，在被告出庭的情况下，如被告无法理解证词，应将证词翻译成他能听懂的语言（Khoon，1990：109）。

同样属于多语言国家，新加坡的情况也与马来西亚相似，高度重视法庭口译服务（Ozolins，1998）。新加坡规定所有针对外国被告人的司法行为都应该有口译员参与。在庭审过程中可能会需要三类不同的口译员,分别为警方、被告方和法院提供口译服务。口译员在为警方提供服务时,主要是针对警方的讯问进行翻译。口译员作为检方证人,在庭审中要接受辩方律师的询问。被告方的口译员主要翻译审判活动中出现的专业术语等,使被告方了解审判状况,也为辩护律师提供服务。口译员作为辩方证人,要接受检方的询问。为法院方提供服务的口译员,主要工作是协助法院庭审、保障庭审的顺畅,无需接受控辩双方的询问。

(五) 其他国家或地区对口译员角色的规定

除了上述国家和地区,还有一些地方对法庭口译员角色作了特殊规定。例如,俄罗斯对口译员角色作出了明确的规定:口译员可为确定口译内容的准确性向当事人提问;口译员可对侦查讯问、审判庭笔录及翻译记录的准确性提出意见;口译员也可对限制其权利的行为提出申诉。同时,口译员不得泄露审前调查材料,并需在必要的情况下进行回避。挪威也通过立法明确了口译员角色:口译员在庭审中扮演监控者的角色,监控整个诉讼程序,并在出现误解时告知法庭。诉讼程序结束时,口译员还可以作补充评论。这一立法将法庭口译员角色定位为诉讼活动中独立的诉讼参与人,足见对口译员的重视(郭晶英,2007)。

二、我国对法庭口译员角色的规定

(一) 我国古代对法庭口译员翻译行为的规定

我国历来是一个多民族的国家,各民族语言不同。因此,为了保障当事人的合法权利和审判的公正公平，早在古代我国就对审判活动中的翻译行为进行立法。汉律《具律》中“译讯人为诈伪，以出入罪人，死罪，黥为城旦舂；它各以其所出入罪反坐之”对译者责任作出了较明确的规定。意思是“译者或讯问者为少数民族的人翻译或讯问时，如有欺诈或伪造行为，由此导致当事人承担不应有的罪责或者逃脱罪责，是死罪，要处以城旦舂的刑罚，译者和讯问者要承担所出入之罪。”“城旦舂”是一种刑，黥为刺面，是作为对某些犯罪的加重刑，对译者的不法行为处理力度较大。这一条款表明了汉朝注重民族语言的平等，要求译者准确中立的作出翻译，否则其不法行为将会被追究法律责任。

唐代频繁的民族交流促进了对翻译的立法。其立法侧重于对译者的监督，在需要使用翻译的重大实践中经常使用数名译者进行翻译，以避免受译者的欺骗和蒙蔽。从程序上对译者进行约束。《唐律疏议》卷二十五“诸证不言情，及译人诈伪，致罪有出入者证人减二等，译人与同罪”，对译者责任的追究作出了规定，不给歹人可乘之机。唐代在明确译者的责任时采用的办法是要求译者在自己翻译的司法文书上画押，以保证自己的翻译是真实的、准确的，否则要承担相应的法律责任。两宋在继承《唐律疏议》“译人诈伪”的条款基础上，明确对利用翻译之便胡乱翻译、故意制造事端的译者进行处罚（辛全民、高新华，2010）。

金代民族之间交流日益频繁，随之而来的翻译也更多。其中，口译员违法乱纪的状况十分突出，如口译员在诉讼活动中故意错译，徇私枉法，也有口译员利用翻译之便，故意致人以罪。为加强对口译员的管理，政府对不合格的口译员予以辞退。

元朝领土广大，民族众多，族种言语之繁多，超过历史上的任何朝代。出于治理国家和调节民族间关系，元朝形成了一套颇具特色的翻译制度。在礼部下设会同馆等专门的翻译机构。地方各级官府也有专职口译员(乌云格日勒，2010)。《元史·卷一百五·志第五十三·刑法四》规定“诸译史、令史，有过不叙，诈称作阙，别处补用者，笞五十七，罢役不叙……诸蒙古译史，能辨出诈伪文字二起以上者，减一资升转……诸奏目及官府公文，并用国字，其有袭用畏兀字者，禁之”，体现了对口译员责任的严格追究。

(二) 我国现代对法庭口译员翻译行为的规定

我国《宪法》和《刑事诉讼法》等明确规定，刑事被告人享有使用本民族语言进行诉讼的权利，同时对外国人、少数民族人员、聋哑人在听不懂或不能表达汉语的情形下，应当为其提供翻译帮助进行了规定，但是对提供口译的程序、口译员的资格等方面却未进行详细规定。

从 1954 的宪法开始，我国多次立法为少数民族使用其语言文字的权利和当事人享有法庭口译权利提供保障。《刑事诉讼法》涉及法庭口译员的条款有第 28、29、30、31、82、151、154 条，主要涉及口译员作为诉讼参与人的义务的规定，但未对如何选择和聘请翻译人员、翻译人员应当具有的资格、翻译操作过程、翻译性质、翻译质量的监督、翻译人员的诉讼权利义务、翻译异议的权利救济等作出明确规定。《民事诉讼法》第 240 条对人民法院审理涉外民事案件需要使用的语言文字翻译和翻译费用作了规定：人民法院审理涉外民事案件，应当使用中华人民共和国通用的语言、文字。当事人要求提供翻译的，可以提供，费用由当事人承担。1998年《最高人民法院关于执行〈中华人民共和国刑事诉讼法〉若干问题的解释》第319条规定，人民法院审判涉外刑事案件使用中华人民共和国通用的语言文字，应当为外国籍被告人提供翻译。如外国籍被告人通晓中国语言文字拒绝他人翻译的，应当由本人出具书面声明或将他的口头声明记录在卷。

第四节　法庭口译员的行为准则

1953年国际会议口译员协会（International Association of Conference Interpreters，AIIC）的成立标志着口译的职业化正式开始。AIIC（www.aiic.net）作为会议口译这一专门职业唯一的全球性专业协会，负责审查、认定会议口译员的专业资格和语言组合，制定其职业规则、工作条件、道德规范和专业培训标准（见附录十国际会议口译员协会职业道德守则）。在国际会议口译员协会成立后不久，美国语言专家联盟（The American Association of Language Specialists，TAALS）于1957年成立。1978年，司法翻译员协会（National Association of Judicial Interpreters and Translators，NAJIT）在美国成立。随着这些口译行业组织的成立，各种口译员职业规范也应运而生。

相较其他场合的口译活动，会议口译的研究较为发达，职业化程度也更高。人们倾向于将会议口译场合下对口译员角色的期待套用到其他场合的口译活动中。在会议口译的场合下，人们期望口译员扮演的角色是对语言进行忠实、准确的转换，口译员要做的工作就是用目标语做“拷贝”式的复制，传达出交际双方所表达的全部信息，口译员无权干预交际过程。

理想的状态是，口译员不应让他人感受到他的存在。当口译员做得出色时，他们往往不被注意到。只有当他们译错的时候，才会发现自己突然成为众人瞩目的焦点。优秀的口译员像空气，没人感觉到他的存在，除非翻译出现问题或差错。忠实和准确地传达原语信息，成为社会赋予会议口译员的基本职业道德。受到会议口译的影响，人们倾向于认为只要是口译员，其职责就是忠实、准确地进行语言转换，仅此而已，别无其他。这种程式化的理解偏差被国际上一些专业翻译机构列为口译员的行为规范，不断地强调和强化。

一、各国法庭口译员行为准则比较

或许人们会认为如法律、医疗等专门的行业组织的职业规范应当反映该领域专门的特点，不同的行业组织应当适应各专门领域口译的特殊需求。然而，事实并非如此。大多数这些口译行业组织仍将“准确”作为最重要的标准，要求口译员做到“中立”、“隐身”。这些行业组织制定这样的职业规范是基于一个潜在的假设，即某个话语只有一个意思，这个意思并不来源于包括口译员在内的互动参与者的共同构建，而是独立于这些参与者存在的。这些职业规范将口译员的责任规定为将信息的意思从一种语言转换成另一种语言。本研究比较了几个主要的口译和法律翻译行业组织对口译员角色的规定。

澳大利亚翻译协会（Australian Institute of Interpreters and Translators Inc.，AUSIT）的职业道德守则第 5 条对“准确”作出如下规定（http://www.ausit.org）（澳大利亚翻译协会道德

守则和行为准则见附录十一)：

（1）为确保会议中各方都同样地理解所说的内容，译员应准确且完整地将发言人所说的一切翻译出来。

（2）口译员应将全部信息翻译出来，包括贬义或粗俗的话，以及非语言线索。

（3）即使讲话人说的明显不是事实，口译员也应按原样将其翻译出来。

（4）口译员不应改变、增加或省略讲话中的任何东西。

（5）始终保持职业的疏离。

加拿大翻译工作者协会(Association of Visual Language Interpreters of Canada，AVLIC)明确：(协会)成员应保持公正、中立、客观，不得因为政治、宗教、道德或哲学等原因，或出于其他带有偏见的、主观的考虑改变(原语)内容(http://www.avlic.ca)。

美国司法翻译协会的“专业守则”第 1 条和第 2 条明确规定：口译员应原汁原味地进行口译，不允许添加、解释、改述、漏译、猜测。口译时，在保持语言的自然以及语域、语体、语气不变的基础上，应使语言结构和语义和原语言一致，对错误的开头语、模棱两可的话语以及重复等都应如实翻译(美国司法翻译员协会道德与职业准则见附录十三)。

美国国家州法院中心颁布的《司法机关口译员职业责任示范》(*the Model Code of Professional Responsibility for Interpreters in the Judiciary*)强调：应尽可能消除非英语母语的诉讼参与人所面临的语言障碍，以便使他们能与类似处境下的没有语言障碍的人处于相同的地位。脚注中指出：非英语母语者应和与其拥有相同教育程度和智力的英语母语者所理解的内容相同。许多外行经常因法庭上法院工作人员的语言或行为感到困惑,而这条规定的用意是,与英语母语者相比,有口译员协助的当事人不应占有任何优势。因此,口译员不应为了利于不懂法律的被告或证人理解,而简化复杂的语言或专业术语。

英国全国公共服务口译员登记局(National Register for Public Service Interpreters, NRPSI)指出:口译员应忠实地翻译讲话内容,不进行任何添加、省略或改动,得加入讨论、向任何参与方提供建议、表达观点或作出反应……(他们)应以一种不偏不倚和职业中立的态度行事(http://www.nrpsi.org.uk/)(英国全国公共服务口译员登记局行为准则见附录十三)。

二、法庭口译员行为准则分析

总结上述对口译员角色的规定,不难看出,无论是各国口译行业组织,还是法律翻译协会对口译员的职业道德和行为准则要求都将"忠实"、"准确"、"中立"、"公正"和"疏离"作为口译员行为准则的几个关键词。这些关键词究竟有什么涵义,值得仔细推敲。

(一)口译员行为准则之"准确"

许多法庭口译员的职业守则将"准确"(accurate)作为最重要的道德标准之一。但是,具有讽刺意义的是,没有哪个职业守则清楚地解释了"准确"的定义,仅是简单地用"不遗漏"或"不增加"的表述来描述什么是准确。这种说法显然过于片面。

如何定义“准确”的翻译？“准确”的含义是什么？这是一个复杂的问题。翻译学家围绕这个问题的争论持续了几个世纪。意义既包含在语言因素中（如字词、词组、语法结构等），也蕴含在非语言因素中（如语调、停顿、面部表情、动作等）。在译成目标语时，口译员须将所有的意义因素都涵盖在内。从实现等值翻译的角度来看，译语不仅应传达原语的主要意思，更应传达讲话人的意图。也就是说，译语的表达方式应在目标语听众中取得与原语听众同样的效果。庭审中，口译员必须意识到，律师使用一定的语言策略以到达特定的目的，通过选词、时态及句法等方式在心理上影响陪审团和法官的决定。简单地将口译员的角色定义为“准确”的翻译，不具备可操作性。庭审中，口译员的任务从简单、机械的意义转换，变成通过精心选择语言策略，以传达讲话人的意图。黑尔（Hale）（2004）通过分析澳大利亚真实的法庭口译录音和模拟庭审，发现法庭口译员除了准确传达意义，还需注意译语与原语的语用对等（pragmatic equivalence）。

（二）口译员行为准则之“中立”

“中立”（impartial）也是大多数法庭口译员职业守则中共有的一条对口译员角色的规定。事实上，任何场合下，无论是在会议、商务谈判或是记者招待会上，口译员都被要求保持“中立”。在诉讼过程中，更是如此，因为法庭上的各方处于冲突之中，所以他们都希望确保译员不会曲解话语，而对对方有利。根据国际译联（FIT）的《法庭口译员行为守则》（*the Code of Conduct for Court Interpreters*）第 4 条，“任何时候法庭口译员都应保持中立，不应允许自己的个人态度或观点影响口译员职责的执行”（国际译联法庭口译员行为守则见附录十二）。

在会议同声传译中，参与者可能根本见不到口译员，因而口译员的自我呈现度也极小。然而，在面对面的互动中，口译员的自我呈现就重要得多了。人们首次见面时，便会对彼此作出判断。这种判断一开始可能是根据方言口音、词汇使用和礼貌用语的使用等。成功的口译基于信任。这种信任，从会话参与者的角度来讲，他们必须相信他们想要表达的意思会被忠实地传达给对方。而从口译员的角度来讲，他们能否忠实地翻译不仅仅是信任的问题，这还要基于口译员作为一个人是否重视会话参与者以及他们对讲话的贡献。这点和米德(Mead)(1934)及特纳(Turner)(1956，1962)所说的角色扮演(role-taking)很像，即在互动中理解和同他们联系起来的能力。米德(1934)和特纳(1956，1962)指出，成功的社会互动取决于在对话中扮演他人角色的能力，即理解为什么他人会说他们所说的话。这是所有人类互动的基本元素。成功的口译取决于口译员理解讲话人，与讲话人产生联系的能力。换言之，口译员应对服务的对象，即交际的参与者，产生同理心。如口译员始终保持“中立”，即不对任何一方产生同理心，容易给交际参与者留下“冷漠”或“漠不关心”的印象，并对交际的顺利进行产生不利的影响。而这与口译活动的最终目的，使操不同语言、来自不同文化背景的各方顺利交流，显然是背道而驰的。

从我们自身参与对话的经验我们了解到，与我们对话的一方如明显对对话的内容不感兴趣，那么互动必然会受到影响。塞西莉亚(Cecilia Wadensjö)(1998)曾经举过一个例子，一位助产士和一个孕妇在互动中失去了继续交谈的热情，因为当他们笑的时候口译员没有笑。他们没有将口译员的行为解读为正式或专业的表现，而是认为口译员对他们所说的话缺乏兴趣。会话参与者对讲话的任何贡献都是他们自我呈现的象征，代表着他们是什么样的人，而不仅仅是他们在那个时间点所说的话。接收者通过词汇或其他一些符号表达(面部表情，点头等)作出的即时反应，不仅表示他能听懂话语，也表示接受者认可口头表述，且也认可它所代表的自我。面对面的交流需要合作。会话参与者对各方所作的贡献的反应与其自身作出的贡献一样重要。没有反应不被看作“中立”的表现，而被认为是不赞同或不理解的表现。这尽管是一个模棱两可的反应，但却有重大的影响。因此，当口译员在翻译一次面对面的对话时，作为互动的参与者，口译员也应当与其他会话参与者合作，这样才能真正保证沟通有效进行。

(三) 口译员行为准则之“隐身”

“隐身”(invisible)也是口译员职业规范中被用来形容口译员角色的一个常用词，不少学者都针对这一点展开研究(安吉莱莉(Angelelli)，2001；罗伊(Roy)，1993)。在探讨口译员在工作环境下的角色时，迪金森和特纳(2009:175-176)指出：“如今手语口译员仍鼓励他们的客户‘想象口译员不在场’并‘忽视口译员的存在’，假装自己是隐身看不见的。”他们在研究中引用了一位口译员的话：

最近，我被我的聋人客户投诉在工作场所表现得冷漠无情。在我与聋人客户交谈时，听力健全的工作人员走了进来，我替聋人客户向他们打了招呼。由于我本人没有亲自跟工作人员招呼或进行目光交流，他们说我非常冷漠(迪金森和特纳，2009:176)。

这是一个口译员的“隐身”，即自我呈现度极低造成交际障碍的例子。尽管口译员“隐身”的目的是对互动尽量不产生影响，但是这样的行为还是显得在疏远互动中的其他参与者。设想，假如这个例子中的口译员在工作人员走进来时，上前打招呼并介绍自己，那么可能就不会被抱怨态度冷漠，双方的沟通也会更加顺畅。为了更有效地促进互动的顺利进行，口译员的行为应当与参与者的期望一致，而不是相反。通过使自己的交际行为正常化，以与其他参与者类似的行为方式行事，口译员可以更好地促进交际。

当然，以上的分析并不是要说明口译员在交际中应当始终保持较高的自我呈现度。实际上，在不同场合的交际中，或是在同一个交际的过程中，口译员的自我呈现度不是固定不变的，而是随着交际的需要不断变化的。例如，在交际开始的时候，各参与者可能是第一次见面，此时口译员需要较高的自我呈现度，因为口译员需要赢得参与者的信任。通过以一种遵循互动预期规范的方式呈现自己，可以使参与者熟悉口译员并对之产生信任。

第五节　法庭口译和会议口译的比较

一、会议口译与社区口译的不同

波赫哈克(2004)将口译活动发生的社会语境作为区分社区口译和会议口译的标准，并认为这一语境上的区别是导致两者研究视角不同的重要原因。他指出会议口译发生在社会之间(inter-social),而社区口译发生在社会之内(intra-social)。他将“社会之间”定义为商务或外交的语境,涉及社会实体之间的交流,“社会之内”涉及多民族社会内部的交际,可能发生在法庭、警察局、医院和教室等不同的社会机构中。

“社区口译”这一术语常被用于与“会议口译”相区分。“会议口译”服务于各种国际会议。由于工作场合的区别,“会议口译”和“社区口译”有很多不同点,比如,“会议口译”的工作模式以同声传译为主,通常在同传箱里进行,而“社区口译”的工作模式则多为对话的交替传译;“会议口译”的交际各方权力关系平等,而“社区口译”的交际双方权力关系则不平等(梅森(Mason),1999:216)。

(一) 会议口译的特点

会议口译,尤其是同声传译更多的是将发言人的独白(monologue)转换成另一种语言,而社区口译中,口译员的任务则是翻译对话(dialogue)。在独白中,词语或语句的意义仅是由说话人的意图或策略决定的。不同于独白,对话的意义是由参与者在互动中共同构建的。

在诸如会议或讲座的正式活动中,担任同声传译的口译员对互动很少能控制或根本无法控制,既无法控制讲话的节奏、复杂程度或信息密度,也不能要求讲话人调整讲话节奏,暂停以便让口译员跟上,或澄清没有被完全理解的内容。

(二) 社区口译的特点

社区口译有不同的名称,有时也被叫作公共服务口译(public-service interpreting)、对话口译(dialogue interpreting)、联络口译(liaison interpreting)、文化口译(cultural interpreting)或陪同口译(escort interpreting)(黑尔,2007)。社区口译因其

服务的场合不同，可以分为医疗口译、法庭口译等不同种类。其中，法庭口译因其服务的场合的正式性及固定化的工作流程，被认为有区别于其他场合的社区口译的角色感知和角色期待。

不论何种场合的社区口译，都属于口译员介导的面对面的交际互动，具有一些共同的特点。首先，典型的社区口译发生在机构的环境下。其次，交际有三方参与者，即交际双方主要参与者以及口译员。第三，社区口译中，一方主要参与者通常是拥有一定权力的专业人士，如警察、律师、医生或社区工作者等；而另一方主要参与者往往是权力较小的不通当地语言的非专业人士，如被告、病人等。这些因素必定会对意义交换和协商的方式产生重要影响（雅各布森(Jacobsen)，2002)。

法庭口译和其他社区口译活动通常是为帮助少数语言使用者获得公共服务，在这些情况下，交际清晰易懂对参与者是有利的。因此，对于口译员要求更多时间确认信息是否被理解等行为，交际参与者往往持非常宽容的态度。

（三）会议口译研究与社区口译研究的区别

会议口译研究与社区口译研究在研究主题上有很大的区别。传统的会议口译研究多将焦点放在认知、神经心理学和神经语言学等问题上，关注口译表现，如口译员的记忆长度、耳口差（Ear-Voice Span）、预测（anticipation）（Mason，2000）和组块化（chunking）等。而社区口译研究更多关注口译服务对象及口译员自身对口译员角色的感知和角色期待（施莱辛格和波赫哈克（Shlesinger & Pöchhacker），2008）。这一研究焦点的差异主要源于会议口译和社区口译的不同特点，详见表 2-1（雅各布森 2002：6）：

表 2-1 社区口译和会议口译的区别

社区口译	会议口译
对话(典型的社区口译通常有两个主要讲话者,但不排除例外)	独白
自然语言(有些讲话可能是事先计划好的)	事先准备好的讲话(常有原语发言稿)
相对较短的话轮	持续的话轮
双语言方向口译	单语言方向口译

会议口译和社区口译的不同特点使两者的研究焦点不尽相同。会议口译就口译行为展开研究,而社区口译将口译中面对面的三方互动作为研究焦点。社区口译研究多以医患或法庭为背景,除了关注口译员角色问题,还探索口译员的话语、跨文化中介、职业素养、团体忠诚度以及口译场景的权力机制等。

从学术研究的角度出发,要明确地体现出研究对象及其对研究模式的影响和特定研究方法的要求,"对话口译"一词比"社区口译"更为贴切,更能体现出该领域研究的特点。"对话口译"的过程是三方的互动,其根本特点是交际各方"面对面的互动",其中任意一方的行为都会影响其他交际参与者,而三方共同对交际的结果产生影响。自 20 世纪 70 年代以来的研究也证明了,正是"面对面的互动"这一特点决定了"对话口译"研究的绝大多数研究主题,如"话论转换"、"角色冲突"、"面子协商"等(梅森,1999:218)。这些主题在几乎所有的"对话口译"中都有所体现,包括医疗口译、法庭口译、商务谈判口译、社会服务口译等。与之相比,"会议口译"的特点决定了其研究焦点落在口译员的行为和表现上，如口译员记忆长度、输入和输出的时间差(ear-voice span)、口译员的预测等。

以上我们谈到，“对话口译”与“会议口译”相比，有其鲜明的特点和独特的研究主题。尽管都属于处理高度复杂信息的个体，但“对话口译”口译员所具有的人际关联性和社会属性比“会议口译”口译员更强。在交际三方的互动中，由于不断嵌入的人际关系因素，并渗透着彼此不同的文化背景和社会模式等因素，“对话口译”口译员的角色，根据口译场合的不同，也有所不同。例如，法庭口译显然和商务谈判口译或医疗口译有显著的差别。本研究聚焦法庭等司法场所担任口译工作的口译员角色问题，特殊的工作环境使其具有区别于其他对话口译类别的鲜明特点。

二、法庭口译的特殊性

通常而言，翻译深深地植根于社会组织的结构之中。对不同机构中发生的对话口译的研究(伯克-塞利格森，1990；塞西莉亚，1992, 1998；罗伊，2000；戴维森(Davidson), 2002)表明机构框架对交际活动有明确的影响。机构中发生的交际活动一个共有的特点是专业人士通常掌握交际活动的控制权。换言之，机构的代表人控制着交际话题的选择，决定当事人/病人/嫌疑人什么时候开口说话，说多少话，以及如何评估他们的讲话。当口译员参与到机构交际活动中，原本掌握控制权的人可能会失去部分控制权。口译员，不论愿意与否，要对交际活动的实质和进程承担一定责任。

法庭话语属于典型的机构话语。法庭、警察局等司法机构具有其独特的运作法则，对口译活动产生影响。法庭口译服务的当事人往往不熟悉当地法律法规、方针政策、司法部门办事流程、相关法律专业知识，不了解当地文化传统、风俗习惯、宗教信仰和交往礼节，加之语言不通，在交际过程中通常处于弱势地位。而与他们互动的另一方通常是司法机构的相关人员，如法官、律师、警察等，拥有法律领域的专业知识，熟悉司法制度和资源，在交际活动中凭借其占据的优势常常占据主导地位，掌握操控权。法庭口译员的介入或多或少可能致使法官或律师失去对法庭交际活动的控制权，并有意识或无意识地对交际活动的结果产生影响。

由于法庭口译具有诸如会议口译、医疗口译等其他场合的口译活动不具备的以上特征，因此口译员在法庭等司法机构的交际活动中扮演的角色也有别于服务于其他场合的口译员，需要进行专门的研究。

第三章　口译员角色研究综述

第一节　口译员角色的含义

前面已经提过，自从不同国度的人们有交往开始就有了口译活动，因此“口译员”是历史最悠久的职业之一。在古埃及的法老陵墓中，就有记载宫廷口译员工作场景的壁画；而在中国，早在商周时期就有专门从事与北方部落和西域国家交流工作的口译官员，被称为“寄”、“象”、“舌人”等（詹成，2013：6）。

英语中的 interpreter 来自拉丁语 interpres，意思是“释义的人”、就难以理解的事物向他人作出解释的人。有些学者认为 interpreter 的后半部分是由表示“价格”的 partes 或 pretium 衍生而来，因此，interpreter 就有了“中间人”、“中介”的含义（Hermann，1956/2002：15-22）。

在中国，interpreter 译成汉语时有多种翻法。例如，内地更多将 interpreter 译成“口译员”、“译员”或者“口译”，而港澳地区习惯将 interpreter 译为“传译”，interpreter 在台湾地区的翻译是“译者”（詹成，2013：7）。本研究将 interpreter 译成“口译员”，而“译者”（translator）用于专指做笔译的人。

第二节　对口译员角色的传统看法

自从口译职业化开始，关于口译员角色的探讨便受到很多关注。同交际的其他参与者不同，口译员在交际中的地位特殊，其作用是促进交际顺利进行，而不是主动进行沟通。以下是长久以来对口译员角色的几种根深蒂固的传统看法。

一、将口译员视为“管道”

“管道”(conduit)这一说法最早是由雷迪(Reddy)(1979)创造的，用以描述常见的对语言交际的看法，他注意到当人们谈论语言时，常使用隐喻将交际活动描述为通过解码和再编码的过程，将一个确定的实体从信息发出者传递给信息接受者。很多表示语言交际的短语都反映了这一隐喻，如“get the message across”、“convey the content”、“bring out the truth”、“put the thought into words”等。“管道”的角色意味着用另一种语言机械地重复讲话人所说的内容，非交际的参与者，具有“被动”和“非人”的特点。当法庭口译员仅仅扮演“管道”的角色时，口译员被看作一个中立的机器，将信息原封不动地转换到目标语中。管道交际模式大大影响了常见的口译员形象，这也解释了为什么外行人会期望口译员对原讲话做逐字翻译(塞西莉亚，1998:7)。这种看法是如此根深蒂固以至于不少国家的法律中都作了类似的规定。例如，口译员作为“管道”的角色最早在英国的判例中得到法律的认可(R v. Attard

[1958] 43 Cr App Rep 90)，随后，澳大利亚也确定了口译员作为“管道”的角色(Gaio v. R [1960] CLR 419)，美国的案件中(People v. Guzman 478 NYS 2d 455, 457-8[1984])，口译员被比作一个调制解调器(modem)。这种将法庭口译员视为管道或机器的看法主要出于排除传闻证据的需求(芬顿(Fenton)，1997；拉斯特和泰勒(Laster & Taylor)，1994)，因为在普通法系的国家，从别人嘴里听到的或二手获得的证据因其真实性无法确认而不被认可。当法庭审理中使用口译员时，双方听到的就是二手信息，即传闻证据。然而，当口译员被视为机器或说话人的传声筒时，传闻证据的问题就迎刃而解了。这是因为，口译员不被看作人，便不应对诉讼过程有任何思考或影响(芬顿，1997:30)。当口译员被视为“管道”时，翻译的要求便是字对字的机械翻译。类似的对法庭口译员角色的比喻还有机器、窗口、桥梁，甚至电话线等。这些比喻都有其合理之处，但它们都忽视了口译员是鲜活的人的事实。

这样的观点不断受到挑战，尤其在面对面的、参与者较少的交际活动中。在这类交际活动中，交际的主要双方不仅是积极的讲话者，同时也是积极的听话者。他们不仅使用的语言不同，而且使用的开场、结语、话轮转换等语言习俗也不尽相同，这些习俗是自动的、无意识的。由于交际的主要双方不懂彼此的语言和语言习俗，口译员是唯一一个能够维持交际按逻辑正常运作，并在必要时修复交际中出现的问题的人。这就意味着口译员是交际活动中积极的第三方参与者。口译员能影响交际活动的发展方向和结果。正如罗伊提出的：

假如口译员在讲话中处理的重复，转换话轮(利用他们对语言系统、社会环境的了解，以及每个参者如何使用语言来表达他们的意思)，那么口译员已经是积极的参与者，而非简单的管道，仅将接收到的信息用目标语表达出来(罗伊，1990:85)。

莫里斯(1995)指出口译是一个交际的过程，为了达到真正的交际目的，必须允许口译员超越语言的指涉性使用，而不是将他们限制于逐字翻译。她进而指出应当允许口译员要求或作出澄清，指明误解，以使译语更加准确。拉斯特和泰勒(1994)主张应将口译员的角色重新定义为交际的促成者，指出由于文化和语言差异，逐字翻译不等同于准确的口译。芬顿(1997)主张将法庭口译员视为专家证人，因为口译需要特殊的技巧，而这些技巧的使用要求译员作出正确的判断，口译员应为其翻译负责。而且，将口译员视为专家证人有助于反映法庭口译的实质，并解决传闻证据带来的问题，使法庭口译员获得应有的地位和尊重。

“管道”模型的另一个问题是文化差异及其可能导致的跨文化交际中的误解。在对六名警察被控剥夺三个原住民男孩人身自由的听证会的研究中，伊迪斯(Eades)(1995)发现原住民和非原住民在使用英语上的巨大差异常常引起交际困难。她发现辩护律师在交叉询问中的风格导致证人不论什么看法都给出一样的回答，即对任何问题都回答“是”，或对任何否定的问题都回答“否”，无论他是否赞同甚至理解这个问题。这是原住民一种特殊的接受访谈的方式，尤其是当存在严重的权力不平衡的情况下。伊迪斯指出，在这种情况下，直译男孩们的回答会令人觉得他们不是可靠的证人。伊迪斯还注意到这个案件中存在的另外两个问题，即对原住民对沉默的使用和缺乏与提问者的眼神交流的误解。在原住民英语中，回答问题前有片刻沉默是可以接受的，在原住民社会中，儿童在和年长的成人说话时应避免直接的眼神交流。法庭没有注意到甚至是忽视了这些交际中的文化差异,使原住民证人处于不利地位,往往导致法庭对他们作出负面的评价,而在上述这个案件中便是这种情况。将法庭口译员的角色规定为"管道"意味着口译员若要向律师指出由于文化原因,某种提问的形式无法用目标语翻译出来或会被非英语母语者误解,或解释证人回答的文化含义,这些通常都是不可接受的(莫里斯,1995:28)。

上述研究都试图证明"管道"或"机器"的角色比喻存在诸多不合理之处,口译员实际是交际活动的积极参与者。但是口译员究竟在交际中扮演什么角色,关于这点各界看法不一。

二、将口译员视为"文化中介者"

随着交际内容的日趋复杂和交际领域的日益扩大,口译员被视为"管道"或"机器"的看法受到更多质疑,口译员单纯扮演"管道"或"机器"的角色不能满足交际活动的需求,将口译员视为"文化中介者"的看法逐渐地被越来越多的人接受。由于口译员所扮演的角色肩负跨语言跨文化交流的重任,口译员不仅起到语言中介的作用,同时也是沟通不同文化的媒介。因此,"文化中介者"、"媒介"等词更多地被用来描述口译员在交际活动中所扮演的角色。

"文化中介者"(cultural mediator)一词最早是由澳大利亚学者博克纳(Stephen Bochner)于1981年在其著作《中介者:文化桥梁》(*The Mediating Person: Bridges between Cultures*)中提出的。澳大利亚社会心理学家塔夫脱(Ronald Taft)(1981:

53-58)进一步对口译员的角色作了如下阐述:"文化中介者"是帮助语言、文化不同的人或群体进行交流、理解、活动的人。其中介者的作用是通过将一个文化群体的表达、理解、意图、期望翻译成另一文化群体所能理解的相应内容,是通过建立、平衡二者间的交流来实现的。不仅如此,塔夫脱还指出,"文化中介者"不应被要求仅对字词准确翻译,而是要传播对于目标听众有意义的思想内容。美国翻译理论学家奈达(Nida)(2001:82)对这一观点表示赞同,并指出口译是传递文化,而不是单纯的从一种语言向另一种语言传递词语意义。口译员的作用不是简单地将说话者用一种语言说的话再用另一种语言说出来,而是充当文化的中介。

三、将口译员视为"帮助者"

不同于"管道"、"机器"和"文化中介者"这些相对中立的角色定位,在有些场合下,口译员也被视为某个人群的"帮助者"。尽管,口译常被看作为帮助讲不同语言的人进行交流的活动,但是,"帮助"这个字眼却很少出现在其他口译的定义中。例如,会议口译被定义为将代表和参会者在会上的讲话口头转换成一种会议工作语言的活动(丹尼斯(Denis),1968:83)。但是,社区口译的定义中常常出现"帮助"或"服务"的字眼。例如,1995年在加拿大举行的首届法律、医疗及社会服务口译国际研讨会将社区口译定义为一种用来帮助那些不通所在国家官方语言的人平等享有法律、医疗、教育、当地政府等社会服务的口译(罗伯茨,1997:11)。甚至,有学者认为社区口译是“口译和社会工作”这两种不同职业的结合(盖尔克(Gehrke),1993:420)。

社区口译之所以强调“帮助”或“服务”,其原因可能有几个。第一,社区口译是应社会需求而生的,由社会服务部门塑造的职业。从某种程度上来讲,社区口译员就类似于社区或社会工作者。第二,社区口译领域一直以来有许多志愿者参与,而他们将自己的角色定位为帮助者。第三,社区口译服务的对象多为难民或新到一个国家的移民,由于他们对新到的国家并不了解,因而所需要的往往超出语言服务。

四、将口译员视为“协调员”

口译员话语的协调功能往往对交际参与者来说更为合理。在互动中,口译员的话语是交际链中的一环,连接和协调着其他参与者的话语。在交替传译中,口译员总是负责第二个话轮,从而监控交流的时间和空间。口译员,正如罗伊(2000)所说的那样,管理话语过程。因此,有时人们也将口译员视为“协调员”。例如,当谈判陷入僵局或双方中出现争执时,交际双方气愤和失望等情绪的影响,很可能使用一些不理性的用词。这时如口译员仍旧扮演“管道”角色机械地翻译,或者充当某一方的“帮助者”,不仅不能推动交际的进行,反而会加剧对立的情绪,甚至导致谈判破裂。如口译员能扮演“协调员”的角色,发挥一定的人际协调功能,对于会伤害对方的言辞选择通过部分修改、调整与缓和,来冲淡双方激烈的气氛,谈判很可能顺利地完成。尽管这样做从表面上来看可能违背了

“忠实”原则，但从推动交际顺利进行的角度来看，却属合情合理。交际双方的根本目的是要实现交际效果的最大化，而不是去伤害对方，导致交际失败。口译员对于困境的处理，体现了他们发挥主体性和灵活性来控制局面的能力。当然，“协调员”的角色并不是说口译员可以任意妄为，而是要坚持“推进沟通”的根本原则(詹成，2010：173)。

除了以上提到的“管道”、“机器”、“文化中介者”、“帮助者”和“协调员”等对口译员角色的传统看法，口译员有时也被视为“助手”或“弱势群体拥护者”等。尽管不少学者已经在口译员角色研究方面取得了重要成果(罗伊，1993；塞西莉亚，1998；梅茨格，1999)，对传统的看法提出了质疑，突出口译员在交际中的参与，但是口译员是交际中的参与人这一点并没有得到广泛的认可。

与同样环境下单语的对话相比，口译员介导的口译活动属于非标准的，其顺利进行取决于对话主要参与者对这种特别的对话形式的适应，换言之，口译员介导的交际活动能否顺利进行很大程度上取决于口译员本身以及交际双方对口译员角色的正确理解。对口译员角色狭隘的定义，其目的不外乎防止口译员对交际产生不恰当的影响。然而，这些狭窄的定义给口译员的行为造成了障碍，使之无法像交际参与者所期望的那样自然地行动。值得关注的是，由于对口译员角色的定义限制性过强，导致口译员很难操作，时常不得不作出“逾越角色”的选择(step out of role)。所谓的“逾越角色”是指口译员的角色行为与角色期待背道而驰。口译员之所以会逾越角色，正是因为人们对口译员角色缺乏正确的、全面的理解。

第三节　国内外口译员角色研究回顾与思考

一直以来,口译员在多语言交际中扮演的角色都是口译研究中的重要议题。波赫哈克(2010:22)将口译员研究纳入口译学科研究的框架,明确指出,"口译员角色"是口译理论涉及的八个具体范畴之一,并将口译员表现归入口译产品的研究范畴。仲伟合(2010:95-96)也提出,口译员角色的讨论属于口译产品研究和口译职业活动的研究范畴,足见对口译员角色研究的重视。

角色在口译员表现分析中起核心作用(波赫哈克,2009:147)。最早的口译员角色研究可追溯到1976年。长久以来,口译员一直被看作实现不同语言群体之间交流的桥梁,承担着语言转换任务,是隐形的中介。1976年,美国社会学家R.布鲁斯·W.安德森(Bruce W. Anderson)撰写了《译员角色面面观》(*Perspectives on the role of interpreter*),该文后被收录在波赫哈克主编的《口译研究读本》(The interpreting Studies Reader)中。他从社会学视角出发,将口译员置于社会环境中,分析其角色,发现口译员的所有行为都受社会环境的影响。他的研究打破了传统的口译员角色定位,认为口译员不再是隐形的"管道",而是具有权力的角色。他突出了口译员在交际中的重要地位,强调他们不仅仅是语言的"转换站",而是和交际双方一样,积极参与交际过程,并对交际结果发挥着重要的作用。他指出社会环境中发生的翻译活动至少涉及三个参与方,即生产者(producer)、口译员(interpreter)和消费者(consumer)。其中,生产者和消费者是单语者,口译员是双语者。

通过引用兰伯特(Lambert)(1955)的研究成果,安德森指出,双语者的语言行为受其双语语言习得顺序、双语掌握程度以及双语融合程度的影响,而这些因素也对口译员角色产生影响。双语习得顺序使口译员很可能对说自己母语的讲话人产生更多的认同感。双语掌握程度可能对口译员产生两种影响:一是口译员译入其强势语言(dominant language)比译出强势语言更成功;二是口译员更容易对其强势语言的讲话人产生身份认同感。

此外,安德森认为口译员角色具有模糊性和冲突性。由于口译员角色规定在客观上是不充分的,所以口译员的角色总是部分地不确定。不清楚自己应该做什么,加之时常被要求做一些客观上做不到的事情,使口译员陷于角色模糊和角色超载(role overload)。口译员通常同时为两个客户服务,对交际双方都有义务。有时这些义务互不兼容,这将导致口译员角色冲突(role conflict)。无论怎样做,总有一方会不满意。这给口译员带来很大的角色压力。

口译员是交际中唯一一个掌握双语能力的参与方。对稀缺资源(即双语能力)的掌握使口译员具有权力(power)优势。当这一优势与口译员角色的相对模糊性相结合时,口译员对其行为有很大的控制权,并会因此对整个交际活动的结构产生很大影响。口译员可能忠实地翻译交际双方讲的话,也可能有选择性地进行翻译,而这点单语的交际参与者很难察觉。假如口译员选择扮演双方客户的“忠实的回声”(faithful echo),那么就是将自己放在“无党派”(nonpartisan)的角色定位上。这点在实践中很难做到。然而,一些掌握着非常平衡的双语双文化能力的口译员会拥有相对中立的自我形象。安德森借用齐美尔(Simmel)(1964)经典的三元素(triad)理论阐释了口译员的无党派角色对交际活动的结构、过程及翻译忠实度产生何种影响。口译员在交际中扮演中介人(the man in the middle)的角色,抽离于其翻译的内容。往往在这一假象之下,口译员对交际的内容有很大的操控权。口译员通过改变愤怒的用词、缓和僵硬的立场,使交际的内容更具适度性和合理性。口译员的中立的无党派角色有不同种类。假如口译员的中立源自对对话双方的同等兴趣,那么可能出现上述的情况。口译员通过操控使交际达到公正的结果,使对话双方相信他们的利益都得到了最大化。但是,假如口译员的中立是因为其对整个交际场景的高度抽离,那么口译员会最大程度地做到忠实的口译,甚至会模仿讲话人的语调和动作,尽量少地过滤讲话中价值负荷的方面。口译员的高度抽离迫使对话双方不得不自己解决他们的分歧,因为无论交际产生什么结果,对口译员来说都是可接受的。扮演中立角色时,口译员要么是一个公正但隐秘的操纵者,在交际中垄断着沟通技术(双语能力)而施加自己的权力,促进交际顺利进行;要么在互动网络中始终保持一个被动的角色。扮演非中立角色时,口译员会选择与一方客户结盟。假如客户中有一方具有双语能力,那么口译员的权力就消失了。

笔者认为,作为口译员角色研究的先驱,安德森将口译活动置于社会的大环境中加以考察,采用跨学科的视角分析口译员角色,具有十分重要的开拓性意义。安德森的口译员角色研究成果总结起来有三大点:一是口译员的双语能力对其角色产生影响。二是作为中介人,其服务的客户对口译员的期望可能相互矛盾,使其产生角色模糊和角色矛盾。三是口译员因在交际中垄断沟通手段而拥有权力，对交际产生影响。这些研究发现为之后的口译员角色研究奠定了基调。其研究的局限性在于，安德森只提出了对口译员角色的几点看法，而没有深入展开；在支撑其论点是，仅引用少数几位学者的观点，缺乏有力证据。如采用实证的研究方法，对其提出的观点进行论证，会更具科学性和说服力。

安德森的这篇论文，首开口译员角色研究的先河，对如何正确认识口译员角色具有开创性的意义。在安德森关于口译员角色研究的论文发表之后的很长一段时间里，这一主题鲜有成果出现。关于跨文化交际中翻译和译者的作用的研究一直到20世纪90年代才逐渐充实起来。到2017年，口译员角色研究已经走过了四十一年的历程。国内外众多研究者就口译员角色话题开展了跨学科、多视角、多场域的研究，该主题已成为口译产品和口译员表现研究中的核心话题（波赫哈克，2004：147）。

一、文献计量方法和工具

文献计量法（Bibliometrics），也称科学计量法（Scientometrics），是应用数理统计和计算技术等数学方法对科学活动的投入（如科研人员、研究经费）、产出（如论文数量、被引数量）和过程（如信息传播、交流网络的形成）进行定量分析，从中找出科学活动规律性的一门科学学分支学科①。科学计量学通过

① http://baike.baidu.com/view/40540.Htm.

收集实证数据来发现研究成果的被引用率、课题的传播情况和成果的增长规律等,从而进一步了解某学科的演化和进展及跨学科间学者和学术思想的交流合作。主要的科学计量方法包括被引分析(citation analysis)、成果数量分析(publication counting)、网络分析(network analysis)、关键词分析(keywords analysis)等。近年来,文献计量法从科学技术领域扩展到人文学科领域,如语言、文化、艺术等,并于20世纪90年代中期开始应用于口译研究领域(刘建军,2012)。运用文献计量法对口译员角色研究开展文献调研分析,总结成果、指出问题、探寻对策,具有科学性、必要性和可操作性。本研究拟以发表于1976年至2017年的国内外口译员角色研究文献为考察对象,采用文献计量法,从研究内容、成果分布及发展历程等方面梳理和分析口译员角色研究,比较国内外研究历史和现状,指出前人研究的贡献,提出未来发展的新思考。

(一)文献计量法的优势

与一般的描述性综合方法相比,文献计量法有着自己独特的优势。常见的研究评价都是以定性方法对以往的研究成果进行描述性的综合,但存在一定缺陷,比如难以有效综合处理大量研究成果,而文献计量法则可以很好避免这些局限。首先,在文献资料的检索上引入更严格的筛选机制与标准,不再局限于已发表的论文或出版的专著,将会议论文及未发表的研究如博士或硕士论文均列入检索范围。这样可以使文献检索范围更广,避免出版偏见。

其次,文献计量法利用定性与定量两种方法对研究结果进行整合。仅用传统叙述性方法回顾与整合具体研究,其中可能存在很多不易被人察觉的研究者主观判断或个人偏见,不可避免地会影响到研究入选条件、研究的相对权重、研究特征与结果的关系分析等。而使用文献计量法，通过一定的统计原则和方法来进行收集、编码与解释各种研究，其结果也是对大量研究成果的一个综合性回顾，与叙述性评论相比，显然更为准确、客观。

（二）研究工具和数据来源

主要使用 Excel 表格工具进行分析和图表绘制。为尽可能提高数据的完整性和准确性，笔者花费了近三个月时间，通过图书馆、数据库、网站等渠道查找资源，尽可能地涵盖更多的口译员角色研究相关文献，使数据库更加完整。有两点需要说明：第一，部分论文及专著由于版权保护和资料有限，无法获得全文，因而只能通过标题、关键词和摘要来判断其研究内容是否属于口译员角色研究范畴。第二，由于笔者只熟悉中文和英文（第二语言），因此所选文献仅限于用汉语和英语写作的，以及部分有英文题目和摘要的其他语种的文献，没有英文题目和摘要的其他文献，由于无法判断其确切研究内容，均未包括在本研究数据库中。筛选和判断过程中存在一定主观因素，加之人力、物力和时间有限，因此不得不承认数据库的完整性和准确性只是相对的，无法排除可能存在一定的偏差。

本项研究建立了“口译员角色研究文献数据库”，共收录 1976 年至 2017 年 41 年间发表的五大类文献：国内外期刊论文、专题论文集论文，国际会议论文、国内外博士论文及专著。整个口译员角色研究文献数据库由两个子库组成，即“国外口译员角色研究文献数据库”和“国内口译员角色研究文献数据库”。

二、口译员角色研究文献数据库的建立

（一）国外口译员角色研究文献数据库的建立

1. 国外文献主要来源有以下三个：

（1）在线翻译研究文献数据库：

a. BITRA(Bibliography of Interpreting and Translation)：西班牙阿尔卡特大学口笔译数据库，拥有六万九千多条文献数据，数据每月更新一次，是目前最大的免费网络数据库。网址：https://aplicacionesua.cpd.ua.es/tra_int/usu/buscar.asp?idioma=en。

b. TSB：约翰·本杰明出版公司的翻译研究文献数据库。网址：http://www.benjamins.com/online/tsb/。

c. EBSCO 系列数据库：作为世界上最大的全文期刊数据集成出版商，EBSCO 出版公司提供的 EBSCO*host* 平台可以访问超过 375 种全文和辅助研究数据库，内含外文期刊、图书、杂志、专著、行业出版物、产业报告等多类资源。网址：http://search.ebscohost.com。

（2）口译研究论文集：以约翰·本杰明出版公司及 St.Jerome 出版公司的口译研究论文集为主。其中又以第一至六届国际社区口译大会论文集 Critical Link1-6 中的所收录的文献为主（Critical Link1-6 目录见附录七）。

（3）口译研究专著：国外主流出版社出版的口译研究专著。

在此需要说明的是，国际会议口译员协会口译文献数据库（AIIC Bibliography on Interpretation）和由著名口译研究专家丹

尼尔·吉尔(Daniel Gile)创办的会议口译研究信息公报网(CIR, An International Information Network on Conference Interpreting Research)也是具有国际影响力的汇集口译研究文献的重要数据库。本研究之所以没有将这两个作为国外文献来源,主要出于两点考虑:第一,这两个数据库收集的文献属于会议口译研究领域,而口译员角色研究更多地出现在社区口译领域。第二,由于在这两个数据库中出现的有关口译员角色的文献基本包含在本研究所用的三个国外文献主要来源中,因此为减少重复劳动,不再将这两个数据库中的文献列入检索范围。

2. 国外口译员角色研究文献数据库建立步骤:

(1) 以 interpreter 和 role 为关键词,对文献的标题和关键词进行检索,初步搜索出相关文献。

(2) 通过阅读摘要对文献进行二次筛选,剔除不相关的文献。

(3) 汇总从各个数据库、网站和论文集获得的文献,比对并剔除重复的文献。

(4) 最终锁定期刊论文 120 篇,专题论文集论文 32 篇,会议论文 14 篇,硕士论文 8 篇,博士论文 10 篇,专著 6 本,报纸文章 6 篇。

(二) 国内口译员角色研究文献数据库的建立

1. 国内文献主要来源有以下三个:

(1) 数据库:中国知网 CNKI,包含中国学术期刊网络出版总库、中国博士学位论文全文数据库、中国优秀硕士学位论文全文数据库、中国重要会议论文全文数据库、中国学术辑刊全文数据库、中国重要报纸全文数据库、特色期刊等。

（2）外语研究出版社专著：以外语教育出版社和外语教学与研究出版社为主的国内主流外语研究出版社出版的口译研究专著。

（3）其他网站。

2. 国内口译员角色研究文献建立步骤：

（1）笔者以“口译员”和“角色”为关键词，对篇名、关键词进行检索，初步搜索出相关文献。

（2）通过阅读摘要或全文对文献进行二次筛选，剔除相关性较弱的文献。

（3）最终共获得期刊论文 51 篇，博士论文 5 篇，硕士论文 93 篇，专著 5 本，报纸文章 1 篇。

三、口译员角色研究文献数据库分析

（一）口译员角色研究文献来源分析

综合笔者所收集的国内外文献，本研究共涉及中英文文献 351 篇（口译员角色研究文献数据库见附录四），其中期刊论文 171 篇，占文献总数的 49%；专题论文集论文 32 篇，占文献总数的 9%；会议论文 14 篇，博士论文 15 篇，均占文献总数的 4%；硕士论文 101 篇，占文献总数的 29%；专著 11 本，占文献总数的 3%；报纸文章 7 篇，占总数的 2%（见图 3-1）。

汇总分析笔者收集到的口译员角色研究相关的国内外文献可以发现，在诸多文献种类中，期刊是口译员角色研究成果发表数量最多的途径，其次是专题论文集和会议论文，相比之下，专门研究口译员角色的博士论文和专著数量则相对较少。

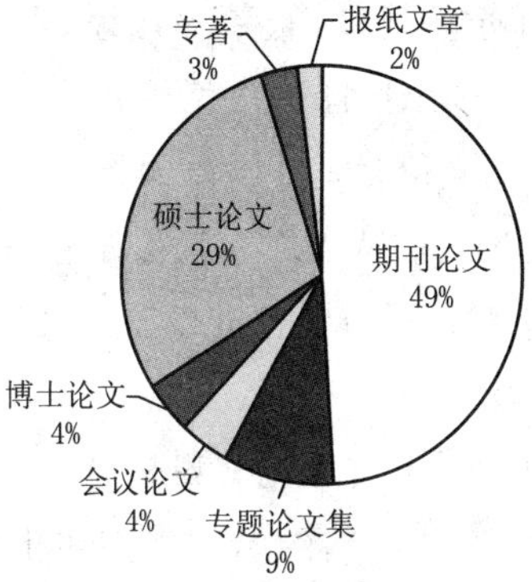

图 3-1　口译员角色研究文献来源分析

1. 期刊

在世界范围内具有重要影响力的翻译研究期刊，如 Meta，The Translator The Interpreters' Newsletter，Interpreting 等都刊登了不少口译员角色研究论文。近年来，这些论文的研究焦点也逐渐从会议口译员的角色转向医疗口译、法庭口译、手语口译中口译员的角色研究。研究者的身份不再限于翻译背景，口译员角色研究也吸引了来自医学、法律、心理学、社会学等领域的研究者的关注。

2. 硕士论文

查找发现口译员角色研究为主题的硕士论文数量仅次于期刊，其中，国内口译员角色研究的硕士论文数量达到 81 篇之多，完成时间在 2006 年后，2013 年和 2014 年达到峰值。这与 2006 年后教育部批准开始招收翻译专业硕士关系密切，翻译专业硕士的毕业论文多是基于对翻译实践的反思，不少硕士生选择联系自己的翻译实践，对口译员在实践中扮演的角色进行研究。这些硕士论文涉及的口译形式多样，包括会展口译、联络口译、商务谈判口译、导游口译、大型活动现场口译等。截至2017年,产出口译员角色研究硕士论文最多的高校为广东外语外贸大学和上海外国语大学,数量分别是35篇和15篇。这些硕士论文的特点之一就是偏重口译实践中的经验累积,而联系理论对口译员角色进行深层次分析的较少。

3. 专题论文集

除了翻译研究期刊,专题论文集是另一大口译员角色研究成果的主要来源。2008年,约翰·本杰明出版公司出版的专题论文集《社区口译跨界研究》(*Crossing Borders in Community Interpreting*)刊登了一批口译员角色研究成果(目录见附录八),是该领域最新研究成果的一次集中展示,不仅涵盖法庭口译、警察问讯口译、医疗口译等社区口译的各个领域,也包含来自法国、德国和西班牙等多个国家的相关研究成果。其中,对16世纪、17世纪西班牙殖民地的统治时期口译员角色的研究(辛西娅(Cynthia), 2008)发现几个世纪前的西班牙治理殖民地的法律中专门有一个部分规定了口译员的行为,当时的法律强调的几个方面至今仍是口译员角色和口译活动中颇具争议的问题,诸如如何筛选和雇用译员、如何惩罚出错的口译员等。以史为鉴,该论文认为当时关于口译员的法律规定可为我们现今的口译活动带来启示。

4. 会议论文

会议论文是次于期刊和专题论文集的第三大口译员角色研究成果来源。最具代表性的当属始于1995年的社区口译大会"关键链接"(Critical Link)——国际上首个汇集社区口译研究者的大会。该会议每一到两年举行一次,至今已经举办了八届,最近的一次2016年在苏格兰爱丁堡举行。该会议出版的 Critical Link 系列论文集成为推广社区口译研究成果的重要阵地。Critical Link 1-6 的论文集收录了相当数量的有关口译员角色研究的论文。其中，Critical Link 1 和 Critical Link 2 论文集的社区口译员的角色研究作为除了概述外的第一个章节，可见其对口译员角色研究的重视程度。The Critical Link 3 更是专门辟出一个章节探讨法律体系和法庭口译员所处的两难境地，收录了 4 篇论文，分别从语用学、话语分析等角度研究法庭口译员角色（见附录七　Critical Link 1-6 目录）。

5. 博士论文

与停留于口译实践经验总结和反思的硕士论文相比，以口译员角色为主题的博士论文相继出现，体现了口译员角色研究正在不断深化。最早一批的研究口译员角色的博士论文于 20 世纪 80 年代诞生，其中芬尼根（Finnegan），罗伊，塞西莉亚，马卡洛娃（Makarova）等学者成为该领域的研究的先驱。国内口译员角色研究的最早的一篇博士论文是任文的《联络口译过程中译员的主体性意识研究》，迄今为止，共有 5 篇该主题的博士论文（参见任文，2008；詹成，2011；李丹，2013；孙婷婷，2013；张梦璐，2014）。其中，任文和张梦璐的研究都是聚焦联络口译员的在交际中扮演的角色，她们认为联络口译涉及会议口译外几乎所有的口译活动，包含公共服务口译、医疗口译、法庭口译、商务谈判口译和导游口译等。张梦璐（2014）以传统的翻译理论为基础，探讨了功能主义翻译思想对联络口译译员角色研究的影响；随后她运用社会学和社会心理学的角色理论，科学地分析了联络口译员的角色及角色行为；借鉴跨文化交流理论，将口译员角色定位为各种特定文化背景的构建者和参与者；运用哲学的主体性思想，重申口译员在口译活动中的主体地位。作为国内首篇西汉口译的理论研究，张梦璐的研究为后续研究奠定了重要基础。任文(2008)也以主体性思想为理论支撑，研究联络口译过程中口译员的主体性意识，詹成(2011)和孙婷婷(2013)的研究对象都是政治场域中的口译员角色。詹成以广东省人民政府机构口译员的真实口译工作为语料建立了平行语料库，研究口译员通过各种翻译手段的运用扮演的调控角色。孙婷婷从社会学角度出发，以戈夫曼的交际理论和参与框架为理论支撑，研究口译员在政府记者招待会中的角色和作用。通过分析 2003 年“非典”爆发后卫生部召开记者招待会的现场实录，孙婷婷探讨了遇到突发状况时口译员应该如何做才能维护国家形象。前面几位博士无论是研究联络口译，或是政治场域的口译，其研究对象都是交替传译，李丹(2013)的博士论文研究的则是国际会议同传口译员的角色。通过综合运用文献研究法、理论思辨法、语料法、观察法和调查法等研究方法，探讨了同传口译员明示性显身、暗含性显身和模糊性显身三种显身性。

6. 专著

相对口译员角色研究的其他文献来说，专著的数量是最少的，但在研究深度上胜于期刊论文、会议论文或硕士论文，同时，其研究结果也比博士论文更为成熟。

彼得·卢埃林-琼斯和罗伯特·李(Peter Llewellyn-Jones & Robert G. Lee)于 2014 年联合推出了《社区口译员角色再定位：角色空间》(*Redefining the Role of the Community Interpreter: The Concept of Role-Space*)，大胆地用 X 轴、Y 轴和 Z 轴构建三维动态数轴图，来描写和定位口译员的“角色空间”，提供了一个用于描写并解释口译交际管控、行为预测的理论框架，从概念辨析、理论的整合建构、方法应用及案例分析等层面阐释了口译员角色的再定位。

莫伊拉·因基莱里(Moira Inghilleri)撰写的《口译公正：道德、政治与语言》(*Interpreting Justice: Ethics, Politics and Language*)以法庭审判、难民庇护申请及战争口译中口译员角色为例，通过实证方法分析了口译员为达到交际目的而对道德、政治及语言因素的选择，彰显了口译员在不同社会语境中所扮演的协调者的重要角色。

国内，任文和詹成在博士论文的基础上延伸扩展，撰写了口译员角色研究专著，作为“翻译学博士研究论丛”中重量级的组成部分，分别于2010年和2013年由外语教育与研究出版社出版了《联络口译过程中译员的主体性意识研究》和《政治场域中口译员的调控角色》。《联络口译过程中译员的主体性意识研究》以福柯的权力思想以及巴赫金的对话理论为出发点，将联络口译活动视为由当事双方和口译员三方共同参与的一个特殊的话语过程；而在这场三方频繁互动、冲突，又不断协商的对话活动中，口译员是一个对交际活动的过程和结果均可能产生重要影响的“权力角色”。通过这些分析，该书解构了关于口译员隐身、无权和中立的神话。《政治场域中口译员的调控角色》采用文献计量法和归纳法，系统梳理国际范围内对口译员角色研究的发展历史、研究主题及研究方法。作者对广东省人民政府机构口译员的真实口译工作进行转写，并建构平行语料库；然后运用批评性话语分析的方法对语料进行定性研究，考察了口译过程中不同层次的“偏移”现象，如缩减转换、概括转换、零转换、替代转换和扩展转换等，分析政府机构口译员在政治会谈口译中，如何通过信息增减、人称转换、交际功能的调整等,对话语内容进行调控。

(二)口译员角色研究文献数量分析

1. 国外口译员角色研究成果数量分析

1976—2017 年间,国外口译员角色研究的整体发展情况如图 3-2 所示:自 1976 年安德森撰文首开口译员角色研究先河以来,国外口译员角色研究成果一直呈现持续上升趋势,体现学界对该主题的关注不断升温。图 3-2 显示 1991 年至 2000 年的 10 年间,口译员角色研究成果呈稳步增长,2000 年后增长趋势愈加迅猛,于 2006 年至 2010 年达到 87 篇的峰值,其后有所回落。这一现象背后的主要推动力有两个:一是口译研究的社会学转向,二是社区口译的兴起。

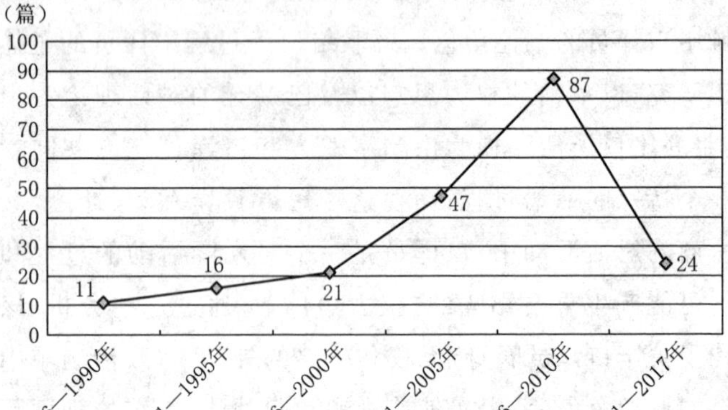

图 3-2　国外口译员角色研究成果数量统计

2. 口译研究的社会学转向

长期以来,口译研究者一直将焦点放在口译活动的认知机制和语言层面。然而近年来,国际学术界开始越来越多地从社会学视角探讨口译活动。口译活动非常复杂,仅仅考察口译活动的认知机制，或分析信息在不同语言之间的传递和转换，无法反映真实口译活动的全貌，我们不应忽视口译员的角色与行为等关键问题，研究口译员的行动主体性（agency）和权力等有助于揭示复杂的口译活动的本质。由于翻译学自身尚无现成的理论工具或方法来分析这些口译社会学层面的因素，研究者必须借助社会学理论和方法。这就为口译研究的社会学转向拉开了序幕。

社会学理论已被应用于大多数社会科学领域，如教育学、医学等，对不同职业群体进行分析，让我们对相关职业的发展、从业人员的角色地位等有了理论认识。很长时间以来，研究者已经意识到翻译学理论不足以解释口译中的许多现象，而社会学理论和方法可以让我们跳出作为"文本"的口译行为，进一步探究作为"互动"的口译行为，揭示口译员在交际活动中的角色、协调管理交际过程的方式等等。

3. 译员角色研究的兴起

自20世纪八九十年代以来，世界范围内跨国界、跨民族、跨地区的政治、文化、经济交流越加密切，加之大量移民和难民流向西方国家，随着而来的移民和难民融入社会进程中文化、语言、意识形态等各种问题日益突出。此外，不少国家开始重视聋哑人群和少数族裔的语言权利。以上这些因素都为社区口译的快速发展提供了契机。随着社区口译的推广，口译学界也将关注焦点从会议口译转向社区口译，口译活动中的社会文化因素取代口译的认知过程成为口译研究的热点。

1995年至2016年召开了八届Critical Link世界社区口译大会，会议旨在推进社会、法律和医疗等领域的社区口译的发展。Critical Link开启了社区口译研究的新纪元，并极大地促进了社区口译理论及实践的发展，1997年、1999年、2003年、2007年、2009年和2011年先后出版了六本会议论文集（Critical Link 1-6），大大地丰富了社区口译研究文献。作为社区口译的最重要议题之一，口译员角色研究也随着社区口译的兴起成为学界研究焦点。

4. 国内的口译员角色成果数量分析

国内的口译员角色研究始于21世纪初，最早发表的成果为2004年刘林军撰写的《论同声传译中的译员角色》，与国外相比滞后了将近三十年，成果数量也相对较少。究其原因，这与社区口译在中国起步较晚，发展缓慢，不无关联。这一发展趋势与社区口译在中国的发展关系密不可分。

我国的社区口译主要集中在法庭口译，最早是以国内的少数民族为服务对象。中国是一个多民族国家，少数民族众多，不少少数民族人民听不懂也不会讲普通话，因此在这些民族聚居的地区常常需要法庭口译的服务（杜碧玉，2003）。另外，随着我国对外开放程度的逐步提高，涉外案件数量逐年增加。涉外民事案件中，当事人多会聘请熟悉外语的律师作为代理人。涉外刑事案件中，不懂中文的外国人直接参与各种诉讼、仲裁、调解活动时需要使用法庭口译。

医疗口译在中国起步更晚，虽然早在1921年，洛克菲勒基金会就投资成立了中国第一家涉外医院——协和医院，能为外国患者提供英语的医疗服务，但当时医护人员会讲英语，直接与外国患者对话，并没有聘请专门的医疗口译人员。直到今天，很多外国患者仍是直接与能讲英语的医护人员对话，并不是通过口译员（苏伟，2009）。

与国外相比，我国手语翻译的发展也明显滞后。直至

2006 年才有了第一批持证的手语翻译，总共 50 人，包括教师、医护人员、大学生、公安干警和其他服务行业人员，由于数量少，远远不能满足国内 2 000 多万名听障人士的需求（苏伟，2009）。

由于社区口译实践发展迟缓，我国学界对社区口译的关注与会议口译相比相对较少，而口译员角色研究这一与社区口译紧密相关的话题也未受重视。然而，我国口译员角色研究成果数量近年来成倍增长，2011 年的 3 篇到 2012 年的 9 篇，再到 2013 年的 14 篇，2014 年达到峰值 29 篇（见图 3-3）。这一增长趋势表明学界已开始逐步将研究焦点转向会议口译之外的社区口译，也预示着口译员角色研究的发展潜力未来不可估量。

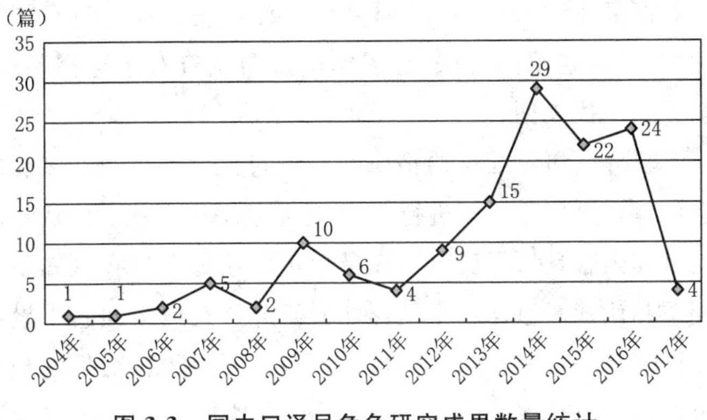

图 3-3　国内口译员角色研究成果数量统计

（三）口译员角色研究场域

波赫哈克将口译依据不同交际互动场合分为会议口译和社区口译，并指出会议口译主要服务于国际组织与代表之间的交流，社区口译则为国家内部的公众服务部门（如法律、医疗等）提供服务（2004：15）。笔者将口译员角色研究主要分为会议口译与社区口译两个场域进行观察与分析，而社区口译场域内部又可细分出诸多子场域。

1. 会议口译员角色研究

除了问答环节，会议口译大部分是演讲者与听众的单向沟通。尤其在会议口译常用的同声传译工作模式下，口译员在同传箱内翻译，不与听众面对面，也无法与演讲者对话，口译员无法掌控沟通的节奏与进度。从工作时间和空间上来说，会议口译员的角色更容易被忽视，似乎隐身性更符合其工作特点。因此，针对会议口译员角色的研究数量相对较少。安吉莱莉（2001，2004）、波赫哈克（2009）、詹成（2011）、李丹（2013）、孙婷婷（2013）等对会议口译员的角色进行了研究。

安吉莱莉（2001，2004）对会议口译员角色性质进行了初步探索，但调查范围有限，也未明确说明调查对象选择标准，影响了结论代表性；

波赫哈克和茨维申伯格（2009）通过网络对 2 000 多名国际会议口译员协会成员进行了调查，最终 704 名成员完成了问卷。研究内容是口译员对口译员角色的期望和自我认知及这些期望和认知对口译质量的影响。研究这在网络问卷中设计了一段同传录音，请受访者对同传质量进行评估，结果发现口译员的语调对口译质量有重要影响，女性口译员更偏好活泼的语调，对同传质量的评估也更加宽容。角色的调查从“对原讲话的干预”、“对原语/讲话人的忠实”、“对工作环境的反应”和“口译员的独立性”四个维度展开。研究结果表明国际会议口译员协会成员有明确的职业精神，这是有效的职业社会化过程的体现，也是由一个高度活跃的专业组织驱动的同行之间的互动的结果。其中，不同年龄和性别的口译员看法存在一定差异：当出现文化冲突时，年龄较大，工作经验较丰富的口译员表示更愿意介入原讲话，用自己的语言和风格确保翻译是清晰可理解的；女性口译员更注重在语气和语域上保持与原讲话一直，以确保翻译和原讲话产生同样的效果。至今为止，这次调查的规模在同类研究中属于最大的，其研究结果较忠实地反映了会议口译员对自身角色的认知。然而，可能是由于将调查对象限于国际会议口译员协会成员的缘故，绝大部分接受调查的口译员以从事同传为主，79％的调查者表示很少或从未从事过交传。同传的工作模式决定了口译员在同传箱里工作，而非在交传中与讲话人和听众面对面交流，因此同传口译员的自我呈现度相对较低。如能调查对象能够包含多个职业组织的口译员或不同层次的口译员，研究结果或许可以更全面地代表会议口译员对角色的看法。

2. 社区口译员角色研究

不同于受到较多外部规约与限制的会议口译员，社区口译员对交际活动的内容、形式等可以施加更多的影响。因此，针对社区口译员角色的研究更加丰富。不少国内外研究者就社区口译中口译员的"主动性"与"可见性"进行了深入研究。国外学者如莫里斯、米克尔森、黑尔、安吉莱莉、塞西莉亚等，以及国内学者如赵军峰、苏伟等，都对社区口译中译员的角色问题进行了深入探究，从本次研究建立的国内外口译员角色研究文献数据库来看，社区口译员的角色研究相关研究文献达160余篇。

塞西莉亚教授指出口译活动不是单纯的语言现象，同时也是社会现象，是交际双方和口译员共同参与的交际活动。研究口译应将其放在一个更大的社会语境中。社区口译员有两项任务，即传递说话人的信息（translation）和协调谈话过程（coordination）。通过对会话的分析，她总结指出，口译员在会话过程中，远远超出了传统意义上简单传递信息的功能；口译员是会话的共同建设者，口译责任由交际双方和口译员共同承担。1998年，塞西莉亚教授出版专著《口译即交际》（*Interpreting as Interaction*），通过对医疗、法庭等社会服务领域的口译进行录音，分析口译三方的交流过程。在书中她专门对口译员在口译过程中的具体角色进行了分析。她认为口译过程中口译员需要不停地在传译和协调的层面上进行切换，修正并调整自己的参与程度。她在书中提出口译员具有多重"听话人"的身份，以"报告者"、"裁定者"、"回应者"的不同身份听取对话内容。这一观点是对"口译员的唯一任务就是翻译"的传统观念的有力质疑。

虽然都具有对话性和互动性的共同特点，但不同的语境依然对口译员的角色提出了不同的期待，而各个语境独特的人物关系等因素也对口译员角色行为产生不同的影响。因此，社区口译员的角色不可一概而论，需要针对不同的语境作具体分析。社区口译这个大的场域下包含多个子场域，如法庭口译、医疗口译、教育口译等。观察本研究的口译员角色文献数据库可知，这些子场域的口译员角色研究在国内和国外各有不同的侧重点。

3. 国外的社区口译员角色研究场域分析

国外的社区口译员角色研究中，法庭口译和医疗口译所占的比重最大，分别是46％和43％（见图3-4）。社区口译是专门

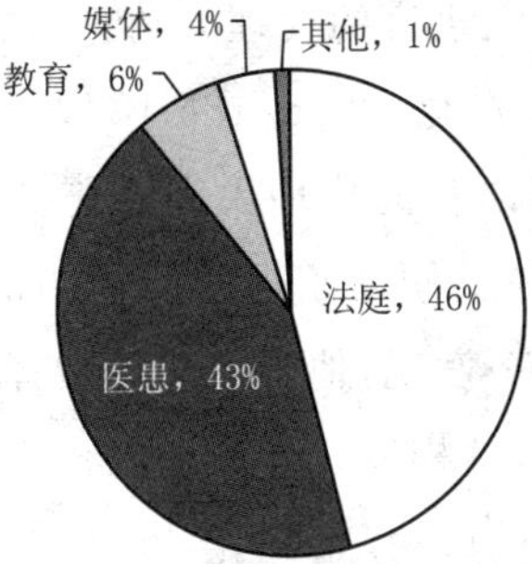

图 3-4　国外的社区口译员角色研究场域分析

为社区居民日常生活必要所提供的口译服务（米克尔森，1996），涉及主流社会与次文化社群之间的口译服务（波赫哈克，1999）。社区口译的主要内容包含为移民事务、医疗、司法及其他公共事务提供口译服务。因此，与移民生活紧密相关的得到的关注最多。法庭口译中口译员的角色研究包括法庭、警察局、避难所、听证会等。医疗口译的研究涉及医院、诊所、急救中心等场所的口译员角色分析。考夫特（Joseph Kaufert）对加拿大医疗口译员进行调查，发现口译员在交际过程中扮演文化中介人和病人代言人的角色，这一角色有助于打破医患双方权力不平衡的状态。莱安扎（Leanza）（2005）对儿科医院中的口译进行研究，发现儿科医生往往将口译员视为中立的翻译机器或中立的同盟（莱安扎，2005：117）。莱安扎提出，对病人而言，口译员可能扮演四种不同的角色：系统的代理人角色（向病人传递主流规范，价值观和话语，忽视文化差异），社区的代理人角色（展示少数民族的规范和价值观可能同样有效，因而承认文化差异），融合的代理人角色（寻找资源来帮助移民和接收社会的人们相互理解，以促进融合，发生在医疗咨询之外)、语言的代理人角色(试图保持公正,只在语言层面干预)(莱安扎,2005:186-187)。然而,莱安扎研究的口译员主要扮演语言的代理人和系统的代理人,很好扮演社区的代理人,口译员倾向于保持与他们的同胞移民病人不同的地位。基于这一发现,他提出应给口译员更多自主权,承认他们是专业人士,这样使口译员扮演以上所有四种角色,以便更好地促进交际的成功(莱安扎,2005:187)。谢赫(Hsieh)(2008)的研究发现除了提供语言转换服务外,口译员在医疗场合中还扮演文化桥梁和有关团体权利捍卫者的角色。此外,由于在医疗场域中,医护人员、医疗机构、病人和家属各自的利益和目标不尽相同,因此口译员会因状况不同而调整口译策略,转换口译员角色。

与法律和医疗场域相比,国外研究者对媒体(包括电视、广播、剧院等)、教育、商务谈判及其他(教堂、养老院等)场域的口译员角色关注甚少。教学口译员的主要职责是在教育环境下帮助聋哑学生和教师及同学进行顺畅的交流,包括教室里和教室以外的场所,如指导活动、实地考察和运动会等。王炎强(Wang Yanqiang)(2016)对四个非职业教学口译员的口译案例进行分析,探讨非职业口译员的角色以及在交际中的现身和积极参与。借助戈夫曼(Goffman)的参与框架以及布迪厄的文化资本等社会学理论,研究发现由于其强大的学术背景和非职业身份,非职业教学口译员在交际活动中的参与度更高。

4. 国内的社区口译员角色研究场域分析

社区口译在中国起步晚,发展缓慢,国内的社区口译员角色研究也与国外的研究呈现出不一样的特点。研究最多的是商务口译中的一员角色，占总数的44％（见图3-5）。而商务口译领域，这一在国外显有研究成果的领域，之所以在中国受到研究者的极大关注，这与中国的国情有着密不可分的关系。自从1978年实行改革开放以来，我国在商业领域与外国的合作日益增多，成为推动我国经济发展的重要动力。中国加入世界贸易组织以后，更多的外国公司进驻中国。商业合作离不开商务洽谈，因此，服务于商务谈判、商务陪同、展会等的口译员的角色也受到高度关注，研究成果层出不穷。然而，综观数据库中的商务口译研究文献，不难发现，绝大多数的此类研究仍停留在翻译报告和经验总结的层面上，以硕士论文居多，缺乏深层次的分析，国内尚无针对商务口译中口译员角色研究的博士论文或专著。

同国外的情况相似的是，法庭口译员角色研究数量众多，占总数的35％（见图3-5）。法庭口译服务是我国社区口译主要的形式之一。但是，不同于国外的法庭口译主要为移民服务，我国最早的法庭口译服务对象是国内的少数民族。近年来，随着我国对外开放程度的提高，涉外案件的数量不断增加，外国人参与各种诉讼、仲裁、调解活动时对法庭口译服务的需求也日益增加。实践的需求引起了研究者的兴趣，纷纷从不同角度探讨法庭口译员角色问题。以实践报告为主的硕士论文占到这些研究中近一半的比例。但是，不同于商务口译的口译员角色研究仅停留在实践经验总结，不少研究者将目光投向了国外起步更早，发展也更成熟的法庭口译及其研究，致力于引介国外先进的法庭口译制度和研究成果。这为国内法庭口译员角色研究走向深入奠定了理论基础。

国外社区口译员角色研究中占重要地位的医疗口译在我

国数量甚少，只占3%(见图3-5)。究其原因，主要是由于医疗口译在我国起步较晚，发展迟缓。无论是在过去，还是现在，不少外国患者都是直接与能讲英语的医护人员对话，而并不是通过口译员的帮助(苏伟，2009)。

除了以上几个子场域，我国社区口译的口译员角色研究还有针对教学活动口译、导游口译、国际工程现场口译、涉外军事口译等领域的。尽管这些研究数量较少，但却在一定程度上反映了我国口译员角色研究的多样性和丰富性。

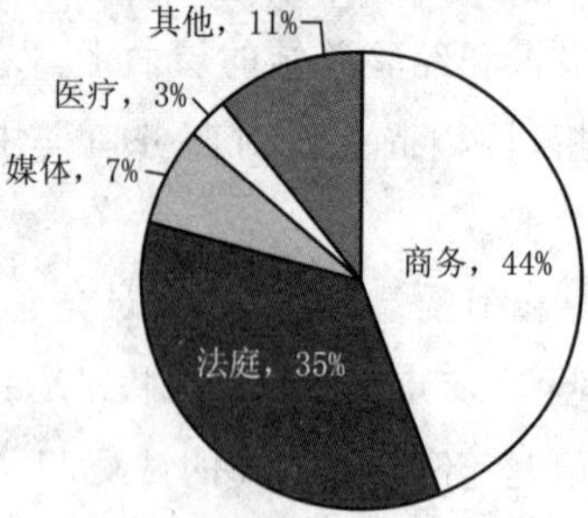

图3-5　国内的社区口译员角色研究场域分析

(四) 口译员角色研究方法分析

综观本研究文献数据库中的文献，可以发现口译员角色的研究方法以实证研究为主，既有观察法与调查法等定量研究，也有理论思考与个案分析等定性研究，也定量、定性相结合的综合研究方法。

1. 观察法

观察法是个案研究中常用的研究方法，口译员角色研究是要回答“是什么”与“为什么”的问题，因此以描述、解释为主的个案研究被广泛使用。波赫哈克和卡德里克(Kadric)(1999)

以在维也纳医疗场域中使用塞尔维亚语的医院清洁工充当口译员的表现为观察对象，发现未受训口译员不能完成翻译及交流工作；皮纳尔(Pienaar)(2007)通过观察教育场域中英语—荷兰语耳语同传口译员在的语言转换行为，指出口译员是显性的社会、文化中介；利普金(Lipkin)(2008)对耶胡达军事法庭口译员表现进行为期一年的观察，总结出军事法庭口译员角色及道德准则；苏伟(2010)通过观察、录音转写等方法描述医疗口译交际的特征，讨论医疗口译员的角色。尽管个案研究的对象是个别特定的口译员，但是研究者选择的特定口译员并不是完全孤立的，而是与其他口译员相联系，是某一个口译员整体中的典型个体。因此，对这个特定口译员的研究必然在一定程度上反映其他口译员和他们共同所属的口译员整体的某些特征和规律。个案研究具有深入性、综合性和针对性的特点。

由于个案研究的样本较小，结论主观性较强，其研究结论的代表性也就较小，因此个案研究的结论可能不宜机械地推广到一般中去，需要谨慎地予以分析。

2. 调查法

调查法是研究者采用问卷、访谈、调查等方式对事实进行考察，在收集相关材料和数据的基础上对口译问题和口译现象进行探讨的研究方法(仲伟合等，2012：64)。采用问卷形式进行的口译员角色研究主要有萨特拉(Salaets)(2008)、施莱辛格(2009)、张威(2013)等。

萨特拉(2008)通过12个口译机构对比利时的社区口译员的自身职业的认定进行调查，问卷以开放型问题为主，最终得到19名口译员的回复。社区口译员认为自身在社会中扮演重要的角色并受到用户的认可，但是事实上，口译员并没有得到应有的尊重和待遇。更多口译员认为培训而非口译员认证和登记有利于提高口译质量。另外，调查发现用户对于社区口译员应当做什么和不应当做什么抱有不合理的预期，不少人期望口译员扮演调解者或社工的角色。施莱辛格采用内容分析法对定性数据进行定量分析，具有系统性和客观性的特点。社区口译在比利时是21世纪初刚刚诞生的新兴职业，之前的研究多关注口译服务使用者对该职业的看法，而施莱辛格的研究针对社区口译员对自身角色的认知，因而对未来提升培训质量有积极的意义。但是，该研究采用的自我报告型问卷可能会由于漫不经心的回答而导致偏见，扭曲研究结果，因而难免存在主观性。

张威(2013)对会议口译员职业角色自我认定进行调查研究，调查对象涉及在北京、上海、广州、成都等地的28次大型会议，主题涵盖经贸、外交、科技、法律等，共135位口译员参加调查。问卷问题均为封闭单选题。张威的研究进一步证实了安吉莱莉(2001)的研究结论，即“中立性”并非始终是所有口译员一致的选择，口译员的角色定位与自身条件与工作环境紧密相关。在很多情况下，译员通过积极的交际方式、灵活的翻译策略，宣示了自己的“在场”，直接参与和影响交际活动。他的研究填补了我国会议口译员角色定位的调查研究的空白。

也有部分研究者以访谈形式研究口译员角色，如谢赫(2008)、迪金森(2010)、蒂塞里乌(Tiseliu)(2011)等。

单纯依靠问卷或访谈，数据收集难免存在主观性和局限性。为避免这个问题，也有研究者也会同时运用问卷和访谈等多种数据收集方法,交叉比较各类数据的分析结果,有利于提高研究结论的信度和效度。

安吉莱莉(2004:26)的研究结论是基于上百份调查问卷、口译现场观察以及11场访谈数据的分析而得出的。其研究目的是挑战口译员隐身的观念,衡量口译员在交际中的参与程度。调查涉及三个国家的会议口译员、法庭口译员、医疗/社区译员以及电话口译员,结果发现"无论是什么场域的口译员都不认为口译员是隐身的,他们在建立交际双方相互信任,相互尊重,传递信息和情感,解释文化差异,控制沟通流程,以及在互动中与一方结盟等方面扮演着自己的角色"。

3. 语料库研究法

近年来,语料库翻译学发展迅速,作为翻译学分支的口译研究也开始借鉴这一方法并从中汲取养分(陈菁、符荣波,2014:36)。与诸如现场观察、调查等研究方法相比,基于语料库的口译员角色研究方法目前应用尚不广泛,仅在斯特拉涅罗(Straniero)(1999)、詹成(2011)等学者的研究中出现。语言是人类生活鲜活的体验,语料库研究手段的科学性决定其必将成为众多研究方法中不容忽视的一种。语料库翻译学已在研究翻译语言特征、译者风格、翻译规范、翻译教学等方面取得不少成果。

斯特拉涅罗(1999)利用一个大型的意大利语脱口秀节目语料库,通过给予互动和参与框架的对话分析,探讨口译员在脱口秀中的角色。他发现口译员在和脱口秀参与者互动中建构自身的角色,而且在意义探讨、话题掌控和话轮转换中口译员的参与程度与其他口译场景相比更高,口译员在脱口秀中显身的角色需要口译员有更强的能力,因此在口译员的培训中应引入更多社会语言学的元素。

詹成(2011)建立平行语料库,对广东省人民政府机构口译员的真实口译工作进行描写,研究政治场域中口译员的调控角色。他运用批评性话语分析的方法对语料进行定性研究,考察了口译过程中不同层次的"偏移"现象,如零转换、缩减转换、概括转换、替代转换和扩展转换,分析政府机构口译员在政治会谈口译中,如何通过人称转换、信息增减、交际功能调整等,对话语内容进行调控。

斯特拉涅罗(1999)和詹成(2011)都是运用话语分析的方法对文字语料库的内容进行分析,透过口译员和其他互动参与者的话语行为,探讨口译员在互动中扮演的角色,偏向定性分析。但是在转写成文字的过程中,口译语料不可避免地丧失了各种语音信息(比如音高、音色、声强、音长等)、副语言信息(例如停顿、犹豫、填充、含混、语音拖长、发音异常等)、视觉信息(例如发言人或口译员的表情、手势、听众、口译场景等)以及其他背景声音(包括掌声、笑声、设备噪音等),因而口译文字语料库难以全面地反映口译的真实过程。多模态语料库可以弥补文字语料库的不足,更完整地保存原语料的丰富信息,有助于开展立体的、全方位的口译研究,方便考察口译的真实过程。然而,将多模态语料库应用于口译员角色研究目前在国内外尚属空白。

(五) 口译员角色研究内容分析

根据波赫哈克(2004)的论述,口译员角色研究的内容大致可分为四大类:对口译员角色的描述,对口译员角色期待的研究,对译员实际行为的描述以及对口译员角色与口译员职业性的研究。笔者根据这四个类别对文献进行归类并统计分析(见图 3-6)。

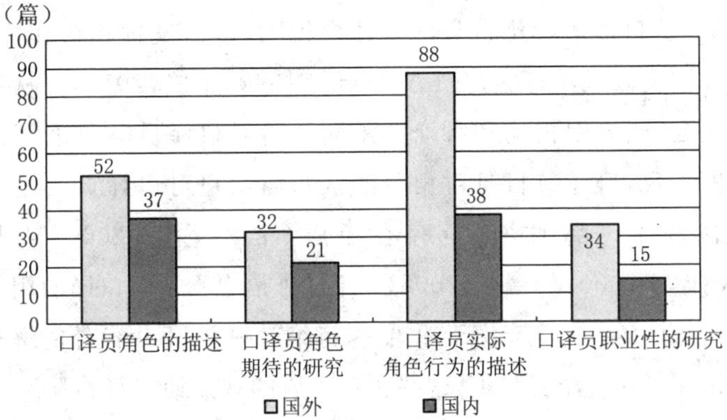

图 3-6 国内外口译员角色研究内容分析

1. 口译员角色的描述研究

描述口译员角色的研究多针对口译员行为准则、职业道德等进行研究。传统的行为准则和职业道德多将口译员的角色定义为“导管”、“传送带”或“语言转换机器”,规定口译员必须忠实、完整,逐字地将原语信息传递给听者(罗伊,1993;2002),要求口译员在交际中始终保持“隐身”(invisible)。然而,研究者逐渐发现这样的角色定位局限了口译员的主观能动性,字对字的口译也无法保证理想的交际效果。因此,陆续有研究者对这种传统的“隐身”说发起挑战,认为口译员在交际中是“显身”(visible)的,扮演“交际促成人”、“忠实代言人”或“文化斡旋者”等角色,发挥积极作用(安吉莱莉,2001;塞西莉亚,2008)。

2. 口译员角色期待的研究

对口译员角色期待的研究有的关注口译员角色的自我认定,有的则聚焦雇用机构及服务对象对口译员角色的用户期待。研究发现口译员对角色的自我认知与口译用户的期待并不一致，甚至存在矛盾（波赫哈克，2000；赫雷兹（Herraez），2008）。口译员希望自身的主体性得到认可，发挥积极作用，以促进交际成功（阿特曼（Altman），1990；张威，2013）。从口译员自身、雇用机构和听众的不同视角对口译员角色展开的研究发现，口译员自身对角色的认知与用户对口译员的角色期待并不一致性，甚至存在矛盾（卡德里克，2000；凯利（Kelly），2000；赫雷兹，2008）。不懂外语也不了解口译的用户则期待口译员完全忠实于原语，保持绝对中立，不作额外的解释或说明。在口译实践中，这些相互矛盾的观点使口译员陷入角色冲突，而角色期待研究又无法帮助口译员拜托这种困境。这一状况凸显对口译员角色进行其他角度研究的必要性。

3. 口译员实际行为的描述研究

口译员自身与口译用户对口译员角色的期待存在分歧，这正凸显了对口译员实际行为进行描述的必要性。对口译员实际口译行为的研究可分为以下两个方面：

第一，对职业口译员、非职业口译员角色行为的对比研究（波赫哈克和卡德里克，1999；戴维森，2000；安德森，2002）。波赫哈克和卡德里克（1999）维也纳医疗场域中使用塞尔维亚语的医院清洁工充当口译员的表现为观察对象，发现未受过口译培训的清洁工在口译过程中无法始终聚焦于其翻译任务，导致交际形式和实质内容都不同程度的偏离，而医生对此毫无意识，最终影响了整个诊疗的质量。这一研究的目的并不是揭示未受过口译训练的清洁工的口译能力的不足，而是呼吁医疗机构和员工提高对跨文化医患沟通的复杂性的认识和对口译员角色的重视。同样以医疗口译为研究对象，戴维森(2000)观察美国医院的专职口译员,发现口译员的角色并不是中立的语义转换的机器,而是积极地参与到诊疗之中。由于口译过程涉及对患者的社会和医疗信息的判断,因此口译员也被视为机构守门人。跨语言的医患交流也是一种跨文化交际,从这个意义上说,口译员行为的社会和政治影响也不可忽视。

第二,从话轮、副语言、语言情态等对口译员角色行为的分析(罗伊,1996;克罗宁(Cronin),2002;基亚罗(Chiaro),2002)等。研究结果显示:口译员在交际中发挥着一定的主体性,或多或少地参与交际过程。所谓口译员的中立和隐身只不过是理想状态下的一种虚构。对口译员实际口译行为的研究发现:在交际过程中,口译员扮演的是谈话的参与者和交际的促成者的角色,不仅只充当语言信息的传递工具。除了协调话语过程,口译员还在必要时向弱势方赋权,使他们获得平等的表达权、知情权。在交际活动中,口译员的主体性意识正在经历着从无到有、由弱至强的转变。

4. 口译员职业性的研究

口译的职业化进程对口译员角色有了更明确的规定,对口译员提出了更高的要求。口译员的职业性研究在口译员角色研究中占有一席之地,研究话题涵盖:从口译员的语言特征,如:直接引语与间接引语、第一人称与第三人称的使用等,研究口译任务中口译员的参与度(施莱辛格,1991;李,2010;詹成,2011);口译职业从业者的伦理规范和职业道德(如RID道德规范、CHIA加利福尼亚医疗医院协会规约等)对口译员角色的要求;从口译员的话语及信息的传递解读职业口译员与非职业口译员承担的角色(谢弗(Scheffer),1997;戴维森,

1998;罗森伯格(Rosenberg),2002)等。研究发现:职业口译员的角色表现受到不同层面的约束,包括职业、机构以及社会等。

(六) 口译员角色研究学者分析

观察本研究建立的文献数据库发现,有几位重要的学者不仅发表和出版数量较多,而且研究成果为推动口译员角色研究的发展做出了重要贡献。

英国赫瑞瓦特大学(Heriot-Watt University)多语交际协会的主席,美国圣地亚哥州立大学(San Diego State University)西班牙语语言学荣誉退休教授安吉莱莉致力于社会学和翻译学的跨学科研究,从医疗口译中的口译员角色到双语青少年为家人担任翻译时所扮演的角色,多年她来一直关注口译员角色研究,并撰写了两本口译员角色研究专著:一本是《医疗口译与跨文化交际》(*Medical Interpreting and Cross-cultural Communication*,2004),借助社会学、社会心理学和语言人类学理论,对和300多场医疗口译进行分析,并对十多名口译员进行访谈,发现口译员是影响医生与病人的互动的重要力量。作为首个采用人种学研究方法开展的医疗口译研究,安吉莱莉通过在北加州医院的观察和深度访谈获取第一手资料。这一研究方法对之后的口译员角色研究带来很大启发。二是《重新认识译员角色》(*Revisiting the Role of the Interpreter*,2004),她通过一个专门的问卷调查包括会议、法庭和医疗口译等各个领域的口译员对自身角色的看法和实践中的行为,揭示了口译职业意识形态和口译实践之间的矛盾。不同于其他研究只关注某一地区的口译员,这一研究涉及加拿大、墨西哥和美国等各国或地区的口译员,研究范围之广泛,为后续研究树立了一个很好的榜样。此外,把握学术前沿的敏锐嗅觉,使安吉莱莉教授受邀成为《口笔译研究》（*Translation and Interpreting Studies*）杂志的特刊《翻译学社会转向》（*The Sociological Turn in Translation and Interpreting, 2011*）的编辑。从2000年发表在Meta上发表第一篇口译员角色研究论文至今，安吉莱莉对这一主题的探索从未停止，总计发表这一主题论文十余篇，为推动口译员角色研究作出了重要贡献。

瑞典斯德哥尔摩大学（Stockholm University）瑞典语及多语学院翻译系教授塞西莉亚较早开始关注口译员角色问题，提出了基于互动的话语分析视角，强调面对面交流中语境的作用，以及以口译员为媒介的交际角色。在其1993年发表的论文《对话口译员的双重角色》（*The Double Role of a Dialogue Interpreter*），塞西莉亚明确指出口译员有两项任务，一是传递说话人的信息，二是协调谈话过程，保证交流顺畅。在1995年发表的《对话口译及责任分配》（*Dialogue Interpreting and the Distribution of Responsibility*）中，她通过对会话的分析指出，口译员在会话过程中远远超出了传统意义上简单传递信息的功能，口译员是会话的共同建设者。基于这些研究，1998年，塞西莉亚出版了经典专著《口译即交际》（*Interpreting as Interaction*），通过对法庭、医疗和社会服务领域的口译进行录音，分析口译三方的交流过程。她特别对口译员在口译过程中的具体角色进行了分析。她认为口译过程中口译员需要不停地在传译和协调的层面上进行转换，修正并调整自己的参与程度。她在书中提出译员具有多重“听话人”的身份，以“报告者”、“裁定者”、“回应者”的不同身份听取对话内容。这一观点是对“口译员的唯一任务就是翻译”的传统观念的有力质疑。其后，塞西莉亚教授一直专注于口译员介导的交际研究，探索法律、医疗、社会安全等领域以及广播和电视中口译员扮演的角色,至今已发表相关论文近十篇。

美国加劳德特大学(Gallaudet University)的罗伊教授认为联络口译员是双方用户交流的积极参与者,对口译的过程和结果有着潜在的影响力,口译员身负跨文化和人际关系协调的重任,远远超出了仅仅实现语言转换和文化调整的范围。罗伊教授就口译员角色研究撰写并发表了两篇论文和一本专著。在其2000年出版的专著《作为对话过程的口译》(*Interpreting as a Discourse Process*)中,其运用观察法,将学生、老师与口译员交流的过程进行全程录音、录像,转写并做实证分析,得出结论:口译是一项非常复杂的活动,在口译过程中,口译员是积极参与交际的全方位的参与者,通过控制话轮来操纵和协调对话,不仅主持交际过程,也影响交流结果,口译员和用户都应对交流结果负责。2002年,罗伊教授又发表了《口译员角色定义、描述和口译员的角色隐喻》(*The problem with definitions, descriptions, and the role metaphors of interpreters*)一文,总结口译员的角色发展历程经历了四个阶段,即"助手"、"管道"、"交流促进者"和"双语者、双语文化专家"。

第四节　法庭口译员角色研究

一、法庭口译研究热点与趋势

作为专门刊登口译研究的重要口译学术期刊,《口译》(*Interpreting: International Journal of Research & Practice in In-*

terpreting)关注各种形式(包括口头翻译和手语翻译)和各种环境下(会议、媒体、法庭、医疗和其他)的口译活动,致力于挖掘口译活动和过程的社会文化、认知和语言等方面,探讨口译理论和方法,探索口译历史,口译职业和口译在社会中的角色,解决当前口译实践和培训中的问题。该刊鼓励从跨学科的视角研究口译,将人类学、认知科学、文化研究、话语分析、语言规划、语言学、神经语言学、心理学和社会学以及翻译研究与口译研究相结合。《口译》创刊于 1996 年,每年 2 期,每期刊登原创论文、报告、讨论或书评 6—8 篇。透过对《口译》21 年来(1996—2017 年)刊登的法庭口译研究论文的统计分析,可以发现学界多年来对法庭口译研究的持续关注和发展趋势。

除去 2001 年至 2003 年停刊,从 1996 年至 2017 年,该刊共发表了 42 篇法庭口译研究论文,其中含 14 篇书评。观察(图 3-7)可知,该刊从 1996 年创刊的第一期便开始关注法庭口译研究,平均每年刊登 2—3 篇法庭口译论文或书评,说明法庭口译一直是口译学界关注的重要主题之一。论文数量在

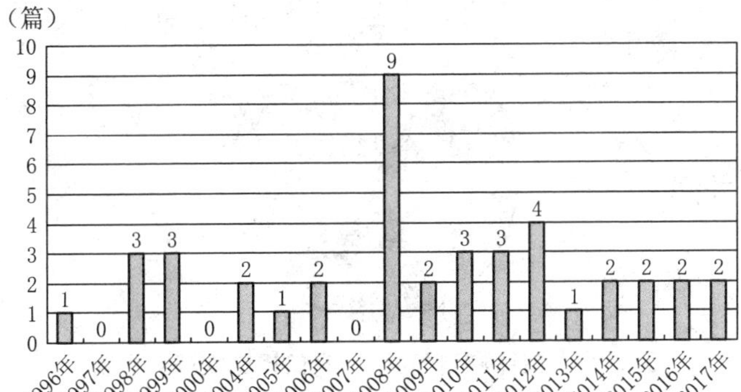

图 3-7　《口译》期刊历年刊登法庭口译研究论文情况

2008 年达到峰值(9 篇),原因是该刊在 2008 年出版了一期法庭口译特刊。

图 3-8 显示法庭口译领域的研究热点,除去其他分散不易归类的主题,法庭口译话语分析占数量最多,达到 8 篇。桑德拉·黑尔(Sandra Hale)出版的专著《法庭口译的话语:法庭、证人和口译员的话语实践》引领了法庭口译话语分析的研究风潮,学者们纷纷从直接引语和间接引语、句末小品词、问答式对话、元话语等视角切入,研究法庭话语。论文数量紧随其后的是法庭口译员角色研究和法庭口译语用研究,分别是 4 篇。角色研究的主题包括法庭口译员角色的重新定位以及口译员角色、职责和权力。语用研究以面子理论、合作原则等语用理论为框架,分析法庭口译实践。历史研究有 3 篇,分别关注纽伦堡审判和东京审判中的法庭口译。合作者对口译员的看法有 2 篇,涉及法官、律师等与法庭口译员合作的人对法庭口译的态度。从研究数量可以看出,法庭口译员角色研究在法庭口译研究中占有重要的地位,一直受到学者的关注。

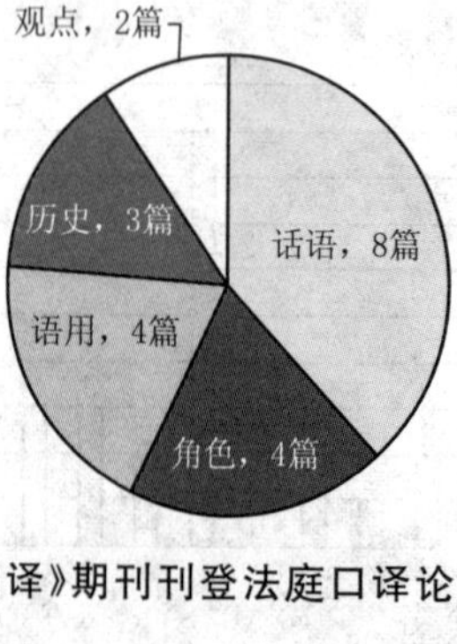

图 3-8 《口译》期刊刊登法庭口译论文研究主题

图 3-9 列出了 6 位在该刊发表法庭口译论文最多的学者,

其中米克尔森以5篇论文居于首位，除了自身的研究，米克尔森也热衷于推荐其他学者的研究，这5篇中有3篇是书评。莫里斯，伯克-塞利格森和黑尔等几位法庭口译研究的先驱者和引领者都将代表性成果发表于该刊，可见该刊在口译研究中举足轻重的地位。值得注意的是，高产学者中有两位来自亚洲，其中一位是韩国首尔梨花女子大学的Jieun Lee教授，她的研究方向为法律口译和社区口译，在《口译》等重要期刊发表相关论文10余篇，涉及法庭口译质量评判、警察口译、避难所口译等，并于2017年出版专著《法律口译理论与实践》。另外一位来自亚洲的学者是我国香港地区香港理工大学的Andrew K.F. Cheung，他对香港地区法庭口译员使用间接引语及法庭口译员的中立性进行了深入研究。

从研究方法看，总共有6篇发表在《口译》期刊上的法庭口译论文使用了个案研究法，包括马德里火车爆炸案审理口译、比利时裁判法院口译和比利时轻罪法庭口译的研究。这种对单一的研究对象深入而具体的研究方法，采用观察、面谈、问卷及收集文件、录像等资料，使人们对某个特定环境下的法庭

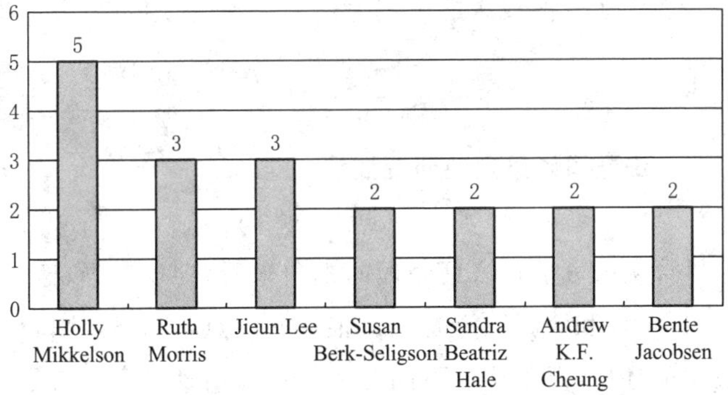

图3-9　《口译》期刊学者发表法庭口译论文篇数

口译有更深入全面的认识，但研究结论代表性较小，有时缺乏典型性。

2008年，《口译》出版了一期特刊《公正面对法庭口译》(Doing Justice to Court Interpreting)，专门探讨法庭口译(目录见附录九)。这期特刊集中地展示了法庭口译领域的研究热点和成果，该刊的出版充分显示了口译学界对法庭口译研究的重视。该刊共刊载了世界各地学者法庭口译研究的9篇论文(含3篇书评)，为读者提供了一个全景式的视角，对复杂而又受限的法庭口译实践加深了解。通过一系列的实证研究，9位作者从少数语言使用者和其他参与者的角度探讨了法庭口译员对庭审产生正面或负面影响的可能性，对于法庭口译实践相关的关系和冲突进行了反思，着眼于司法机关对口译员的态度以及口译员对相关职业道德规范的看法，并拓展了关于东京审判中不同语言专家群体的相互作用、原住民社区的语言权力等新的研究话题，为法庭口译研究开启了全新的视角。2010年约翰·本杰明出版公司将该特刊刊载的论文和另外两篇发表在《口译》期刊上的相关论文集结成书正式出版，进一步扩大了这些成果的影响力。

二、法庭口译员角色研究述评

尽管从语言学和信息处理的视角来看，会议口译、医疗口译、社区口译和法庭口译看似有很多共同点，但是这些口译活动发生的环境，以及这些不同环境下口译活动的参与者之间，差异多过相似之处。法庭的机构性场景，不对称的权利分布，以及法庭特有的机构文化都对法庭口译员的工作产生重要影响，使之具有不同于其他场合口译员的特殊角色。法庭口译员角色问题一直是口译研究、交际研究以及法律语言学研究的重要课题。上述对口译界权威期刊《口译》的分析也证实了法庭口译员角色研究一直是法庭口译研究中最重要的议题之一。

法庭口译中口译员的角色研究较之其他种类的社区口译中译员的角色研究历史更加悠久。最早的法庭口译员角色研究是雷纳·朗(Rainer Lang)针对巴布亚新几内亚法庭未受培训的口译员的行为展开的研究(朗，1976，1978)。朗在1976年发表的论文中指出有必要对口译员进行正式培训。在1978年发表的第二篇论文中，朗专门对一名口译员的行为进行研究，指出尽管口译员的官方角色是被动的参与者，但事实上口译员是积极的参与者。口译员在互动中的参与取决于其他参与者，而后者用语言提示或副语言特点来告诉口译员什么时候他希望口译员参与交际，什么时候他希望口译员退出交际。由此，朗(1976，1978)再现了法庭口译员的理想化的形象，官方对口译员传统要求是被动的、无形的参与者，仅是一个翻译机，作用是将原语逐字翻译出来。

朗并没有对这种传统的理想化形象提出质疑，口译员的这一形象至今仍在法律体系中占主导地位。20世纪90年代，更多学者开始对法庭口译员角色展开研究(伯克-塞利格森，1990/2002；芬顿，1997；Fowler，1997；米克尔森，1998；莫里斯，1989，1993，1995；施莱辛格，1991)。其中四位学者分别对美国(伯克-塞利格森，1990/2002)，荷兰(詹森(Jansen)，1995)及以色列的法庭(莫里斯，1989；施莱辛格，1991)进行研究,发现有些法庭口译员对原语进行修改以体现他们对讲话人所表达的意思的看法,缓和目标语表述对接受者的影响,指出口译员作为被动的翻译机器的形象存在问题。这四位学者都认为口译员这样做的主要原因是为了达到有效沟通的目的,但是对于口译员应被允许的自由程度,他们持不同看法。莫里斯(1989:14)和施莱辛格(1991:153)认为给口译员一定程度的自由对于表达讲话人的意思来说是有必要的,伯克-塞利格森(1990:214)认为口译员的这种做法属于冒昧的行为(intrusive behaviour)。

与莫里斯和施莱辛格持同样观点的还有雅各布森,他对丹麦法庭展开研究(雅各布森,2002),利用格赖斯(Grice)的会话含义理论分析听者如何推测讲话人的意图,发现口译员尽管官方要求是逐字翻译,但是口译员在翻译时已经预设了讲话人意思的语用模型,并通过翻译将这一模型传递给听者。雅各布森进而提出口译员的作用是保证交流成功进行,保证对话双方能够相互理解,正如他们说的是同一种语言一样,而要做到这一点,口译员不可避免地要扮演更加积极的角色,而非规定中被动的翻译机器角色。

以上这些学者都是从对比"翻译机器"和"积极参与者"的角度对法庭口译员的角色感知和角色期待展开研究,与他们的角度不同,塞西莉亚(1992, 1998)将焦点放在口译员作为"翻译者"和"协调者"的角色上,以戈夫曼的话语立场(footing)概念为分析工具,分析会话主要参与者与口译员之间的关系,进而深层次透析口译员角色。戈夫曼将 footing 定义为"个人与某个特定话语的结盟,对说话人而言涉及话语产出形式,对听者来说只涉及参与地位"(1981:227)。换言之,会话参与者对彼此和话语采取不同的、转换的角色和态度。戈夫曼进一步解释说，会话参与者不断地转换话语立场，而这种转换是自然对话的一种持久性特征。塞西莉亚利用戈夫曼的理论框架对瑞典保健诊所和警察局中的口译进行了研究，发现话语立场的转变（通过代词和人称的转变体现）十分常见。她指出会话参与者可扮演各种产出和接收角色，而这些角色对交际的内容和方式都有重要影响（塞西莉亚，1992：117-125）。在此基础上，她提出口译员在言语活动的各个阶段可扮演所有的接收角色，这不仅是口译员的自由选择，还受制于主要参与者对口译员恰当角色的假设（塞西莉亚，1992：127-134）。因而，口译员借助其采用的话语立场扮演着他人对话的协调者的角色。而这一"协调者"的角色与"翻译者"的角色是紧密地相互依存的（塞西莉亚，1998：145）。

黑尔对法律语境中的口译员进行了研究，指出世界各地发展程度参差不齐，加之缺乏强大而统一的行业组织，无法对口译服务使用者的不同角色期待（黑尔，2008：100-101）作出强而有力的统一回应，因而法律语境中口译员的角色定义至今存在争议。黑尔总结了五种法庭口译员角色：(1)少数民族语言讲话人的辩护人，(2)机构或服务提供者的辩护人，(3)机构守门人（通过介绍，加强和排除主题来控制律师到被告的信息流），(4)交际的促进者（感到应对交际的成功负责），(5)他人话语的忠实传达者（黑尔，2008：101-119）。黑尔强调口译员在选择角色前应当考虑角色选择可能带来的结果。她认为"他人话语的忠实传达者"是法律语境下口译员唯一恰当的角色，但这并不意味着口译员是没有思想的翻译机器，而是需要口译员尽其所能做到准确地翻译。她认为口译员的技能越强，工作环境越好，其翻译越准确（黑尔，2008：119）。

诚然，口译员的主要任务是将语言信息传达给语言不通的交际双方。在许多情况下，这一任务的确很重要。然而，在某些情况下，如在法庭审理中，单纯的语言信息是不够的。陈述某事的方式可以对判断一个陈述的可信度产生影响。因此，口译也应该传达感情，如兴奋和犹豫，而不是毫无情感地逐字翻译。针对这个问题，黑尔从语用学角度入手，研究了法庭口译员角色。通过对英语和西班牙语的法庭口译进行研究，黑尔（1999）发现交替传译中的话语标记（discourse marker）常常被忽视。忽略这些标记大大改变了话语的言外之力（illocutionary force）和理解话语的方式。诸如连词、叹词等填充词的错误翻译会改变话语的语力，让听众难以判断，例如，讲话犹豫的程度，礼貌程度或决心。通过对 well、see、now 等话语标记的研究，黑尔发现口译员在法庭口译中把这些话语标记都省略了。这样翻会改变言外之意的语力，如"我认为"和"我坚持"两种翻法就具有不同的言外之力（黑尔，1999：80）。

国内的法庭口译实践使用范围相对有限，因此针对法庭口译员角色的研究也相对发展迟缓，关注度较低。但是，可喜的是，在法庭口译相对发达的广州地区，一些同时担任法庭口译员和高校教师的研究者，从自身的实践出发，从不同的角度对口译员的角色行为进行研究。其中，沈璐和张新红（2015）通过调查、参与观察、聚焦小组访谈等方法研究了我国涉外刑事审判法官对法庭口译的认识，发现法官对法庭口译的准确性与完整性、口译员的中立性与角色两大方面的理解具有自身的视角和特点。沈璐和郭鑫隆（2017）通过对庭审录音转写材料的语用学分析，探索法庭口译员介入法庭机构话语给话语权力与控制过程带来的变化。余蕾(2018)通过民俗志研究途径搜集到大量中国大陆刑事庭审语境下的法庭口译语料,深入分析概括口译现象,试图驳斥将概括口译简单地归咎于口译员能力不足或不负责任的传统看法。这些研究者本身从事法庭口译,其一线口译员的身份为其取得一手语料创造了有利条件,在研究中他们也借鉴了诸如观察、聚焦小组访谈和民俗志等其他学科的研究方法,为推进国内法庭口译员角色研究作出了重要贡献。但是,从理论框架看,这些研究更多地借鉴语言学理论,或是以经验总结为主,不注重理论分析。

三、法庭口译员角色跨学科研究的必要性

从四十多年前安德森首开口译员角色研究的先河,这一研究已走过了四十多年的历程。这四十多年中,学者们使用不用的研究方法,从不同的角度切入,对口译员角色展开研究,已经取得了不少的成果。如今,口译员的角色研究仍然是社区口译领域的重要研究主题,安德森四十多年前提出的问题,现在依然是,并且在未来的许多年里仍将是学者和业界争论的焦点。

作为口译员角色研究中的一个主要分支,法庭口译员角色研究同样具有四十年的研究历史。尽管相关研究在发展历程中出现过停滞,研究结果尚未受到法律界的认同,但是不可否认,相较四十多年前,法庭口译员角色研究已经取得了巨大的进展,学者们纷纷从话语分析和语用功能等角度展开实证研究,对将法庭口译员视为隐身的翻译机器的传统看法提出

挑战。

虽然口译本身具有跨学科性质，但是口译理论和研究多集中于口译学科内部，很少借鉴诸如语言人类学、社会语言学、社会心理学、社会学等其他领域的成果。多年来，口译研究多聚焦会议口译，注重口译过程研究，而对于口译员在调解和协调来自社会不同等级的成员之间的交际时扮演的角色，除了少数实证研究（安吉莱莉，2003a，2003b，2004；伯克-塞利格森，1990；戴维森，2001，2002；梅茨格，1999；罗伊，2000；塞西莉亚，1998），鲜有重要成果。专门聚焦法庭口译员角色问题的研究更是数量有限，且前人的研究存在理论视角单一，理论分析与实证研究割裂等问题。缺乏深层次、全方位的剖析，公众对法庭口译员角色的认识仍然停留在字对字的翻译和传声筒的层面，不利于实践中法庭口译员发挥其主体性，确保交际顺利进行，保障司法公正，也不利于法庭口译行业的健康发展。建立法庭口译员角色理论框架，以立体的视角看待角色问题，促进对法庭口译员角色的深层理解和全面认识，是法庭口译学界和实务界的当务之急。

翻译是多层次的实践活动，要认识翻译活动的本质，应该具有系统和层次的观点，还需要有跨学科的视野（许钧，2003：15）。客观全面地认识法庭口译员角色，仍需要借鉴不同学科的理论进行更为深入的研究。本研究通过翻译学、社会语言学、社会学理论研究为法庭口译实践提供指导，又从法庭口译实践中提炼该领域理论和研究发展的新方向，这种理论、研究和实践之间的互动关系，在口译领域仍不多见。

第四章　翻译学视角下的译者身份研究

翻译研究先后经历了“语言学转向”、“文化转向”和“社会学转向”，研究焦点从语言、文化到翻译与社会的互动，从强调意识形态、主流诗学及赞助人对译者的操控，逐步转换到将翻译视为一种社会活动，研究各社会因素对翻译的影响和制约，以及翻译对社会发展产生的影响。在这一过程中，学者们对译者身份的探究从未停止。

译者作为翻译活动的实践主体，在翻译中具有不可或缺的地位。然而受到传统翻译观的影响，长期以来译者的主体地位长期遭到遮蔽，处于边缘化的文化地位。传统的翻译观将翻译看作是语言层面的转换，将译者比作“舌人”、“媒婆”、“译匠”、“翻译机器”等。20 世纪 80 年代以来，翻译研究的“文化转向”使研究者不再纠结于“我们应该怎样翻译?”和“什么是正确的翻译?”，而是把重点放在对翻译的描述上，开始探究“译本在做什么?”和“译本是怎样在世上流通并引起反响的?”，译者主体性研究得到了应有的重视，并逐步走向深入。从传统译论到现代译论，译者从“隐身”走向“现身”。

作者、文本和读者是文学活动的三大要素。从这个角度看，翻译研究经历了三种范式的更替，即：作者中心论——文本中心论——译者中心论（陈大亮，2005：5）。而这三种翻译主体中心论的历史演进揭示了不同时期译者身份和主体性的变迁（见图 4-1）。

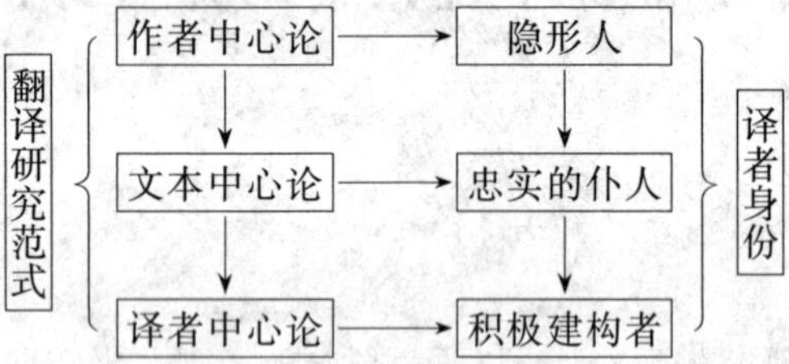

图 4-1　翻译研究范式演进和译者身份变迁

第一节　作者中心论及相应的译者身份

在古典语言学译论时期，作为逻辑发起者，文本作者的地位至高无上，作者意图被看作意义的本源和终极参照。语言仅充当表达作者个人意识的透明工具，通过书写固定下来的文本则是作者意图的忠实记录。亚里士多德曾说过，言语是心灵的符号，文字是言语的符号，文字充当僵死的奴仆，此外它什么都不是。这用一个公式表达，即作者原意＝文本意义＝读者发掘的意义。作者成了文本的源泉和阐释意义的唯一权威，由此形成了“作者中心论”范式。在这一思想的指导下，翻译的唯一宗旨是重建作者原意。文本的意义理所当然就是作者意图的再现，翻译的任务就是用另一种语言重新表述或重构作者的意向或思想。如果没能译出作者的原意，就不是忠实于原文的翻译。翻译的最高宗旨便是忠实地复制作者的原意。因而,“案本求信”、“神似”、“化境”、“信达雅”等标准一直被视为传统翻译的金科玉律。为了遵守这些标准,达到忠实重建作者原意的目标,译者要尽量用过去的眼光看过去,尽可能排除理解过程中带来的一切主观性因素,回到和重新进入过去文本特定的语境中去,克服与原作者的心理距离,从而忠实地复制作者的原意。译文应该看不出翻译的痕迹,透明得像玻璃。在“作者中心论”范式下,译者只能做原文作者忠实的仆人,居于从属地位。译者地位被边缘化,译者主体性消失殆尽,译者只能甘当“隐形人”。

第二节　文本中心论及相应的译者身份

20世纪初,索绪尔开创的结构主义语言学推动语言研究由历史比较语言学向结构主义语言学转向。结构主义认为,文本的意义不是作者的主观意图决定的,而是来自语言内部的结构,语言符号和它所指代的现实之间也没有本质的直接联系。这一主张使作者意图中心论让位于“文本中心论”。“文本中心论”主张对文本进行科学分析,在翻译研究中表现为翻译的语言学派,主要代表人物有雅各布森、卡特福德和奈达等。他们把翻译看作机械的语言转换,强调语言规律的普遍性,认为译者应努力实现译作与原作的等值。因此,翻译的关键就是寻求语言转换的顾虑,不需要任何创造性。翻译的语言学派将研究的焦点对准客体,过分关注语言的确定性和规律性,将翻译的主体排除在外,忽视了人的主观创造性。译者,这一语言的创造者和使用者,失去了主观能动性,被禁锢在语言的牢笼之中,沦为文本忠实的仆人。

第三节 译者中心论及相应的译者身份

结构主义认为文本就是意义的决定者，把文本意义看作封闭的、静止的、自足的存在，从而驱逐了作者的中心地位，也排斥了译者的主体作用，把翻译看成了纯粹语言间的转换活动。这种看法忽略了文化和权利话语对翻译的影响，也无视翻译目的、读者接受等因素所起的作用，不免使翻译研究陷入了困境。"文本中心论"过分突出语言规律的客观性，却忽视了言语活动的社会制约性和规律性、言语者的主体性，因而遭到诟病。

20 世纪 80 年代以后的翻译研究的"文化转向"引起了一系列转变：从原文中心到译文中心，从翻译过程到翻译产品，从规定性到描写性，从语言研究到文化研究。解构主义的冲击和渗透使翻译研究的领域得到拓展，从一般语言文字层面拓展到文化、哲学、历史等层面。解构主义、女性主义和后殖民主义等"后现代"翻译理论兴起，文本中心论的诸多观念被颠覆，意义的不确定性得到确认，原语文本在翻译中的权威地位被消解。随着翻译研究的"文化转向"，面向译入语文化的文化翻译学派应运而生，以译入语为取向的翻译研究风潮兴起，译者主体性及译者的文化身份成为译学研究的重点之一。由此，文本中心论被"译者中心论"取代。

该时期的代表人物之一勒菲弗尔把翻译定义为"改写的一种形式，是创造另一个文本形象的一种形式"，他还指出"翻译并非在两种语言的真空中进行，而是在两种文学传统的语境下进行的。译者作用于特定时间的特定文化之中。译者对自身和自身文化的理解，使影响翻译方法的诸多因素之一（郭建中，2000：159）。"

解构主义翻译思想的积极倡导者韦努蒂提出："作品的意义是多元的。一个译本只是临时固定了作品的一种意义，而且，这种意义的固定（亦即翻译）是在不同的文化假设和解释选择的基础上形成的，并受到特定社会形势和不同的历史时代的制约。意义是一种多元的、不定的关系，而不是一成不变的、统一的整体。因此，翻译不能用数学概念那种意义对等或一对一的对应来衡量。而所谓确切翻译的规范，所谓'忠实'和'自由'的概念，都是由历史决定的范畴。"（郭建中，2000：190）这在某种程度上说明，译作是译者主体性发挥的结果。文本意义的确定性被抹杀，不同的译者对同一文本可能产生不同的解释，从而产出不同的译本，因此，译者才是翻译过程中的主体性因素。

在解构主义思想的关照下，译者的角色和地位得到了巨大的提高，彻底摆脱了"隐形人"和"仆人"的身份。在解构主义翻译理论视角下，译者的主体性地位得到彰显乃至张扬，充分肯定了其文化身份，克服了其曾经边缘化的文化地位，并揭示了译者对文本意义的积极建构作用。

第四节　译者主体性的内涵

如上所述，翻译研究的"文化转向"不仅开拓了翻译研究的新视野，也使译者主体性问题进入译学研究的焦点视野。在此之前，将主体性和任意性混为一谈的错误理解导致译者的主体性和翻译的创造性常被冠以"提倡滥译"或"怂恿误译"的罪名。翻译研究的"文化转向"为译者主体性研究提供了理论声援,为译者身份研究正了名。

要弄清楚译者主体性的内涵,我们首先要探讨什么是哲学意义上的"主体性"。所谓主体性是指主体的本质特性,这种本质特性在主体的对象性活动中表现出来。"具体地说,主体性是主体在对象性活动中本质力量的外化,能动地改造客体、影响客体、控制客体,使客体为主体服务的特性。"(王玉樑,1995)"主体性"包括目的性、自主性、主动性、创造性等。简言之,主观能动性。"能动性"是主体性最为突出的特征。但是,主观能动性的发挥并不是没有任何规限和制约的。主体的对象性活动作用于客体,必然要受到客体的制约和限制,同时"能动性"发挥还受到客观环境和条件的制约。因此,主体性还包含着"受动性"。"受动性"是能动性的内在基础,是主体之所以要发挥主观能动性的客观依据。"'受动性'既表现为人对客体对象的依赖性,又表现为客体对象对人的制约性。"(魏小萍,1998)"'能动性'以'受动性'为前提,改造客体、影响客体以受客体制约、尊重客观规律为前提。"(王玉樑,1995)因此,"主体性"如果只强调主观"能动性"而不讲"受动性",就会出现任意性和盲目性,导致对象性实践活动的失败。"主体性"的另一个重要特征是"为我性"。"为我性"体现了主观能动性发挥的方向性和目的性。"主体性"可理解为"能动性"、"受动性"和"为我性"的辩证统一。

哲学意义上的主体性概念为我们理解译者主体性内涵提供了理论基础。在翻译活动中,译者是翻译主体,原作是客体。在翻译过程中,译者充分发挥其主观能动性,选择翻译文本,制定翻译策略,以完成翻译任务。当然,译者发挥主观能动性并不意味着可以随心所欲、毫无约束地任意发挥。译者必须尊重原作的语言、文化和审美特征，遵守语言转换的客观规律，这就体现了译者主体性中的“受动性”。同时，译者的翻译带有文学层面或文化层面的一定的目的，即译者主体性中的“为我性”。

综合以上分析，查明建(2003)教授对“译者主体性”作了这样的界定：译者主体性是指作为翻译主体的译者在尊重翻译对象的前提下，为实现翻译目的而在翻译活动中表现出的主观能动性，其基本特征是翻译主体自觉的文化意识、人文品格和文化、审美创造性。

译者作为一个独立的个体，处在与原作者不同的生活环境中，这必然导致译者与原作者有不同的生活经验，对社会现实有不同的理解，基于此，译者对原文有自己主观上的理解。因此，在翻译过程中，译者会不自觉地将自身主观上的理解带到译文中来。译者主体性体现在译者对翻译文本的选择、翻译目的的制定、翻译策略的选取、对原作的理解、阐释以及语言层面上的艺术再创造等方面，贯穿于翻译活动的全过程。

第五节　译者的“忠实”和“中立”

除了译者主体性的彰显，翻译学界也正在从解构主义等当代文化理论的立场对长久以来在翻译中占据统治地位的“忠实观”进行新的思考。基于解构主义思想，勒菲弗尔对翻译中的“忠实观”也作了全新的阐释，他认为：“‘忠实’只不过是众多翻译策略中的一种，是某种意识形态和某种文学观结合的产物，硬要把‘忠实’吹捧成唯一可能或者唯一正确的翻译策略,是不切实际的、徒劳无功的。主张'忠实'的人,总喜欢强调这种翻译不受任何价值观左右,所以是最'客观'的。其实,这种翻译取向,说穿了只不过是保守的意识形态的体现罢了。"(勒菲弗尔,2000:82)

或许,这一观点不无偏颇之处,但是,有一点值得认同,其大胆尝试使人们认识到,翻译研究决不仅仅是译文和原文的比照,也不应局限于对翻译方法、翻译标准等实践层面的探讨。翻译是人类社会生活中最重要的文化交际行为之一,涉及诸多其他因素,而翻译行为的主体——译者的语言能力、价值观、知识储备,译者所处的文化语境、时代背景等都不可避免地在翻译过程中产生重要影响,并最终在翻译结果中有所体现。

另一在传统翻译观中长期占主导地位的观念也受到解构主义的挑战。过去,人们普遍认为译者作为两种文化的中介,在翻译过程中始终保持"中立"的立场。随着对译者主体性的研究增多,人们开始意识到,作为"中介"的译者并不是文化"中立者"。译者的翻译选择和翻译方式必然是其文化身份和文化取向的体现。当然,这里的译者文化价值取向,并不是说译者一定是以译入语文化为价值取向的。译者的文化价值取向有两种可能:一是对译入语主流文化的认同,通过翻译来强化某种意识形态和文学观,中国 20 世纪 50 年代对苏联社会主义现实主义文学的翻译就是典型的例子;二是对现存文化的否定,通过翻译来颠覆现行的文化、文学模式而达到变革的目的,比如梁启超的政治小说。无论是认同还是反对译入语文化,都是译者的译入语文化意识的表现,都不可避免地会在译文中留下其文化价值取向的痕迹(查明建,2003)。

第六节　译者身份变迁带来的启示

从重建作者原意的“作者中心论”范式，到结构主义语言学的“文本中心论”范式，再到重视读者接受反应的“译者中心论”范式，这三种翻译研究范式的演进揭示了译者身份从“隐身”到“现身”的转变，译者主体性从被遮蔽、被限制到得到彰显的过程。如今，译者主体性已是一个不可回避的客观事实。

同样作为联结不同语言和文化的纽带，口译和笔译活动具有很多共通之处。口译和笔译都是两种文化交互融合的重要场合，因此，口笔译过程就是两种文化的协商过程，而口译员和笔译者便是沟通两种文化的中介。然而，相较笔译领域在译者主体性的探究上取得的伟大成就，口译学界对口译员角色彰显的研究还相当有限，人们对口译员的认识多停留在“隐身”、“中立”和“忠实”上。迫切需要借鉴翻译学以外的学科理论，突破封闭的视野，从而更加地深刻认识口译员的角色。

尽管尚未得完全到大众的广泛接受，但过去的二十多年的研究证明口译员的“隐身”已被证明是一个神话而不是现实(伯克-塞利格森，1990；黑尔，2004；莫里斯，1995；塞西莉亚，1998)。翻译学理论的进步已经发现口译员并不是“隐身”的幽灵，而是“现身”的交际参与者。在这些研究的基础上，我们现在要把精力放在更深层次地挖掘法庭口译员角色的内涵上，并试图回答以下问题：口译员如何在交际中体现现身？口译员现身意味着什么？是什么因素引起口译员现身？

第五章　社会语言学视角下的法庭口译员角色研究

正如前面提到的，包括法庭口译在内的社区口译，不同于会议口译，其对象发生在真实场景中的对话。由于社区口译与对话和互动密切相关，因此与对话和互动相关的社会语言学理论为我们深入剖析和理解口译员角色提供了独特的视角。例如，自我呈现（戈夫曼，1959/1990；1981），合作原则（格赖斯，1975），交际适应理论（吉尔，库普兰（Coupland & Coupland），1991），礼貌理论（布朗和列维森（Brown & Levinson），1978/1987）等。

第一节　法庭口译员可能扮演三种角色

口译员在交际活动中扮演不同的角色。在法庭口译中，口译员介导的交际活动有三方参与者，即强势说话人、弱势说话人和口译员。口译员可能扮演三种不同的角色：一种角色是口译员帮助弱势说话人探索可能性，继而为其寻找机会。这种中介作用需口译员关注说话人的社会现实。另一种角色是口译员只关注信息本身，不关注对话双方如何在社交中构建信息。还有一种是口译员可能与强势说话人结盟，将信息转达给弱势说话人，但不主动帮助他们获取信息。最后一种情况下，口译员被看作机构的守门人（戴维森，2001），而非机会寻找者。

一、口译员隐身

口译员常被视为隐身的语言促进者，根据这一看法，口译员不被看作对话的参与者，而是语言切换操作者。这种看法与交际的管道模型相符合（雷迪，1979）。这就要求口译员仔细关注对话各方表达的信息，并将同样的意思用另一种语言转达出来，不做任何增删。这种口译员隐身的看法可用图 5-1 中的模型代表。这一模型基于会议口译，支持每一个言语表达只存在一个意义，这个意义不需要共同建构。因而，这种意义只有一种可能的表达。这种看法将信息的准确作为最重要的标准，凌驾于任何其他的方面之上，包括交际各方的目的，交际行为的目标，或互动的语境等。这一隐身的概念假定：(1)口译员和说话人之间没有互动（将口译员对交际活动的参与局限于语言转换）；(2)说话人之间没有互动（如身体语言等）；(3)既然它忽略了口译员和两位说话人之间的互动所带来的社会和文化因素，口译可在社会真空中进行。

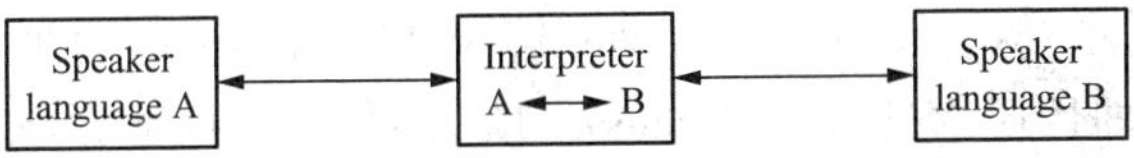

图 5-1　口译员隐身模型

（改编自 AIIC 2002；Seleskovitch & Lederer 1989；Weber 1984）

二、口译员作为共同建构者

另一种口译员角色的概念模型可用图 5-2 表示。根据这种观点，口译员被视为关键的参与者，换言之，互动的共同建构者（伯克-塞利格森，1990；梅茨格，1999；罗伊，1989，2000；塞西莉亚，1995，1998）。口译员的参与体现在意义的建构、共同建构、修补以及促进对话。这一将口译看作互动的观点不再将口译员定位为机械的和隐身的角色，而是更加积极的共同参与者。

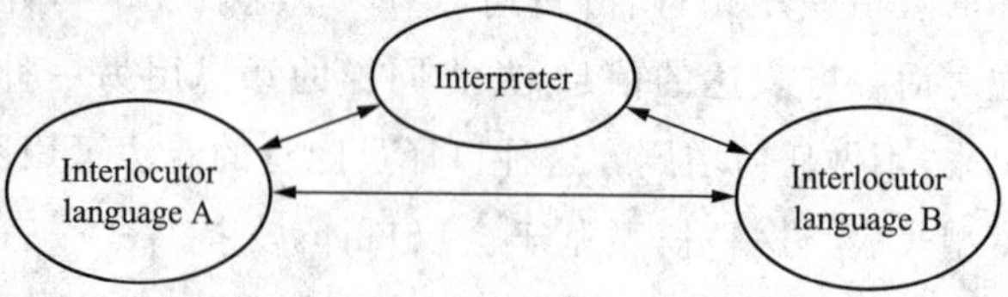

图 5-2　口译员作为共同建构者模型

（改编自伯克-塞利格森，1990；梅茨格，1999；罗伊，2000；塞西莉亚，1998）

三、口译员现身

社会语言学的研究强调口译员的参与角色存在重要差异，而这些差异取决于交际活动（ICE，interpreted communicative event）的性质（海姆斯（Hymes），1974）。学者们利用话语分析对口译员作为交际活动的共同参与者的模型展开了广泛的研究（戴维森，1998，2000，2001；梅茨格，1999；罗伊，1989，

2000；塞西莉亚，1995，1998）。通过研究口译员在互动中的参与，戴维森（2000，2001）和梅茨格（1999）对“中立”提出质疑。罗伊（2000）将口译作为一种特殊的话语过程进行分析，探讨了口译员对互动的积极参与。她利用戈夫曼的角色框架分析了口译员从传递信息到管理和协调对话的转变。她专门分析了两个例子，其中参与者直接对口译员说话，口译员对其作出回应。她的分析注重话轮转换，从维护和推动交际的责任来分析口译员角色。塞西莉亚（1998）也利用戈夫曼的角色框架质疑了口译研究中对口译员行为的规定，而不是观察实际案例中口译员的表现。这些学者呼吁对口译员作为互动的共同参与者的角色进行进一步的研究。他们还强调了这样一个事实：口译不是发生在社会真空中的，在互动的社会背景中描述口译员的角色十分重要。

口译员现身的概念超越了口译员作为语言互动的参与者的事实，将口译员拥有的权力列入考虑范围。口译员不仅在语言上现身，而且一样，口译员的社会和文化因素使之能够和其他互动的共同参与者一起共同建构事实的定义。口译员带着其所有的根深蒂固的对权力、地位、性别、年龄、种族、民族、社会经济地位的看法，以及文化规范和对社会活动的认识；他们用这些来建构和解释现实。口译员对这些社会因素的看法和其他交际参与者对这些社会因素的看法产生互动。作为社会的一员，口译员在交际活动中所做的不仅仅是共同建构意义和互动。口译员是强有力的参与者，能够改变互动的结果，例如，寻求机会或促进信息获取。口译员是拥有权力的现身的共同参与者。

口译活动中的几种因素使口译员现身的模式十分复杂。

首先，交际活动不是发生在社会真空之中，而是发生在渗透着社会元素的某个机构之中。因此，交际活动是包裹在各种层面的机构和社会影响之中，增加了其复杂性。其次，交际活动的每个参与者带有他们自身的社会因素（种族、年龄、性别、社会经济地位等），这些也使互动更加复杂。最后，口译活动本身是一个高度复杂的过程，交织着这些社会因素，外加跨语言、跨文化的信息处理，并且在巨大压力下进行。

图 5-3 代表口译员现身的复杂角色。最上面的方框代表文化规范和蓝图，外面的圈展现社会如何执行这些规范和蓝图，中间的圈代表这些文化规范和蓝图在机构内的影响和重新创造。在这个圈里存在着另外一套重建的机构规范和蓝图，渗透到在其范围内发生的互动之中。在内圈里，会话参与者带着他们的一套信仰、态度和对性别、种族、民族和社会经济地位等人际因素的根深蒂固的看法。在交际活动中，口译员同样带着自身的一套信仰和看法，在互动中不断被建构和执行。随着交际活动的展开，口译员不仅运用其语言知识和

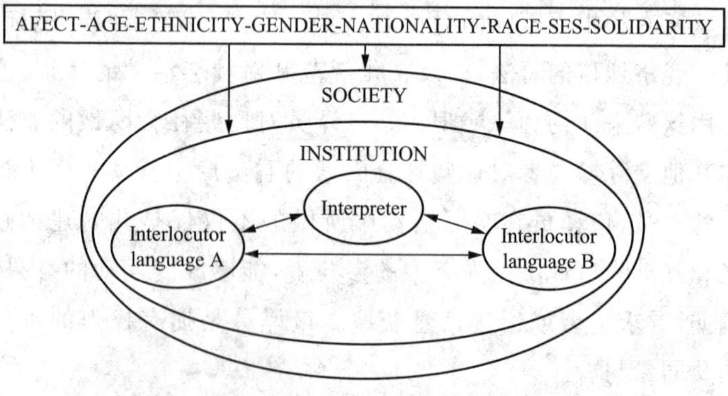

图 5-3　口译员现身模型（安吉莱莉，2001）

语言转换及话轮控制能力，而且也带着“自我”(the self)。通过“自我”，口译员实施权力，通过改变结果的不同行为来实现。口译员不是透明的、隐身的，而是可见的、现身的。

第二节　法庭口译中的人称使用和译员角色

一、口译使用第一人称的原则

专业口译员有一个普遍原则，就是“他们应该使用和原语讲话人相同的人称指代”(美国司法翻译协会，2004)，换言之，“使用第一人称仿佛口译员不存在一样”(ITIA, 2009)。口译研究者也都主张在口译中使用直接引语(柯林和莫里斯，1996; Gentile, Ozolins & Vasilakakos, 1996；哈里斯，1990；塞西莉亚，1998)。

在法庭口译中，对口译员角色的传统定义一直将口译员作为一个纯粹的“管道”或翻译机器。首次提出这种将法庭口译员作为“管道”的看法，是出于排除传闻证据的需要(芬顿，1997；拉斯特和泰勒，1994)，因为在普通法的传统中，偶然听到或二手获得的证据是不允许的。这意味着案件涉及口译员时，从技术上说，当事人听到的是二手信息，也就是传闻证据。然而，将口译员看作一个机器，一个“非人类”，传闻证据的问题得到解决。

直接引语的使用有助于掩盖口译员的存在，创造对话者之间直接沟通的假象，就好像口译员不存在或者仅仅是一个“管道”。间接引语的使用不可避免地凸显了口译员的存在，并可能引起传闻证据的问题。

二、口译员对第三人称的使用

尽管职业规范规定口译员在翻译时使用第一人称，但过去的二十多年的实证研究证明，不论是否受过专业训练，法庭口译员时常违反这个标准，不时有意或者无意地使用第三人称进行翻译。伯克-塞利格森(1990：115-116)通过对美国法庭的研究发现许多口译员在翻译时，通过要么将主动语态变成被动语态，要么在“我”后面加上“法官”(我，法官)，抑或干脆用第三人称指代法官，回避使用代词“我”和“你”做主语，尤其是在翻法官宣布判决的时候。伯克-塞利格森将这种从第一人称到第三人称的转换视为一种自我保护机制，以免被告认为口译员是在为他/她自己说话而对其产生愤怒的情绪。

梁倩雯和吉本斯(Leung & Gibbons)(2008)对中国香港地区法庭的强奸案庭审口译进行研究，发现口译员翻译时将第一人称转换为第三人称，是受口译员的个人信仰和思想意识影响。他们观察发现从当律师表达一些口译员不同意或口译员认为可能令人不快的东西时，口译员会用第三人翻译。

安格迈耶(Angermeyer)(2009)对美国纽约市的三个小额索赔法庭的十五名口译员的翻译进行研究，通过量化分析发现口译员在翻译仲裁员或讲英语的诉讼人的讲话时更多使用第三人称指代，在翻译非英语讲话人的讲话时较少使用第三人称。安格迈耶认为，由于大多数口译员本身是移民或非英语母语者，翻译时第一人称的使用说明口译员不太可能明确表示与其同样母语的讲话人毫无牵连，而对其他说英语或其他语言的庭审参与者则不是这样。这与杜斯拉夫(Dubslaff)和马丁森(Martinsen)(2005)的观点不谋而合，口译员在翻译与其母语相同的讲话人的话语时倾向于使用直接引语，这可能反映了口译员对其同胞的同情。这也呼应了安德森(1976)提出的观点，口译员一般更可能认同与其主导语言或母语相同的讲话人。

安格迈耶认为口译员这一行为的另外一个原因是口译员在口译成英语时小心注意规定使用第一人称的职业规范。如果口译员使用第三个称，仲裁员，其他口译员或任何坚持制度规范的人，都可能注意到他们的“非规范行为”(安格迈耶，2009:11)；而当从英语译成非英语时，非英语的诉讼当事人是唯一的听众，他们可能不了解的制度规范，因此，不太可能对口译员使用第三人称提出反对。根据吉尔和库普兰(Coupland & Coupland)(1991)的理论，安格迈耶将这种人称的转换视为一种适应(accommodation)的形式。下面我们具体分析有哪些原因可能导致口译员转换人称在交际中现身。

(一) 口译员对法庭权力不对称的反应

在对抗性的普通法法庭上，法律专业人士和外行参与者之间的权力不平衡是显而易见的。沃克(Walker)(1987:58-59)指出法律专业人士享有的权力的来源有三个：第一，基于社会文化基础的权力，源于他们作为在制度认可的社会机构中解决纠纷的参与者的身份；第二，基于法律基础的权力，它规定律师有权利提问，并惩罚那些拒绝回答的人；第三，基于语言基础的权力，它来源于提问及操纵问题形式，以控制问题的答案的权力。

法官及律师，作为授权解决争端的参与者，根据规定具有提出问题的权利，从而控制证人的证词。这些权力的来源必然使法官和律师与证人和被告等外行参与者相比，拥有更大的权力，这也形成了法庭语境下，交际参与者权力不对称的情形。

此外，话语权力与强势参与者控制和约束非强势参与者对对话的贡献相关（费尔克劳夫（Fairclough），1989：46）。费尔克劳夫对话语权力的定义也再次突出了法律专业人士作为提问者（强势参与者）及外行参与者作为回答者（非强势参与者）的权力不对称。

香港大学的吴雅珊（Eva Ng）（2011）对我国香港地区法庭9个使用法庭口译员的庭审进行研究，并对口译员进行问卷调查，发现口译员在翻译证人或被告的讲话时倾向于使用第一人称，在翻译法官或律师的讲话时往往将第一人称转换为第三人称。这种人称转换与讲话的内容无关，而是受到讲话人的身份的影响。口译员不愿使用第一人称翻译法律专业人士的讲话，而采用第三人称，这证明他们意识到法庭权力不对称，并通过调整口译策略对此作出了反应。

由此可见，口译员在口译时转换人称，从而在交际中"现身"，是口译员对法庭权力不对称的一种反应。当法庭口译员意识到法庭上存在权力不对称时，他们不愿意使用第一人称翻译法官和律师等强势参与者的讲话，担心那些不了解口译员使用第一人称翻译原则的人会误会口译员假装自己是强势参与者。

（二）口译员对听者的反应

按照贝尔（Bell）的观众设计模型（1984：161），这种人称转换属于听者设计(addressee design)。口译员意识到法庭上除了直接听者,还存在充当“旁听者”的第三人听者。进行人称转换是口译员对听者的一种适应策略。这些听者除了证人和被告,还包括旁听席的观众,操双语的律师,法庭的其他官员和工作人员等。这些人并不一定了解“使用第一人称口译”的行业规则,他们可能认为使用第一人称翻译法律专业人士的讲话并不礼貌,而是希望口译员通过用他们的职业身份来指代这些强势参与者,以示对他们的尊重。口译员为了适应这些听者的需求,在翻译时将第一人称转换成第三人称。这种做法就像讲话人调整讲话风格以适应其听众是一样的道理(贝尔,1984;吉尔和史密斯,1979)。此外,如果口译员坚持使用第一人称翻译,证人或被告可能会误认为口译员是为自己说话。这说明口译员考虑到外行参与者可能不了解口译时需使用第一人称的原则,所以转换人称,对此作出反应。

第三节　法庭口译员的话语角色

一、戈夫曼的参与者角色框架

美国社会语言学家戈夫曼提出用于分析日常会话的参与框架理论(participation framework)。他认为:“当一个词被说出时,处于事件感知范围内的所有人都会获得一种与这个词相关的参与地位。这些不同地位和其中合适的行为规范特征被代码化,这为社会(话语)互动分析提供了一个基本的背景。”(戈夫曼,1981:3)参与框架理论从说话者参与角色(participant roles)角度描写话语。角色是根据说话者的“态度”或对话语内容的“倾向性”来定义的。戈夫曼进一步把会话参与者分为发声者(animator)、作者(author)、责任者(principal)三种角色。“发声者角色”是指会话者负责话语的声音产出;“作者角色”指会话者承担的根据目的产出语言表达式及其意义的角色;而“责任者角色”则是指会话者对话语产生的社会意义及其影响、后果承担责任。戈夫曼指出,三种话语角色可以由同一个人扮演,也可以是分离的,由不同的人扮演。会话参与者在会话过程中会自觉或不自觉地赋予自己某种话语地位并承担相应的参与角色,从而形成一种参与框架。参与框架理论和话语产出模式为进一步分析特定话语活动中角色相互间的关系(footing)的变化提供了一个结构基础(戈夫曼,1981:227)。

二、法庭口译员充当发声者、作者和责任者

口译员的存在是为了让语言不通的人能有效沟通。人们担心在某个特定的互动中,一个额外的人的存在可能会产生负面影响。因此,口译员培训和口译员职业守则强调口译员的存在不应影响交际,尤其口译员不能表达自己的意见,或更严格地说,不能为自己说话。传统的教育要求口译员尽量减小他们的影响,保持客观的、职业的距离,也就是说,自我呈现度较低,除了翻译讲话的意思之外,不应与讲话人有任何互动。用戈夫曼的话讲,口译员只扮演“发声者”的角色,而不扮演“作者”和话语“责任者”的角色。然而,与此同时,交际的其

他参与者又认为口译员应当对交际的成败负责，即承担所有责任。

（一）法庭口译员充当发声者

当口译员使用第一人称进行翻译，且不提供任何额外的解释，完全忠实地传达源语的内容和说话人的语气时，口译员实际上仅充当“发声者”的角色，而不充当话语“作者”或“责任者”。这也是目前大多数强调“准确”“中立”“隐身”的法庭口译职业规范所要求口译员扮演的角色。例如：

Defendant：And I have the proof she's lying to(me).

Interpreter：Mam Dow'od na to'ze ona klamie(Polish version)./I have proof that she is lying(Angermeyer，2009).

在这个例子中，口译员使用第一人称完全忠实地逐字翻译了源语，遵守了法庭口译职业规范对口译员角色的要求。在这里，口译员仅充当“发声者”，相当于“传声筒”。

（二）法庭口译员充当话语作者

在戈夫曼的框架理论中，“作者”指的是对话语表达进行组织的角色。换言之，作者只对话语的表达方式承担责任，而不对话语表达的意义、观点及态度承担任何责任。

在法庭口译中，话语的内容直接影响口译员采用的口译风格。当讲话人表达一些令人不快的内容时，口译员翻译时可能会会自觉或不自觉地避免使用第一人称和直接引语，而使用间接引语，用第三人称“他/她”或职业称呼（法官、律师）来指代说话人。这样做口译员一方面将原语的意义和态度表达出来，另一方面又将自己从所表达的话语中脱离出来，只充当话语的“作者”，而非“责任者”。例如：

Claimant：Poprzednio ze'smy pracowali u poprzedniego bossa

(Polish version)/Before we worked for the previous boss.

Interpreter：They worked +/

Claimant：Pietna'scie lat(Polish version)/Fifiteen years.

Interpreter：We work #/prior to that

Defendant：(xxx).

Interpreter：for[//] maybe for fifteen years prior to the previous owner.(Angermeyer，2009)

在这个例子中，庭审中一名波兰籍的饭店雇员指控他的老板，在为这名雇员翻译时，这位同样来自波兰的口译员先是将原语中的第一人称(We worked)转换成了第三人称指代(They worked)，然后又自我纠正为第一人称。这体现了这名口译员的语言所属感和民族认同感。这和研究者发现的口译员更倾向于和他们的母语讲话者保持同盟(塞西莉亚，1992)。

讲话人的话题和内容也会影响口译员对人称的选择。伯克-塞利格森(1990)发现当法官宣判时，口译员往往倾向于将第一人称转换为第三人称，用转述的方式，让听者明白口译员只是源语讲话的“作者”，并不是话语“责任者”。这是口译员自我保护的策略之一。梁倩雯和吉本斯(2008)对我国香港地区法庭的强奸案庭审口译进行研究，发现口译员翻译时将第一人称转换为第三人称，是受口译员的个人信仰和思想意识影响。他们观察发现从当律师表达一些口译员不同意或口译员认为可能令人不快的东西时，口译员会用第三人翻译。

(三) 法庭口译员充当话语责任者

所谓“责任者”是指为话语所表达的立场、信念等承担责任的角色(戈夫曼，1981)。在某些特殊情况下，口译员可能在翻译时加入自己的观点或内容，充当“责任者”的角色。例如：

Barrister：so it never occurred to you on THAT phone chat when he told you come over to MY house to watch the video about badminton that **you should at least see if** he could LEND you the video and so that you can watch it at home.

Interpreter：(... Cantonese version).[so it means at that time on the phone when he told you to go to ＋**his**＋ house to watch the badminton video tape ＋**together**＋ at that time **you never thought of** ＋**asking him**＋ to lend you the tape so that you could watch it at home ＋**you never thought of that**＋?](Leung，2008)

这个例子发生在我国香港地区，法庭上律师对一起性骚扰案件的女童受害者的一段询问。律师的问话表明他认为受害者并不是一个礼貌得体的女孩，因为根据中国的传统文化，对别人的邀请马上接受而不再三表示拒绝才是不太礼貌的行为。然而，口译员对律师的观点并不赞同，他认为律师的看法忽略了被告的权威地位和受害者的年龄。因此，在口译时，口译员不仅翻译了律师想表达的意思，还加入了自己的观点，把"you should at least see if..."口译为"you never thought of asking him..."，省去了"at least"，并刻意删除了表示责任义务的情态动词"should"。此外，口译员还增加了"you never thought of that?"，尽管译出了问题的信息，但改变了律师带有讽刺意味的问法，转而使用一般有关信息询问的疑问句。这种译法口译员在某种程度上表达了自己的态度和立场，其角色不再只是"发声者"或"作者"，而成了"责任者"。

口译员扮演"责任者"的情况还包括口译员意识到源语讲话可能引起缺乏文化背景的听者的误解，需要加入解释；或者交际中出现误解，口译员需要打断话轮或插话提问等等。

第六章　社会学视角下的法庭口译员角色探究

第一节　翻译社会学研究

当代西方翻译研究学派创始人詹姆斯·霍尔姆斯(James Holmes)于其1972年的划时代的重要论文《翻译研究的名与实》中首次提出“社会翻译学”(socio-translation studies)这一说法。后来,随着翻译学的文化转向和描写翻译学的深入发展,以“翻译社会学”或“社会翻译学”为名的翻译研究社会学路径不断发展。

一、翻译的微观研究和宏观研究

17世纪,望远镜和显微镜的发明给传统知识带来了前所未有的危机,引起了知识观的第一次嬗变。20世纪,电子显微镜和无线电望远镜的发明又进一步将人们对知识的认识引向了无穷的微观和宏观,引起了知识观的第二次嬗变。美国著名翻译研究专家蒂莫茨科(Tymoczko)认为20世纪的人文领域和社会科学领域也发生了同样的革命,开启了文本研究的两个无穷的次序:一是几乎无穷尽地将语篇切分为越来越小的单位的可能性;二是同样无穷尽地将语篇与一层一层的语境相关联的可能性(蒂莫茨科,2002:11)。

翻译研究也发生着同样的革命,即翻译研究的宏观研究路向和微观研究路向。所谓宏观研究,是在纷繁复杂的现象中发现事物之间的内在联系和共性,探索事物在不同时期的不同形态,勾勒其发展的轮廓和线索,获得对事物本质及其发展规律的整体理解。翻译宏观研究的语言学研究路向将翻译研究从词法、句法扩大到文本分析、会话分析,从语言扩大到了语篇、语境;翻译宏观研究的文化研究路向涵盖了翻译与文化、性别、政治、意识形态的关系。所谓微观研究,就是在对事物进行研究时,把整体分解为部分,或把高层次的物质分解为较低层次的物质,将一个整体分解为局部、子系统或要素,以期对其进行条分缕析的精细研究。翻译研究的微观研究路向更接近翻译实务层面,将焦点放在特定文体、特定语种的翻译问题,针对具体的翻译现象或译本进行的翻译批评实践,翻译教学研究等。翻译微观研究所揭示的翻译规律、翻译现象和翻译关系,对翻译学科的发展有着不可或缺的重要作用。微观研究之于翻译研究的重要性是不言而喻的。其一,没有对局部与要素的把握,就不可能有对事物真正的整体认识;其二,翻译学是应用性很强的经验科学,重视实践,重视应用与技术方面的微观研究是翻译研究必然的要求(蓝红军,2009:9)。翻译宏观研究可以解决翻译主体和客体的关系,确立译学的外部规律,有助于认识翻译活动的本质和规律,揭示翻译学与外部学科之间的互动关系。翻译宏观研究能为翻译微观研究提供指导；翻译微观研究的开展则能翻译宏观研究奠定坚实的基础。这两者既相互对立又相互依存，不可偏废。

二、翻译研究的“社会学转向”

社会是语言和文化的最大化和终极归属，因此从语言到文化转向再到社会转向，是翻译的宏观研究发展的必然趋势，也是翻译研究不断拓展的标志（武光军，2008：76）。自从 20 世纪 90 年代末以来，法国当代著名哲学家和社会学家布迪厄的理论被广泛应用于翻译学研究，其社会学的基本概念与理论模式，如场域（field）、惯习（habitus）、文化资本（cultural capital）、文化再生产（cultural reproduction）和社会制约性条件（social conditioning）等被翻译研究者用来分析影响翻译的生存、传播和接收、翻译策略运用的社会制约因素，探究翻译活动和社会环境、社会状况及社会变迁的有机联系。这些从社会学视角出发对各种翻译现象及其社会机制进行跨学科的综合性研究，推动形成了翻译学一个新的研究方向——翻译社会学（sociology of translation）。翻译社会学将翻译看作社会行为的不可否认的一部分，是一种受社会诸因素调节的活动，并据此对翻译生产与再生产以及其社会行为人（译者）进行社会语境下的分析。翻译社会学认为，口笔译活动是一种社会行为，与周围的权力关系发生联系并受其控制，同时又反过来影响和构建社会秩序（沃尔夫（Wolf），2007：1-36）。这一独特视角将口笔译研究从过去对书面和话语本的关注提到更广阔的社会层面，聚焦翻译过程、翻译产品、译者/口译员，引发学者对过往研究内容和方法进行反思，催生学科内部的范式转变，逐渐形成翻译研究的“社会学转向”(a sociological turn)(任文，徐寒，2013)。

三、口译员角色社会学研究的必要性

传统的看法将口译员孤立于社会互动和所在的机构环境之外。但是，事实是口译员服务的一方在交际中可能更占优势或不占优势。例如，在法庭口译中，口译员所服务的对象，某个案件的被告往往在交际活动中不占优势。目前对于口译员角色的规定没有为研究口译员和不占优势的一方的互动留出空间。

尽管仅将口译活动的范围局限于内容的准确，或者口译员的语言水平，可以明确地规定口译员该做什么和不该做什么，但是这也使人们产生一种错觉，即口译员只要对信息处理负责，跨语言交际就能顺利完成，无论这种交际是在哪里发生，交际双方是什么人。不幸的是，这种错觉对于我们理解口译员角色的复杂性以及不同环境和社会因素对口译活动产生的影响毫无帮助。这种传统的看法也限制了口译员和口译行业的发展。

口译员角色总是部分地不确定，也就是说，角色规定在客观上是不充分的。口译并非发生在脱离社会的真空中的。口译员的所有行为都受到社会环境的影响。从社会学的角度切入，将口译员放在社会环境中分析，有助于找到合理的解释。为了更加深入地了解口译员角色的本质，我们需要把口译活动作为一种社会或政治活动来看待，探索口译员在这种活动

中扮演的多面性的角色。口译活动发生在某个机构中，而这个机构处于社会环境之中。因此，社会或社会学的视角可以帮助我们探究口译员的赋权和权力。

第二节　社会实践论与法庭口译员角色

本章节以布迪厄的社会学理论，尤其是社会实践论为主线，主要从口译员惯习和口译行为，文化资本与口译实践等方面对法庭口译员角色进行深度透析。行动者在各自惯习的指导下凭借所拥有的资本在某一机构场域里进行实践活动。布迪厄在场域（实践空间）、资本（实践工具）和惯习（实践观念）方面的观点为我们理解行动者的日常生活实践提供了有益的启示，也为我们深入理解法庭口译中口译员的角色提供了可资借鉴的理论资源。

语言是人类社会"实践"活动的一个组成部分，语言分析的根本目的是解决社会"实践"。布迪厄的"实践"（Pratique）指的是人类一般的日常性活动，包括生产劳动、经济交换、文化行为、政治活动等。场域、惯习和资本是布迪厄社会实践论的核心概念（布迪厄（Bourdieu）和华康德（Wacquant），1992：120）。在布迪厄看来，行动者是在场域中运用资本，在惯习的指导下进行实践。

一、法庭口译的场域

（一）场域的涵义

场域（field）的定义是各种位置之间存在的客观关系的网

络或构型。场域是“具有自己独特运作法则的社会空间”(布迪厄,1993:162)。布迪厄认为,整个社会就是一个“大场域”,而高度分化的社会世界里具有相对自主性的社会小世界就是“子场域”,如政治场、经济场、科学场等,社会“大场域”就是由一个个“子场域”构成的。这些子场域都遵循着自身特有的逻辑和必然性(布迪厄,1998)。一旦进入某个场域,行动者就获得了这个场域所特有的规则、代码和符号,如司法场域注重公平正义,经济场域注重利益,科学场域重视真理等。这些真理、利益、公平正义等特殊逻辑,在行动者刚涉足这个场域时,已经无形中施加在他的身上了。

场域的重要特征之一就是自主性。布迪厄将社会空间中各种各样的场域的社会分化的过程视为场域的自主化过程。一个高度自主化的场域,不仅能把自身的规则和逻辑施加于场域中的成员身上,而且还能渗透乃至影响其他场域的内部结构。

场域就是一个关系空间,场域中行动者之间存在着不同的客观关系,如支配关系、对应关系、屈从关系等。这些关系决定了行动者在场域中所拥有的权力(刘拥华,2009)。场域是处在不同位置的行动者依靠各自拥有的资本在惯习的指引下进行斗争的场所(布迪厄和华康德,1992:107)。在场域中表现出的行动者之间的相互关系,与其所处的社会地位密切相关,并且在某种程度上,受到不同行动者所处的不同地位所造成的关系架构的影响。

(二) 法庭场域中的权力关系

权力首先是指一种力量,即能够做出某种行为的能力;其次权力也是一种通过影响他人而达到某种结果的能力(王莉君,2005:10)。从社会学视角看来,权力是指在某种社会关系中,一方社会主体作为权力拥有者促使另一方社会主体作为权力对象服从前者意志的力量。权力既意味着权力主体的行动自由,也意味着权力对象的行动受到制约(吕万英,2006)。

语言,或准确地说话语,在有关权力的社会理论框架中,被认为是建构和维持权力关系的重要手段。权力是由人们的机构角色、种族或性别身份、社会经济地位所决定的。权力可以通过谈话中说话者所占的话语地位及说话者所采取的话语行动和他们所能利用的话语资源观察到。换言之,权力是在谈话中说话者用来完成某些行动的话语资源。

权力本质上就是说话的权力。话语是权力的表现形式,所有权力都是通过话语来实现的。所以,要分析某些语言是如何显示权力的,可以分析权力在会话中是怎样体现的,怎样被激活,怎样受到抵制以及说话者利用什么样的话语资源实施权力行为,其他参与者又是用什么话语资源作出反应的(吕万英,2006)。

要获得并维持使自我意志得以实现的力量,权力主体应当拥有一些能够对他人产生影响的资源。现代社会最重要的权力资源之一就是机构组织。由于在机构会话中,机构环境已经决定了谈话者的身份、机构角色和关系,所以机构话语中权力现象比日常生活话语更容易观察到。

法庭审判是典型的机构话语。法庭审判的机构环境决定了交际各方的社会角色截然不同,权力分配也极不对称。法庭存在明显的权力等级:法官是机构权力的化身,拥有法庭上的最高权力,在法庭交际中可以控制谈话的内容、进度;其次是律师、法庭官员,律师有权陈述自己的观点,并向证人和被告提问，但律师的权力必须受制于法官；证人尤其是被告处于被动和被控制的地位，对事件几乎没有控制权，其有限的话语权不仅受制于法官，也受制于对方律师，被告或证人以回答法官或律师问话为主，同时，其答话内容和答话方式都受到严格的限制。在涉及不通当地官方语言的证人或被告的庭审中，这些证人或被告无法直接参与到庭审之中，他们与操官方语言的法官和律师之间的沟通完全依靠掌握双语资源的法庭口译员，因而，其权力等级又处于法庭口译员之下。

二、法庭口译员的资本

(一) 资本的类型

作为行动者的社会实践工具，资本(capital)是一定阶段内物质或符号财富和权力相联系的社会商品。行动者通过占有不同形式的资本来获得特定的地位和特权，而且不同形式的资本可以赋予建构和构成社会现实的特定方式以合法性，成为一个社会群体主宰另一群体的基础。因此，行动者在场域中通过资本的争夺来获得权力，维护其地位和利益。布迪厄(1986:243-247)把资本分为四种类型：经济资本、社会资本、文化资本及符号资本。

经济资本是一般经济学谈论得最多的资本类型，可以直接转化为货币，也可以制度化为产权形式。经济资本指的是金钱、股票等，可以直接获得商品或服务，与传统经济学意义上的资本类似。经济资本是所有其他类型资本的根源。

文化资本有三种形式：一是身体化的形态，表现为人们身心中持久的性情倾向;二是客体化的形态,也就是文化货品,如图片、书籍、机器等;三是制度化的形态,如学术资格认证等。制度化文化资本也可叫做体制化文化资本,是在学术上得到国家合法保障的、认可的文化资本,表现为行动者拥有的学术头衔和学术资格。在高度发达的现代社会里,拥有学术资格和文化能力的头衔的作用是很大的,它能给其拥有者一种文化的、长期不变的、约定俗成的、得到国家合法保障的价值。制度化文化资本的重要作用之一就是使得文化资本的拥有者具有合法化的地位。

社会资本指的是一个持久的网络带来的实际或潜在资源的总和,是个体在社会中的各种人际关系和社会义务。所有这些资本都可转换成符号资本。符号资本是"任何一种资本变成的东西,当它作为资本,也就是作为力量、权力或(当前或潜在的)开发能力不为人知却被承认为是合法的时候"。符号资本不是被传承而是被认可的,是一种"信誉和影像",只有被场域内其他行动者认可的时候才具有价值。

布迪厄认为:"资本是一种积累起来的劳动(它以物质化形式或是肉体化、身体化形式存在)。当行动者或行动者群体在私有的前提下占有利用它们时,它们便可以因此具有物化形式,或者体现为活生生的劳动社会能量。"(布迪厄,1986:250)

(二) 资本与支配地位

布迪厄认为,两个主要且相互竞争的社会等级原则所决定了发达资本主义社会的权力斗争:一种是以经济资本(财富、收入和资产)为基础,是支配的主导性是,即占支配地位的支配方式,称之为"主导等级原则";另一种以文化资本(知识、文化和教育文凭)为基础,是支配的从属方式,即处于被支配地位的支配方式，称之为“第二等级原则”。这两种资本的实际拥有使支配者与其他的群体区分开来。知识分子是处在支配地位的被支配者，知识分子或者说符号生产者，包括艺术家、科学家、教授、作家等，构成了支配阶级中被支配的集团。他们占据权力场域中被支配的一极。他们拥有文化资本，甚至他们之中某些人的文化资本数量足以使他们能够对文化资本行使权力，甚至垄断。他们成为权力和某些特权的占有者，正因为如此，他们是支配者。但是，在他们与政治权力和经济权力占有者的关系中，他们又成为被支配者。知识分子是支配者中间的被支配者。由于他们的位置是矛盾的，因此，他们的立场也总是模棱两可的(宫留记，2009：63)。

法庭口译员精通两种语言，了解两种法律文化，并拥有专门的翻译资质，这些文化资本使其在法庭场域中拥有特殊的地位，即处在支配地位的被支配者。一方面，口译员是庭审中唯一掌握两种语言和文化的一方，他们拥有的文化资本数量足以使他们能对控制交际进程行使权力，甚至垄断。从这个意义上讲，法庭口译员是支配者。但是，法庭特殊的机构权力等级关系中，口译员在与机构的代表——法官和律师的关系中又是被支配者。这种处在支配地位的被支配者的矛盾地位，往往使口译员的立场模棱两可，在庭审中面临进退两难的处境。

(三) 口译员的文化资本和特殊地位

熟练掌握两门语言、了解两国文化的口译员是口译行为的直接操作者，负责将一种语言转换为另一种语言。口译员文化资本的获得是一个长期积累的过程，需要进行时间的投入和社会建构性发投入。口译员所具备的双语能力、学识、对世界的认知、审美情趣、对本族语文化和异域文化的把握和态度构成了口译员所拥有的文化资本，而这些文化资本的构成形式和资本数量的多寡对口译员的口译行为产生直接的影响。

口译员所持有的文化资本结构会影响他对世界的认知和态度。从口译的角度来说，口译员所拥有的文化资本会形成口译员独特的翻译思想，而翻译思想又是翻译行为的先导，决定口译员在翻译中所采用的策略。

在口译交际中，文化力量和象征力量都是分析互动形式时重要的资本形式。布迪厄对语言和语际交流的看法可以帮助我们了解语言惯习和语言市场。布迪厄将整个社会活动和社会生活当作是一种象征性的交换活动，一种通过语言作为中介而进行的社会互动。换句话说，社会就是一种“语言交换市场”(linguistic exchange market)。社会中的任何一个事件、任何一次活动，不论在其准备过程中还是在其贯彻过程中，也不论是正在实现的、已经实现的还是无法实现的，都离不开语言的使用。在资本市场中，语言是一种交换性的经济资本(布迪厄，1991:37)。语言能力的获得需要经过学校教育，掌握不同经济资本的人有不同的受教育机会，因而也拥有不同的语言能力。这些不同的语言能力成为各个人在语言交换市场中的资本，在他们所握有的资本总量中占据一定的分量。任何一个语言产品都在语言市场上被赋予一定价值。

拥有两个语言产品使具有双语能力的口译员在交际中享有一定的地位。在很多情况下，掌握双语的口译员不仅拥有单语交际者所寻求的两种语言产品，而且口译员的语言惯习使之能够轻松地与各种阶级背景的人进行交流。通过调整语言和语域，口译员与交际各方发生恰当的互动。作为庭审中唯一双语双文化资本的拥有者，法庭口译员在交际中起着关键的作用，因此在一定意义上是法庭交际活动中的支配者。然而，法官和律师作为机构的代表，在交际活动中拥有特有的话语权。与法官和律师相比，法庭口译员又处于被支配者的地位。这种"处在支配地位的被支配者"的矛盾位置，往往使口译员处于进退维谷的境地。

三、法庭口译员的惯习

(一) 惯习的涵义

人在家庭教育、学校学习、成长、工作、交际等社会化过程中，逐渐学习、内化并强化了他们所认识的社会规律，产生了一套"性情倾向系统"(system of dispositions)，倾向于根据自己的思维方式而采取某些有规律可循的行为；换言之，他们将社会惯例内化在自己的思维和行为之中，这些行为继而又直接间接或大或小地影响他们所处的环境。这种既被环境塑造、又影响环境，不断与环境互动的思维和行为特点，就是布迪厄所说的"惯习"(habitus)(布迪厄，1990:54)。

人们容易把"惯习"和"习惯"两个概念混淆起来，两者的英文 habitus 和 habit 也颇为相似。"惯习"和"习惯"既有相似之处，也存在本质的区别。所谓两者的相似之处，指的是两者都包含在生存活动中获得的因素，即某种经验性的因素。然而，"惯习"不能简单地理解为"习惯"或"习性"。"习惯"往往具有自发性、机械性、重复性的特点，不具备创造性、建构性和再生性。而"惯习"兼具建构性、创新性、再生性和被建构性、稳定性、被动性两方面的双重结构。"惯习"不是单一内在化过程的静态成果,不是停留在行动者内心精神世界的单纯心理因素,因而不同于由于长期行动过程而被动地累积构成的个人习惯或习性。

(二)惯习的特征

作为行动者的社会实践观念,惯习是一套持续的、可转换的性情倾向系统。布迪厄认为,惯习来自行动者长期的实践活动,一旦经过一定时期的积累,经验就会内化为人们的意识,成为行动者的社会行为、生存方式、生活模式、行为策略等行动和精神的强有力的生成机制,去指挥和调动行动者的行为。其重要特征包括(布迪厄,1990):

(1)持久性。惯习一旦在人体内扎根,在短时间内很难发生改变。

(2)可转移性。惯习又可以从一个领域传递到另一个领域。

(3)历史性。惯习是由积淀在个人身体内的一系列历史经验构成,是人们对社会结构内化的产物。

(4)生成性。人们通过一系列的内化图式来感知、体验、理解现实世界,不断地产生新的实践,以创造性的方式重塑和改变着历史。惯习产生的行为是社会构建和再生产的重要因素。

惯习概念本身就是一个生成过程。布迪厄认为惯习是贯穿于行动者内外,既指导行动者的行为,又显示行动者的风格和气质;既记载了行动者的生活经验和受教育经历,又在不同的境遇下实施创新;既具有前后一致的稳定性和持续性,又随时随地在制约性社会条件的影响下发生变化;既表达行动者的个性和禀赋，又渗透着他所属的社会群体的阶层性质；既可以在实证经验方法观察下准确地把握，又以不确定的模糊特征显示出来；既作为社会结构长期内在化的结果，以性情倾向系统表现出来，又主动外在化为当下实践，不断再生产着新的社会结构；既是随时随地伴随着行动者的生存心态和生活风格，又是集历史经验与实时创造于一体的"主动中的被动"和"被动中的主动"，是社会客观制约条件和行动者主观的内在创造力的统一(宫留记，2008：59)。

惯习是行动者在场域里的社会位置上形成的对客观位置的主观调适，是外在性的内在化的结果，是"结构化了的结构"(structured structures)和"促结构化的结构"(structuring structures)。所谓"结构化了的结构"，是指惯习源于行动者早期的社会化经历，是结构的产物，为行动设置了结构性的限制；所谓"促结构化的结构"，是指惯习作为一种结构化的机制，是实践的生产者，为实践的生成提供原则。"促结构化的结构"涉及行动者的能动性和创造性。惯习是生成策略的原则，这种原则能使行动者应付各种未被预见、变动不居的情境；也是各种既持久存在而又可变更的性情倾向的一套系统，它通过将过去的各种经验结合在一起的方式，每时每刻都作为各种知觉、评判和行动的母体发挥其作用，从而有可能完成无限复杂多样的任务(宫留记，2008：60)。

(三) 口译员惯习的形成

如上所述，惯习是行动者以往的社会实践经历的产物，能够调动和指挥行为者的行为方向，具有持久性、可转移性、历史性和生成性的特征。这里我们将具体探讨在法庭这个场域中，作为口译行为的直接执行者的口译员所有具有的惯习，以及惯习对他们的口译行为的影响。

社会行为者的惯习是行为者在社会世界中各种体验的结果，这些体验会在行为者的心智中留下一定的痕迹，从而构成行为者的行动倾向。这些体验包括家庭出身、教育状况、成长过程中的历史事件等。双语双文化知识、口译培训中习得的专业技能与规范，以及口译实践经历，这些元素经过长期的积累形成口译员的惯习。口译员的惯习将直接影响他对口译的态度和看法、他对口译员角色的认知以及在口译中使用的口译策略。

口译员在母语环境中的实践经历和外语环境中的实践经历构成了口译员独特的双重文化惯习，形成口译员独特的语言实践逻辑，并指挥和调动口译员完成口译任务。双重文化惯习容易让口译员同与其有着相同母语和文化背景的一方结成同盟，或因曾与交际一方合作或共事，更认同其价值观和工作目标。无论上述哪种情况，口译员在提供口译服务时都可能在立场和态度上发生倾斜，自觉或不自觉地通过语言或非语言手段“暗中”帮助“同盟”，难以做到完全中立（任文、伊安·梅森，2011：65）。

此外，口译员培训也对口译员惯习的形成产生重要影响。与一般人不同，口译员的惯习构成的历史实践中，比别人多了一项重要的实践内容——口译员培训。口译员培训的经历构成口译员原初的经验之一，对口译员的惯习构成同样有建构型的影响。口译员是如何习得口译技能的，在什么社会背景下接受培训，接受培训的程度如何，培训师是谁，使用什么培训材料，在培训过程中接触了什么样的人，等等，都会和口译员的其他社会历史实践一起，经过一定时间的积累，深入口译员深层的心态结构中，逐渐内化为口译员的意识，形成口译员对其所学习的语言和相关文化、风俗、思维等的态度和看法。长期以来，无论是传统的口译培训还是行业组织的行为准则，都要求口译员将“忠实”、“准确”、“对等”、“中立”等作为口译准确，为当事双方提供平等的语言文化服务。

惯习还来自口译员长期的口译实践活动。一旦经过一定时期的积累，口译经验会内化为译员的意识，去指挥和调动译员的行为，成为译员口译行为和口译策略的生成机制。

(四) 惯习对口译实践的影响

布迪厄的思想揭示了人类实践和社会实际运作中，情感、思想、心态、风格方面和社会结构方面的主客观因素之间所发生的“被动中的主动”和“主动中的被动”的共时双重转化过程和不断更新的再生产过程。因此，又可以把布迪厄的社会理论称为一种研究结构的外向“结构化”和内向“被结构化”的相互统一的理论(布迪厄，1979，1991)。

口译员的惯习，与其他行为者的惯习形成一样，是他们在结构性的场域中，通过一系列的历史实践活动沉积下来并内化为心态结构的一种持久性的性情倾向系统。作为口译员口译风格和口译模式的一个重要组成部分，口译员的惯习又同口译员的语言使用心态紧密联系在一起，使之成为口译员的语言风格、举止心态、精神状态、品味爱好和行动模式的总和。口译员的惯习不仅是口译员的口译行为不可分离的构成部分，也是口译员所处的历史条件和社会环境的内在结晶。惯习深刻地存在于口译员的性情倾向系统中，从实践操作的意义上来讲，是作为一种技艺存在的生成性能力和创造性艺术。惯习贯穿于口译员的内外，既指导口译员在实践的口译行为，又显示口译员的风格和气质；既记载了口译员的工作经验和受教育经历，又在不同的境遇下实现创新；既具有前后一致的稳定性和持续性，又随时随地在不同口译场合的制约性条件下发生变化；既表达口译员的个性和禀赋，又渗透着其所属的口译员群体的阶层性质；既可以在实证经验方法观察下准确地把握，又以不确定的模糊特征显示出来；既作为社会结构长期内在化的结果，以口译员的性情倾向表现出来，又主动外在化为当下的口译实践，不断再生产着新的社会结构；既是随时随地伴随着口译员的生存心态和生活风格，又是集历史经验与实时创造于一体的"主动中的被动"和"被动中的主动"，是社会客观制约条件和口译员主观的内在创造力的统一。

口译员的惯习体现其历史经历，但已内化为第二习性，因此是被遗忘为历史。惯习对口译员的主导和操控是无意识进行运作的。这种惯习通常不以个人的意志为转移，也不被人认识。惯习之所以能有特定持久的效力，是因为它超出了意志控制的范围，在口译员的意识和语言运作之前发生效力。口译员既往经验以思维、感知和行为模式的形式储存在每个人身上，惯习确保这些既往经验的有效在场，保证口译员实践活动的一致性。

四、庭审中的话语资源

法庭询问一般遵循传统的"发话—反应—评价"结构：律师发话（通常称为提问，但这并不正确，因为发话经常采用陈述形式），证人作出反应，律师还可能对证人的反应作出评价（伊德(Eade)，2000)。

在像美国、英国、澳大利亚、新西兰、新加坡、马来西亚、我国香港地区等普通法系国家或地区，由于赢者拥有一切，所以诉讼双方都会尽其所能，构建各自对诉讼事件的不同描述，以便说服陪审团和/或法官使他们赢得这个案件。律师询问证人也是为了这一目的服务，并不是期望引出证人对事件的描述，而是尽可能影响证人的证词，使之为自己精心准备好的对事件的描述服务。提问的方式和措辞即律师可利用的话语资源，律师通过话语手段控制证人，并企图通过控制证人所说的话左右陪审团/法官的想法。

交叉质询是庭审中权势之争最为激烈的环节，律师往往利用各种方法试图破坏对方证人或证词的可信度。在向对方证人提问的过程中，律师常采用的策略是用一连串攻击性的问题恐吓证人，试图使证人感到不安、迷惑、困窘，以便否定他们的证词，降低证词的可信度或使证人个人诚信受到质疑(库克(Cooke)，1995:73)。英美法系国家和地区的律师在询问对方证人的交叉询问中使用的攻击策略主要有三种：(1)攻击证人的可信度；(2)施加压力迫使证人同意；(3)控制信息(吉本斯，2008)。这三种方法在实践中常常密不可分，而且它们可以在单个问题中结合使用，可借助多种话语手段实现。

律师运用各种语言策略对证人进行主导和控制。这些语言策略不仅能够帮助律师在质询中对证人实现某种程度的控制，还会间接对陪审团和法官产生影响。

在法庭交际中，处于强势地位的法官和律师所能利用的话语资源要比证人或被告多得多。法官可通过提问、打断、转换话题、元语评论等方式来控制证人、被告或律师的话语权。而律师同样可以利用这些话语资源来控制或影响证人或被告的话语权。

在单语的庭审活动中，法官和律师的权力都通过利用话语资源来实现。当法庭上出现不通当地语言的证人或被告时，法庭口译员加入庭审活动中。作为交际活动的共同建构者，尽管口译员不具备体制性权力，但是作为唯一一个精通两种语言和文化的庭审参与者，法庭口译员拥有独特的资本，同样掌握丰富的话语资源。不同于法官和律师，口译员的权力不是一种自上而下、可以实施禁止、控制或操纵的结构性权威，而是一种策略、机制或样态，可以带来“权力关系的暂时反转”，并对“整个网络”施加一定的影响(福柯(Foucault)，1977)。

在双语的庭审活动中，出于担心口译员滥用话语资源，而对庭审产生不利影响，也出于担心自身的话语权力被取代的担忧，法官和律师希望将口译员的角色局限于“传声筒”，将口译员的话语权力限制到最小。利用双语能力，法庭口译员在庭审中帮助双方沟通想法，传达意思。除了使用同声传译的情况，当庭审时使用交替传译为证人或被告服务时，口译员可能在发现源语讲话中可能存在文化差异可能引起误解等情况下，通过打断或提问等话语资源来控制话轮，获得话语权。

五、社会实践论视角下的法庭口译员角色

作为发生在一定的社会、文化、机构语境下的实践活动，口译活动是个场域、资本和惯习集合的地方。借助布迪厄的社会实践理论审视法庭口译活动和法庭口译员角色，我们发现，

作为一项社会实践活动，法庭口译在司法场域内进行，法庭口译员和法官、律师、被告、证人等其他参与实践的行动者一样，带有各自的惯习和资本，在这个法庭社会文化语境中进行交流。在交流过程中，原有的讲话意义受到该场域内部各方权力的调控和影响，发生变化，产生新的意义。这使得法庭口译超出单纯对等的语言转换的范畴。在法庭口译过程包含各方行动者权力的争斗、强化、改变或制衡。拥有双语双文化资本的法庭口译员在各方关系的协调、地位的巩固和交际目标的实现中扮演至关重要的角色。

布迪厄将语言置于实践中观察其功能，注重语言和社会实践的结合，尤其是语言和权力的关系，将语言的社会哲学研究推倒当代思想前沿。布迪厄的社会学理论为我们再次认识世界提供了新的视角。根据布迪厄的观点(1990)，没有哪个交际活动是发生在社会真空中，交际中没有一方是隐身的或没有偏见的，他们都将自己固有的观点、价值观或偏见带入交际活动中。假设口译员完全不受这些社会因素的影响是不明智的。通过观察口译员的实际工作，学者们发现口译员与他们服务的对象发生互动(安吉莱莉，2003，2004；伯克-塞利格森，1990；剑桥，1999；戴维森，2000；库尔茨(Kurz)，2002；梅茨格，1999；罗伊，1989；塞西莉亚，1995，1998)。

任何交际活动的双方都有一定的社会经济地位，来自某个民族、国家，属于某个性别。口译员也不例外。在不少口译活动中，口译员往往和交际双方拥有相似的社会属性。例如，在某个专题国际研讨会中，单语的交际双方(与会代表、发言人等)可能国籍、民族、性别各不相同，但拥有相似的社会背景和经济地位，并在会议所讨论的话题有共同的认知，只是双方所说的语言不同。会议口译员往往受过良好的教育，因此与代表们有相似的社会属性，如教育程度。在这种情况下，社会因素对口译员的影响并不明显，口译员保持相对的“中立”，在交际活动中相对“隐身”。

然而，在法庭口译中，法官、律师和被告不仅所说的语言不同，社会地位也有很大差异，加上庭审环境中，法官或律师对交际互动掌握控制权，对所在国家的法律体系、法律制度和法律文化了如指掌，而被告在交际中明显处于弱势地位，不了解当地的法律体系、法律制度和法律文化。这种权力分布不对称的情况下，口译员可能和交际中的一方有更多相似点，而非交际双方（安吉莱莉，2004：87-88）。口译员几乎不可能做到完全的“中立”和“隐身”，往往更多地倾向于其中一方或另一方。在这样的交际活动中，口译员很少会同时对等地倾向于双方，除非交际双方拥有相似的社会地位。例如，口译员可能在为移民局工作数年后开始认同该机构的目标，至少认同他们合作的移民官当下所要达成的交流目标；或者恰恰相反，由于口译员在与弱势群体长期接触，或是在该机构经受过压制或责备等负面经历后，可能会更倾向于认同少数族裔或移民群体。两种感受都不会妨碍口译员专业技能的发挥，但是，可能以某种微妙的方式影响意义的协商以及整个权力关系网络（任文，2011：65）。

虽然，我们不能断定会议口译中的交际双方之间不存在权力差异，但是，无疑在法庭口译中这种权力差异更加突出。很难想象在这样的情境下，某个人可以做到绝对的“中立”。口译员不同程度的“现身”或对交际活动的干预，是这些社会因素相互作用的结果。换言之，口译员的角色行为既受到口译活动所发生的环境因素的影响，也受到口译交际活动中的参与者因素的影响。

第三节　动态角色理论视角下的法庭口译员角色研究

波赫哈克(2010:160)将角色理论引入口译研究中。他认为，“角色”被社会学家界定为一个表示“关系”的概念，意思是与“社会地位”相关的、在一定程度上起规范作用的关于行为的期待。“角色”在口译员表现的分析中起着核心的作用，成为口译研究中最突出的论题之一，尤其与社区口译的兴起密切相关。

社会学有关角色行为、角色期望、角色冲突等思想对解释法庭口译员的口译行为、实践中面临的困境、与交际活动中其他人的互动等核心问题有很大的启发意义，能够帮助我们更好地认识和理解法庭口译员角色。

法院或翻译行业组织的职业准则要求口译员扮演什么样的角色？法庭口译员在口译实践中扮演什么样的角色？口译员自身对角色的认知是怎样的？法官、律师、当事人等对口译员所扮演的角色有什么期待？要回答这些问题，我们需要对“角色”这一概念作一检视。

一、社会学角色理论溯源

角色的概念并非口译员所独有。实际上社会学对角色的研究由来已久。许多社会学家对人类发展和互动中的角色的本质进行了研究。角色(role)是社会学用于讨论人类交际活动的一个核心概念。“角色”这一概念，最早是美国哲学家社会学家及社会心理学家米德(G. H. Mead)于20世纪20—30年代由戏剧中引入社会学领域。角色被宽泛地定义为“个人在所处社会环境中需要遵循的行为和期待”(比德尔、曾霖森，1988：4-7)。如今，角色理论已经发展成为社会学的基本理论之一。

“角色”一词原意是指演员在戏剧舞台上按照剧本规定所扮演的某一特定人物。演员在舞台上的言行必须符合编剧和导演的要求，符合剧本的规定(奚从清，2010：3)。人们很早就发现戏剧舞台与现实社会之间存在着千丝万缕的联系，可以说，舞台上的戏剧正是现实社会的一个缩影，也可以说，社会就是一个大舞台。社会学的角色理论大体是建立在对社会与舞台、社会行动者与舞台角色的比较的基础之上的。

“角色”一词，自从被用于讨论个人与社会的关系以后，在社会学和心理学的著作中频频出现，发展出诸如“角色类型”、“角色观念”、“角色规范”、“角色期望”、“角色行为”、“角色错位”、“角色冲突”、“角色学习”、“角色协调”等概念，形成了不同的社会角色观点。在20世纪60年代，角色问题一度成为热点研究话题。角色理论的模式也经历了从结构理论到互动理论，再到综合理论的变化，并涌现了一批角色理论专家，戈夫曼、托马斯和特纳等就是其中的代表性人物。如今，随着社会的不断发展，社会角色的研究课题也将越来越多。

二、角色的内涵

角色理论的始祖米德并没有给社会学中的角色概念下一

个明确的定义，而是将其作为无定形的和不确定的概念来使用(安德烈耶娃，1987：167)。为了得出一个确切的含义，不少社会学家、社会心理学家从不同的角度进行了长期的探讨，所下定义不下十数种之多。

美国学者帝博特、凯蒂利认为，角色可以从三个方面加以理解：第一，角色是社会中存在的对个体行为的期待系统，该个体在与其他个体的相互作用中占有一定的地位；第二，角色是占有一定地位的个体对自身的特殊期待系统，也就是说，角色是个体与其他个体相互作用的一种特殊行为方式；第三，角色是占有一定地位的个体的外显行为(周晓红，1997：350)。

特纳将角色定义为：构成一个意义单位的，占有某个特定社会地位的个人恰当的一组行为模式(例如，医生或父亲)，或人际关系中某个非正式规定的地位(例如，领导)，或符合社会中某个特定的价值观(例如，老实人或爱国者)(特纳，1956：1)。

林顿(Ralph Linton)在其经典作品《人性的研究》(*The Study of Man*，1936)中从结构的角度探讨了角色，将其与社会地位联系在一起。他将“地位”抽象地定义为个人与社会相联系的位置，以及与这一位置相应的权力和义务。他认为个人可以拥有多个抽象的“地位”(例如，公民、某个宗教团体的成员、丈夫等)。他将“某一个地位”和“某个人的地位”作了区分。“某一个地位”是指社会中的单个地位，而“某人的地位”是指这个人所占有的各个地位的集合。他还进一步对“赋予的地位”和“获得的地位”作了区分。“赋予的地位”是那些不考虑他们的先天差异或能力而赋予个人的地位，可能与性别、宗教信仰等有联系。而“获得的地位”是需要拥有特殊品质的，可通过后天努力，接受教育或培训获得的地位(林顿，

1936:115)。一个人如何呈现自我很大程度上受到这个人的地位的影响。而角色是个人对这一地位的实际表现。角色代表着地位的动态方面。个人被分配到某个社会地位并占有与之相联系的一系列地位。当他将与该地位相关的权力和义务付诸实践的时候,他便在表演角色(perform a role)。也就是说,地位是社会定义和施加的概念,而角色是个人在特定的环境中对权力和义务的实际实施。特纳与林顿持类似的观点,认为"角色指的是行为,而非位置。"因此,一个人可以扮演一个角色,但不能占有一个角色(1956:317)。一个人如何扮演一个角色,就是所谓的"自我呈现",也就是一个人如何行为以使别人理解你是谁。Linton着重对社会地位和角色相互影响,而米德则是从个人之间的互动的视角来探讨角色的概念。米德认为儿童成长的一个重要部分就是理解和扮演另一个人的角色(1965:160)。这样的角色扮演(role-taking)可以是宽泛的,如孩子扮演公主或骑士,也可以是具体的,如孩子在表演中扮演自己的母亲。米德认为这两种角色扮演都是"自我"成长中的必要部分。对成人来说,成功的社会互动取决于在对话中扮演他人角色的能力,即理解为什么他人会说他们所说的话。这是所有人类互动的基本元素。特纳在米德的角色扮演的基础上提出角色塑造(role-making),认为角色不是像一个人穿的衣服,不是固定的概念。实际上,角色存在不同程度的具体性和一致性,然而个人在规范他的行为时仿佛角色有确切清晰的存在。这就造成在个人在使角色的各方面清晰化的同时,他不仅是在使角色的各方明晰化,也是在创造和修改角色。这一过程不仅是角色扮演,也是角色塑造(1962:22)。因而,角色不是一个一个离散的单元,而是由对扮演角色的个人的一系列期待的行为。

尽管学者们对角色的定义有不同的表达方式，但是，随着角色理论研究的深入及其在各个领域的广泛应用，大家的看法正逐步趋于一致。不论是社会学家，还是社会心理学家，都认同角色概念含有这样两个内在假设：第一，在某一社会内部，关于处于某一位置的人应该怎样行事，存在着相当程度的一致看法；第二，这个社会中的大多数人有意仿效这种一致性（奚从清，2010：6）。这是角色概念的本质所在，也是建立社会角色理论的基石。

笔者对我国社会学家奚从清教授对角色的定义的概括颇为认同。奚教授认为，角色是指个人在社会关系中处于特定的社会地位，并符合社会期待的一种行为模式。换言之，角色是一定社会关系所决定的人体的特定地位、社会对个体的期待以及个体所扮演的行为模式的综合表现（2010：6）。人们在社会中扮演着不同的角色，如学校里的老师和学生，家庭里的丈夫和妻子，单位里领导和下属等等，这些不同的角色反映了人们在不同的社会关系中所处的社会地位，表明了社会、组织或他人对个体的期待和要求，而这些个体都采取与自身特定社会地位相关联的，符合要求的行为模式。

三、法庭口译员角色规范与角色行为

纽科姆（Newcomb）（1950）对“规定角色”（prescribed role）和“角色行为”（role behavior）作了区分。他将“角色规定”定义为，某个位置的占有者执行所要求的功能需用的被认可的方式。任何角色规定都包含许多可能的选择，其中的有些是被要求的，但不是全部（也不排除其他未被要求）。角色要求的是功能，而非具体的行为。他将角色行为描述为具体个人扮演角色时的实际行为。在他看来，只存在宽泛的角色规定和具体的角色行为。例如，约翰太太给她受伤的儿子包扎伤口；受人尊敬的詹姆斯·史密斯牧师在复活节星期日礼拜做了赐福祈祷。这些都属于单个的行为模式，而不是角色。约翰太太和詹姆斯·史密斯牧师都在扮演角色，但是他们的行为模式只是构成一个角色行为，而不构成角色。因此，角色行为是某个具体的个人在扮演角色时的行为模式（1950:330）。

与纽科姆的观点相似，戈夫曼（1961）并不将角色看作是一个单一的概念，而是对规范角色（normative role），典型角色（typical role）和角色行为（role performance）作了区分。规范角色指的是关于某个特定的角色所必须做的事情的一系列普遍观念，与纽科姆的角色规定很相似。典型角色指的是，可能出现的与规范角色不同的行为，或是可能出现的预期的但非强制性的行为。角色行为是个人如何在现实中实现某个特定角色的体现。角色行为可能受到各种因素的影响，包括特定情况的变化因素以及个人的特点，诸如技巧或个性等。相比之下，戈夫曼的角色理论中角色行为一词相当于纽科姆的角色理论中的一系列角色行为。

在日常生活中，我们每个人都自觉或不自觉地遵守某一个角色规范，使自己的行为符合自己所担任的角色的要求，符合社会的标准。所谓“角色规范”指的是个体在角色扮演过程中必须遵守的行为准则。角色规范是调节人的行为的重要控制器，是构成社会群体或组织的基础（奚从清，2010:112）。角色规范为个体的角色扮演、角色行为确定了具体的界限。角色规范确定了个体的行为模式，当个体进入某一位置以后，其言行举止无不受群体对此角色预先安排的规矩、准绳所制约。由于它的存在，导致了人们一致性的行为，从而保证社会的稳定和发展。

角色规范主要有两种形式：一种是成文的角色规范，即以书面形式或法律条文规定下来的成文的行为准则。这种行为准则具有强制的约束力，是角色规范的高级形式。例如，各个行业组织颁布的口译员行为准则就属于成文的角色规范，对加入该组织的口译员具有强制的约束力。另一种是不成文的角色规范，即约定俗成的、不成文的行为准则，往往以社会公德形式出现，属于角色规范的低级形式。

法庭口译的行业组织和法院制定并颁布了法庭口译的行为准则，要求口译员在实践中遵守这些角色规范。口译员的行为受到这些角色规范的引导、约束和调节。本书第二章比较了各国的法庭口译行为准则，并总结了这些行为准则的共同特征，即"准确""隐身"和"中立"。这些针对法庭口译员的行为准则就是纽科姆所提到的"规定角色"，或戈夫曼理论中的"规范角色"，在这里我们统一称之为"角色规范"。法庭口译员的"角色规范"应起到调节口译员个人行为，促进法庭口译职业健康发展的作用。

要遵守"准确""中立""隐身"这些的行为规范和职业道德对口译员提出的角色规范，口译员必须充当"仅仅是实现不同语言群体之间交流的中介、语言转换频道或桥梁"的角色（波赫哈克，2010：160）。也就是说，在交际过程中，当用户期待口译员保证立场中立，准确、忠实地传达信息，且不加入任何个人情绪和观点时,口译员只能处于对交际双方中立的位置上,充当一台翻译机器,提供准确、完整和忠实的翻译。这些行为规范和职业道德将法庭口译员角色局限于"忠实的回声"(罗伊,2002)。

法庭口译员的"角色行为"是指口译员个体承担一定角色时表现出来的实际行为。在第五章中我们已经分析了法庭口译员在翻译时可能将第一人称转换为第三人称。此外,通过分析澳大利亚新南威尔士地方法院的庭审录音,黑尔(2004)发现口译员在翻译律师的讲话时倾向于省略律师使用的某些提问类型和诸如"well"、"you see"之类的话语标记,而在翻译证人的讲话时倾向于省略诸如犹豫、话语标记、补白、弱化语、重复、停顿和回溯等无力的言语风格。由于交际双方来自不同的文化背景,因此当某些其中一方无法理解某些带有文化涵义的词句时,为了交际的顺利进行,口译员可能选择解释文化背景;当理解发生困难时,口译员会要求某方或者双方予以澄清。这些都属于某个具体的个人在扮演法庭口译员角色时的行为模式。

四、角色期待对法庭口译员的影响

(一) 角色期待的涵义

如前所述,角色是个人处在社会环境中遵循社会期待和规范的一种行为。一个人想要成功地扮演一个角色,首先要明确社会对这一角色的期待,并根据这种角色期待不断调整自己的角色行为。那么,探讨社会法庭口译员的角色行为的基准就应该是社会对于法庭口译员的角色期待。

角色期待（role expectation），也称角色期望，是指群体或个人对某种角色应该表现出的特定行为的期望，它是形成社会结构与角色行为之间关系的桥梁（秦启文，周永康，2011）。角色期待可以理解为个人所处的社会群体对他所期望的一系列行为，这些行为是被社会规范化的行为，其表现形式是希望某角色这样做，不希望他那样做。一个人的角色行为是否符合其地位和身份，主要看这个人是否遵从了角色期待。

对法庭口译员的角色期待主要来自口译员服务的对象/机构，与口译员合作的法官、律师等法律专业人士。法庭口译员角色期待的满足，是指法庭口译员的角色行为符合社会的期待，其角色行为满足了社会成员的心理和客观需要。研究法庭口译员角色问题，必须重视社会对法庭口译员的角色期待。这一方面的研究已经引起了口译学界的重视。近年来，国内外学者采用实证调查的方法，就用户对口译员的期待进行了广泛的研究（例如 Kurz，2002；Herraez，2008；Lee，2009）。

（二）角色期待的来源

1. 来自外部的角色期待

现实生活中，每个人都按照不同的角色期待扮演着不同的角色（剧本期望、演员伙伴期望、观众期望）。角色期待的作用/重要性在于，它是一种巨大的动力，是实现角色的有效手段。角色期待有多种来源，可来自他人的需要以及角色本身的需要。在人与人之间社会行为互动过程中，各自总是对对方抱着某些社会行为的期望以及要求这些期望能够得以实现。

（1）法官和律师对法庭口译员的角色期待

法庭对话属于典型的机构话语，作为机构代表的法官和律师对对话的内容和节奏具有绝对控制权。在双语的法庭上，口译员通过翻译策略和话轮控制，不可避免地会对交际互动产生影响。法官和律师出于担心口译员可能会削弱他们对庭审交际的控制，往往希望将口译员的角色限制在管道或翻译机器，做到在交际中隐身，限制口译员发挥其主体性。还有一些法律专业人士期待法庭口译员承担本不属于他们的职责范围的工作。例如，有的法庭书记员会要求口译员帮忙填写和分发表格；有的法警会希望口译员护送被告到缓刑部门；还有法官或律师要求口译员走到走廊，向被告解释权利，并在变更答辩状时取得被告签名(米克尔森，1998)。

(2) 被告和证人对法庭口译员的角色期待

由于需要完全依赖口译员理解和参与诉讼过程，所以不懂法庭官方语言的人有一种自然倾向，将法庭口译员视为“同盟”或“救世主”，尤其当他们处于某种绝望的处境时更是如此。他们可能要求口译员建议他们该怎么做，或将会发生什么，希望得到口译员的安慰，或向他们解释庭审过程如何运作等。

以上法庭口译员的服务对象对口译员的角色期待显然大相径庭，甚至相互矛盾。造成这些相互矛盾的角色期待的原因，一是这些人对法庭口译员角色缺乏认知，二是可能在庭审或调查的某个阶段，这些不通法庭官方语言的证人或当事人曾请朋友、子女或其他亲属，或非职业口译员担任过法庭口译员，而这些人当时并没有遵守法庭口译员的职业守则，造成他们产生困惑，究竟应该期待口译员做什么。

2. 来自内部的角色期待

除了来自“外部”的角色期待，也有来自“内部”的，即角色充当者的“自我期望”。它是角色充当者解释他们的角色的方法，也就是说他们对自己应做什么，不应做什么，什么能够做，什么不能够做的期望（秦启文、周永康，2011：92）。法庭口译员对如何扮演自己的角色会有一系列的设想，而法庭口译员的自我期望就包含在这种设想之中。这种设想包含三个方面：(1)对自己所要扮演的角色的解释和看法。例如，口译员关于他必须扮演的角色的想法，这些思想在很大程度上反映了他在充当这一角色以前形成的态度、意识和个性特征。当然，这种设想主要取决于他在成为口译员之前形成的个性特征、价值观念、人生态度和思想意识等。(2)思考群体、组织和他人对这一角色的看法和期望。角色充当者应有意识地思考这些期望，因为这些期望会影响他对自己对角色的解释。例如，法庭口译员应思考口译行业组织、法官、律师、证人和被告对口译员的角色期待。(3)担负这一角色之前关于如何实施这一角色行为的具体打算。在同一时间内，各种角色期待同时存在，相互渗透、相互影响、相互制约。

（三）角色期待的清晰度和模糊度

在实际生活中，角色扮演的好坏与角色期待的清晰度有着很大的关系。角色期待的清晰度较高时，角色扮演者可以循规蹈矩，使角色行为与角色期待保持一致。当角色期待的清晰度很低时，角色扮演者无章可循，因而其角色行为的主观随意性就会增大（奚从清，2010：110）。就人们的主观愿望而言，总是要求角色期待越明确、越清晰越好，但是组织、团体和他人的期望与角色扮演者的行为之间毕竟会存在一定距离。

与角色期待的清晰度相对应的是角色期待的模糊度。角色期待的模糊度有三种主要的表现形式：(1)一个组织、团体或他人对某一位置的人所抱的期望本身就不清楚。角色期待的模糊度会降低工作效率，甚至会给工作造成严重损失。(2)组织、团体或他人对某一位置的人所抱的期望是相互矛盾的。这种角色期待不一致性，会使占有该位置的人感到角色模糊，无所适从。(3)个体对自己扮演的角色所抱的期望与组织、他人对该角色所抱的期望不相吻合，甚至拒绝按组织、他人所抱的期望去扮演自己的角色(奚从清，2010:111)。

以上三种情况在法庭口译中都有所表现。第一，各行业组织在行为准则或职业道德中对法庭口译员的角色期待含糊不清，仅用诸如"准确"、"中立"、"隐身"之类的词界定法庭口译员角色，而对具体需要口译员在特定交际中作出什么样的反应没有确切要求，缺乏可操作性。这些角色期待的模糊度使法庭口译员的工作效率大大降低。第二，口译行业组织、司法机构、法官、律师、证人和被告对法庭口译员的角色期待存在相互矛盾的现象。例如，法官和律师希望口译员只扮演传声筒的角色，而证人和被告希望得到口译员的帮助。其三，法庭口译员对自身角色的认知和期望与行业组织的规定以及法官、律师等的期待不一致，甚至相互矛盾。

五、法庭口译员的角色冲突及解决途径

(一) 造成角色冲突的原因

"角色冲突"是指个体在角色扮演过程中气角色内部、角色之间发生的矛盾和冲突。角色冲突有多种表现形式，包括角色内冲突、角色间冲突和角色外冲突(奚从清，2010:130)。法

庭口译员面对的更多是角色内冲突，即同一角色的内心冲突，是由于人们对某个角色的期望与要求不一致所产生的角色冲突形式。倘若角色冲突加剧，可能会陷入“角色困境”，甚至严重的情况下，出现“角色失败”，最终不得不中止角色扮演(图 6-1)。

角色冲突的根源一是由于行业组织的角色规范与口译员在实践中的角色行为不一致。司法环境下口译员的理想形象在口译行业组织的行为规范中有所反映，即被动的隐形的参与者，仅是翻译机器，其角色为对原语进行逐字翻译(朗，1976，1978)。这些以“准确”、“中立”和“隐身”为特点的角色规范多年来始终未有实质性的改变。然而，口译员在现实中面临的问题却一直在发生变化。以前工作在划定整齐和管理良好的移民或刑事法院的法庭口译员，现在不得不面临社会冲突、种族偏见和人权带来的前所未有的伦理挑战。口译员、法院官员和公民不同的道德义务经常发生冲突，这是以前很少的疑难问题，因此大多数法院和专业机构的道德规范都没有提及如何解决这一冲突。

角色冲突的另一个根源是口译员自身的角色期待与用户的角色期待存在矛盾。口译用户不熟悉语言学或翻译学研究的最新趋势，因此，他们也没有认识到在语言学界或翻译学界所长期公认的观点，即，要达到成功交际的目的，单纯的文字转换是不够的，还需要考虑上下文语境、文化背景等超越字面意义的信息。包括法官、律师、证人和当事人在内的法庭上与口译员合作的其他人并不熟悉法庭口译员的职业行为守则，各自对口译员的角色产生不同的期待。一些法律工作者认为翻译只是一个语言的“管道”，希望口译员扮演传声筒的角色，需要做的就是将听什么翻什么；有些法律工作者期待口译员成为法律工作者和他们的客户之间的一个文化中介人；还有一些法律工作者期望口译员对交际的有效性负全责，却忽略了意义是由所有谈话的参与者共同创造的这一事实。与此同时，证人或被告则希望口译员扮演帮助者的角色，这些对口译员相互矛盾的角色期待，与口译员自身对角色的认知不一致，势必造成口译员的紧张、焦虑，使其处于一种进退维谷、无所适从的情境，产生角色内冲突。

此外，术语理解上的差异也可能是造成对法庭口译员角色不同理解和期待的原因之一。莫里斯(1995)讨论了 interpretation 这一术语的使用可能存在问题，因为这个术语在司法语境中还有其他含义。在语言学界，interpretation(口译)这一术语指的是在两种语言之间口头传递话语意义的过程，而在法律界，interpretation(解释)这一术语指的是一种只有受过法律专业训练的工作人员，如法官和律师，才能进行的使用和操控语言的活动。由于存在这种情况，莫里斯强调了明确定义术语的重要性。因为只有对 interpretation 这一术语作出明确的界定，才能形成对 interpretation 这一术语的涵义的共同的看法，减少误解的风险。这包括明确地区分 interpretation 作为一种语内过程(如在一个法律文本的解释)和 interpretation 作为一种语际过程(如将话语的意义从一种语言转换到另一种)。

种种原因造成的角色冲突妨碍口译员的正常角色行为，导致工作绩效降低。研究表明，高度的角色冲突是低度的工作满意度以及组织忠诚度相关的(利德尔(Liddell)和斯洛克姆(Slocum)，1976)。因此，必须设法防止、减少、消除角色冲突。

(二) 角色冲突的解决途径

对法庭口译员角色缺乏统一的认识，不利于建立法庭口译员的职业形象,对法庭口译职业的职业认同,以及口译员群体的职业道德。相互矛盾的各种观点,不仅会导致口译服务的使用者产生困惑,也会使口译员身陷角色困境,甚至导致角色失败。人们对口译员在从事法庭口译工作时应该做什么有不同的期望,导致许多口译员自己也不确定他们的角色应该是什么。

解决角色冲突的具体方法是多种多样的。上文提到相互矛盾的角色期待是角色冲突的主要来源,因此解决角色冲突需从其来源入手。角色期待分为“外部”(来自组织、群体及他人的角色期待)和“内部”(角色扮演者的自我期待),那么角色冲突的解决也可分为“外解决”和“内解决”两种途径。

“内解决”是指角色承担者通过自身的努力解决角色冲突。处于法庭口译员的社会位置上,口译员作为客体,必须考虑接受外界对他的角色要求;但是,作为主体,口译员又可以并且能够按照自己对角色的理解和认识进行角色行为。角色冲突的内解决取决于角色承担者的价值取向。树立科学的世界观、人生观、价值观,可以产生巨大的精神力量,帮助口译员克服角色扮演中的困难和障碍,适应角色,实现既定的角色目标。

“外解决”是指通过利用和发挥角色承担者以外的力量,来解决角色承担中的冲突。例如,通过“角色协商”的方法,让口译员和法官、律师等法律专业人士进行心理上的位置互换,双方站在对方的立场上设身处地地为对方想一想,这样口译员更容易理解法官和律师担心翻译干扰他们对庭审的控制权,影响审判结的担忧,法律专业人士也更能理解口译员为保证交际顺利进行付出的努力。角色协商有利于克服片面化,从而调试好角色冲突。然而,用户的观念转变并非一朝一夕,需要一个过程。在用户观念尚未发生质的改变前,角色适应不失为角色冲突外解决的另一种可行方法。“角色适应”是个体通过掌握角色规范,形成适应社会的行为模式的社会化过程,也是个体满足自身需求,发挥自身潜能,树立自我形象的个性化过程(秦启文、周永康,2011:128)。法庭口译员的角色适应可从两个层面入手:一是角色适应的内在心理模式,二是角色适应的外在行为模式。内在心理模式口译员对角色规范及权利义务的了解,包括对用户期望和自我个性特征的理解。而外在行为模式上指口译员在角色实践中形成的适应角色的技能和习惯。角色适应需要口译员发挥自身的资源优势,对所处的角色情境具有自信心有助于口译员积极地调动自身资源,从而有效地应对外在的压力(图 6-1)。

缓解或消除角色冲突有助于提高口译服务质量,促进双语法庭上的有效交际沟通。口译员自身的角色期待与行业组织、机构的角色规范一致,与口译服务对象的角色期待相吻合,口译员与法官、律师、证人和被告配合默契,而且口译员的双语双文化能力又很高,才能保证法庭口译达到预期的效果。

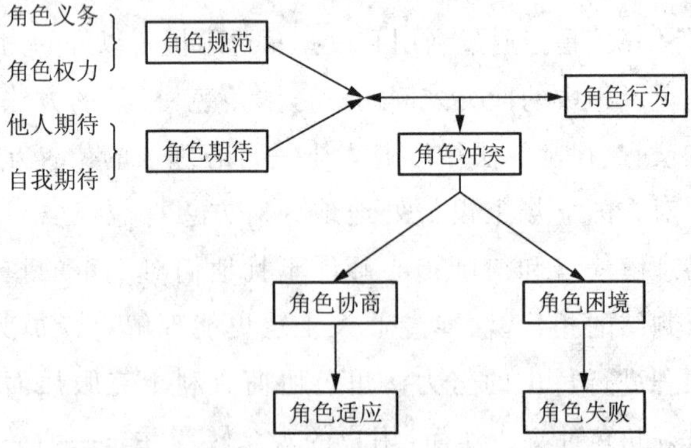

图 6-1　角色冲突的原因和解决途径

第七章　口译员角色的问卷调查和深度访问

本书在前面几章已对法庭口译员角色作了跨学科理论上的探讨，论证了法庭口译中口译员现身与否、如何现身以及为何现身，也分析了法庭口译员角色冲突的来源和走出角色冲突的方法。在这一章，笔者拟采用问卷调查和深度访问的方法，了解实践中口译员及口译用户对法庭口译员角色的看法，对以上理论推断加以验证。

第一节　口译员角色的问卷调查

本研究问卷调查的目的在于了解法庭口译员对自身角色的认知以及实际的角色行为，了解法官和律师等法庭口译用户对口译员的角色期待。此外，为了探索出了工作环境外的其他因素是否会对口译员的角色认知产生影响，本次问卷涉及不同工作语言组合，不同教育背景，不同性别及不同年龄层次的口译员。

一、研究对象

调查范围包括国际组织、国家地区组织及个人联系等。当存在该领域的国际组织的时候，调查对象优先选择国际组织。如该行业尚无国际组织，则选择国家组织。如以上两者都不存在，则通过个人关系寻找合适的调查对象。

（一）法庭口译员

由于世界上尚无法庭口译的国际组织，按照调查计划，决定选择国家组织。美国司法翻译协会（NAJIT）成立于1978年，其宗旨是提高司法系统中口笔译服务质量。职业的法律口笔译是为了保证非英语或英语能力有限的人获得正当程序、平等保护和司法公正。法律口译员在法庭上工作，但也在法庭外可能有法律后果的场合工作，如行政听证、委托律师面谈或执法调查时，也需要法律口译员的工作。美国司法翻译协会会员包括法律口笔译员，也包括社区和医疗口译员，手语译员的会员数量也在不断增加。其官网提供口译员搜索功能，可根据地区、工作语言、证书认证等条件搜索符合条件的口译员。点击口译员名字，可在显示的详细信息里找到口译员的邮箱和电话等信息。在美国司法翻译协会官网注册登记的口比笔译员共有949名。为了研究方便，本调查设置将条件设为工作语言为英语和汉语，专门从事口译，搜索获得31名口译员。

英国译协（Institute of Translation & Interpreting，简称ITI）成立于1986年，是英国唯一独立的专业笔译和口译协会，向政府、企业、媒体和公众提供翻译服务。其官网提供口译员名录，可按工作语言分类搜索，其中口译员分为五大类，包括会议口商务口译、警察和法庭口译、社区口译和电话口译。本调查设置的条件仍为工作语言为英语和汉语，选择类别警察和法庭口译，搜索获得6名口译员。

中国目前尚无专门的会议口译行业协会，根据调查计划，在没有行业组织存在的情况下，调查者主要通过个人关系寻找调查对象。虽然这种方式可能存在一定的主观性和片面性，但是这也是目前唯一可行的方案。笔者利用个人关系联络了国内主要外国语大学的高级翻译学院以及两家翻译公司协助发放问卷。

(二) 法官和律师

本研究通过笔者所在高校与公检法单位及律所的联系，借助法律专业研究生项目组，向涉外案件高发地区的法院以及承接涉外案件的律所发放问卷。

(三) 被告和证人

作为在庭审中直接接受法庭口译员服务的对象，不通当地语言的被告和证人对口译员的角色期待以及在合作中对口译员的评价，对研究具有重要价值。因此，这些被告和证人本应成为本次问卷调查的重要对象，但也上寻找过程最为困难的调查对象。

二、调查工具

在确定问卷调查的对象后，下一步就是确定问卷方式。在打印问卷邮寄给调查对象，制作问卷电子版发送给调查对象，以及利用问卷调查网站开展调查中,本次调查最终选定第三种为主,即利用问卷调查网站为主要调查方式,辅以电子版问卷的形式展开调查。这样一方面可以降低成本,另一方面可以提高问卷调查的效率。在众多在线调查网站中,本研究从界面友好性和登录便捷性考虑,选择了免费的在线调查工具Kwik Surveys(http://www.kwiksurveys.com)。

三、问卷设计

(一) 李克特量表的使用

设计问卷时,为使填写者更方便地理解问卷的意思,笔者没有使用一些抽象的标签,如管道、翻译机器、文化中介者、解释者、帮助者等,而是提供一些具体的角色行为供选择。为节省被调查者的时间和精力,问卷中的问题设计尽量简洁且明晰。

本研究在制作调查问卷时采用李克特量表。李克特量表(Likert scale)属评分加总式量表,是目前调查研究中使用最广泛的量表。它是由美国社会心理学家李克特于1932年在原有的总加量表基础上改进而成的。该量表由一组陈述组成,每一陈述有“非常同意”、“同意”、“不一定”、“不同意”、“非常不同意”五种回答,分别记为5、4、3、2、1,当受测者回答此类问卷的项目时,他们具体的指出自己对该项陈述的认同程度,或任何形式的主观或客观评价。每个被调查者的态度总分就是他对各道题的回答所得分数的加总,这一总分可说明他的态度强弱或他在这一量表上的不同状态。通常使用五个回应等级，但许多计量心理学者（psychometrician）主张使用 7 个或 9 个等级。一项最近的实证研究指出，第五等级、第七等级和第十等级选项的数据，在简单的资料转换后，其平均数、变异数、偏态和峰度都很相似。①

之所以选用李克特量表来测量口译员和用户对角色的看法和做法，是因为李克特量表比较简单，容易设计，易于操作，回答者能够很方便地在五种答案形式中标出自己的位置。此外，与其他量表相比，李克特量表的使用范围更广，可以用来测量其他一些量表所不能测量的某些多维度的复杂概念或态度。在一般情况下，李克特量表比同样长度的量表具有更高的信度。但是，相同的态度得分者可能具有十分不同的态度形态，这也是李克特量表的主要局限所在。因为是一个项目总加的分代表一个人的赞成程度，李克特量表可大致上区分个体间谁的态度高，谁的低，但如需要进一步描述他们的态度结构差异，这一量表便无能为力。

（二）针对口译员的问卷设计

借鉴安吉莱莉（2004）等学者的研究，笔者根据第四、五、六章节理论分析的结果，设计了针对口译员的问卷。问卷内容由四大部分，35 个封闭式多项选择题组成，其中部分问题有开放式选项，允许受访者键入他们的答案。问题 1 到问题 10 调查受访者的背景，包括母语、工作语言、法庭口译的工作年限、职位、教育背景和口译训练背景；问题 11 到问题 20 调查受访者对自身角色的感知；问题 21 到问题 30 调查受访者在法庭

---

① http://www.baike.com/wiki/%E6%9D%8E%E5%85%8B%E7%89%B9%E9%87%8F%E8%A1%A8.

口译实践中的口译行为/策略。问题31到问题35调查受访者在法庭口译实践中人称的使用。

(三) 针对用户的问卷设计

针对用户的问卷相对简单,由两大部分组成。第一部分是受访者的个人信息,其中包括与法庭口译员的合作次数,通过该问题的答案可以判断某份问卷是否对本研究有价值;第二部分是关于用户对口译员的角色期待和角色行为的评价。

四、问卷结果和讨论

本研究总共发出70份调查问卷,其中法庭口译员45名,法官10名,律师15名,被告和证人没有。设定2个月为问卷回收的最后期限,最终回收40份问卷,问卷回复率为57%,包括法庭口译员问卷20份,法官和律师问卷20份。其中有效问卷37份,空白或无效问卷3份。

(一) 针对口译员的问卷分析

1. 受访者信息

本研究针对法庭口译员的问卷总共回收问卷23份,剔除3份无效问卷,最终得到20份有效问卷。其中,女性12人,男性8人。年龄20—29岁3人,30—39岁7人,40—49岁6人,50—59岁3人,60岁以上1人。学历大学本科4人,硕士学位13人,博士学位3人。接受过会议口译培训的有9人,接受过法庭口译培训的有2人,接受过通用型口译培训的有8人。从从业经历来看,4人拥有1—3年口译实践经历,1人拥有3—5

年经历，6 人又有 5—10 年经历，拥有 10 年以上口译经历的有 9 人。

（1）受访者的身份情况

表 7-1　受访者身份信息表

身份	会议口译员	法庭口译	医疗口译员	口译学员
人数	12	20	0	4
比重	60%	100%	0%	20%

在受访者中，从事会议口译员共有 12 人，占总受访者人数的 60%；从事法庭口译的共有 20 人，占受访者人数的 100%；此外，本次受访者中口译学员的共有 4 人，占受访者人数的 20%。在受访者中，有 12 位受访者既从事会议口译，也从事法庭口译工作，说明口译工作有一定交叉性。

（2）受访者的性别情况

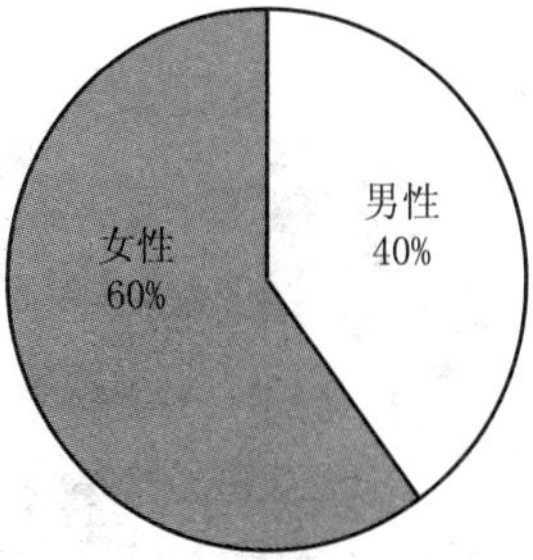

图 7-1　受访者性别情况

从本次受访者性别来看，以女性口译员为主，男性为辅，其中女性口译员为 12 人，占 60%；男性口译员占 40%。

（3）受访者的年龄分布

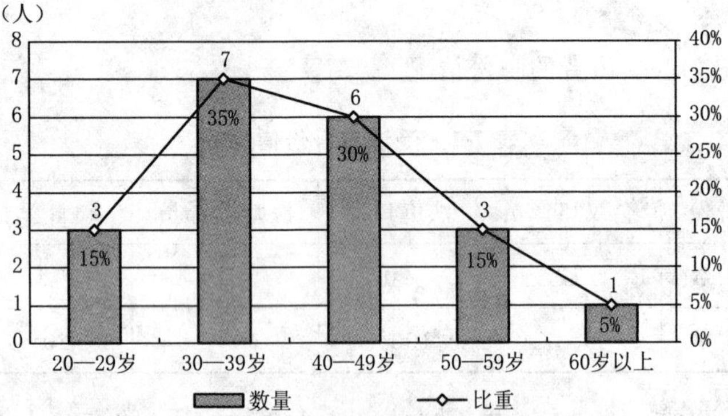

图 7-2　受访者年龄分布

从受访者年龄来看，本次调查年龄段主要集中在 30—39 岁和 40—49 岁两个年龄段，20—29 岁年龄段以口译学员为主，其中 30—39 岁口译员为 7 人，占 35％；40—49 岁口译员为 6 人，占 30％。另外，50 岁以上年龄段相对而言从事口译人数较少，所以调查时不作为重点研究方向。

（4）受访者的教育背景

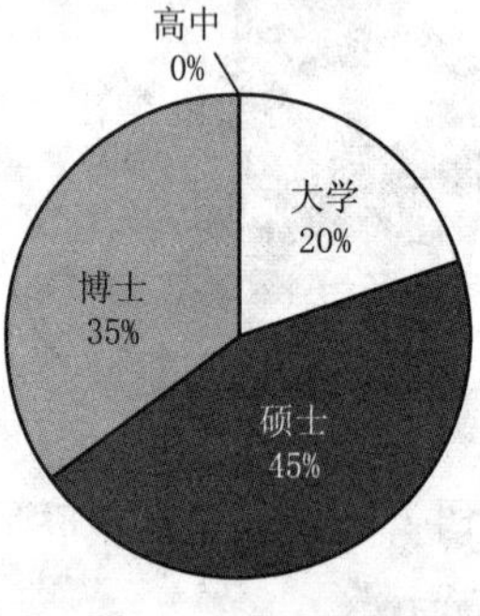

图 7-3　受访者学历情况

从受访者的教育背景来看，本次受访者主要集中在硕士为主,其中学历为硕士的口译员为 9 人,占 45%;学历为博士的口译员为 7 人,占 35%,另外学历为学士的口译员为 4 人,占 20%。

（5）受访者接受的口译教育或培训类型

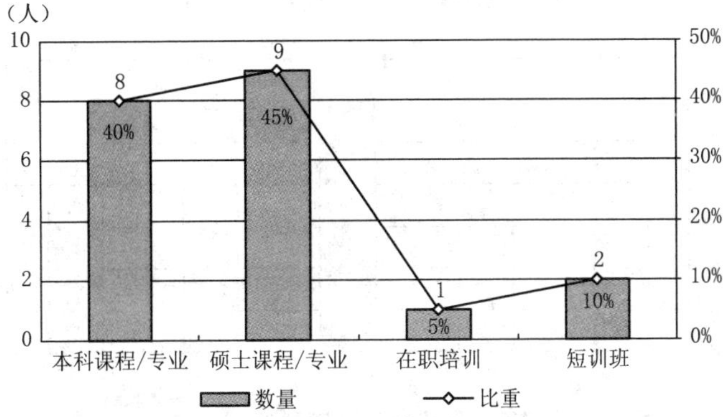

图 7-4　受访者接受的口译教育或培训类型

从受访者的接受的口译教育或培训类型来看,本次受访者主要接受培训的方式集中在硕士阶段课程为主,接受硕士课程培训人员为 9 人,占 45%;接受本科课程培训人数为 8 人,占 40%;接受在职口译培训人数为 1 人,占 5%;接受在职口译培训人数为 2 人,占 10%。

（6）受访者接受的口译教育培训种类

表 7-2　受访者接受的口译教育/培训种类表

接受的口译教育培训种类	会议口译	法庭口译	医疗口译	通用型口译	其他
人数(人)	9	2	0	8	1
比重	45%	10%	0%	40%	5%

从受访者的接受的口译教育或培训种类来看,接受会议

口译培训人员为 9 人，占 40％；接受通用型口译培训人数为 8 人，占 40％；而法庭口译由于从事人员较少，接受法庭口译培训课程人数为 2 人，仅占 10％。

（7）受访者口译实践经历

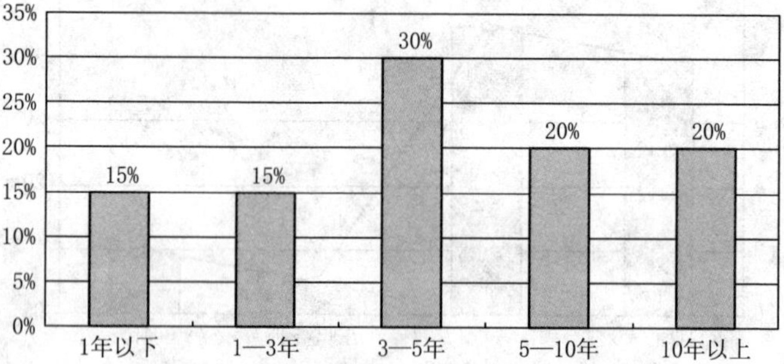

图 7-5　受访者口译实践经历分布

从受访者口译实践经历来看，85％左右受访者口译实践经历都在 1 年以上，其中，10 年以上口译实践经历人数为 4 人，占 20％；5—10 年口译实践经历的人数为 4 人，占 20％；1 年以下和 1—3 年口译实践经历的受访者都为 3 人，各占 15％，而口译实践经历 3—5 年受访者人数最多，达到 6 人，占 30％。

（8）一年中的口译实践次数

表 7-3　受访者一年中的口译实践次数表

口译次数	1—3 次	4—5 次	6—7 次	8 次及以上	平均
会议口译次数	25％	31％	25％	19％	5.13
法庭口译次数	10％	30％	30％	30％	6.60
医疗口译次数	100％	0％	0％	0％	1.50
其他口译次数	35％	45％	20％	0％	4.20
小　　计	15	20	14	9	15.05

从受访者一年中的口译实践次数来看，受访者口译实践次数集中在5次以下，其中医疗口译实践次数相对较少。在本次受访者中，从事法庭口译的次数90%以上的受访者一年口译实践次数超过3次，年平均从事法庭口译次数为6.6次。

（9）受访者工作语言分布

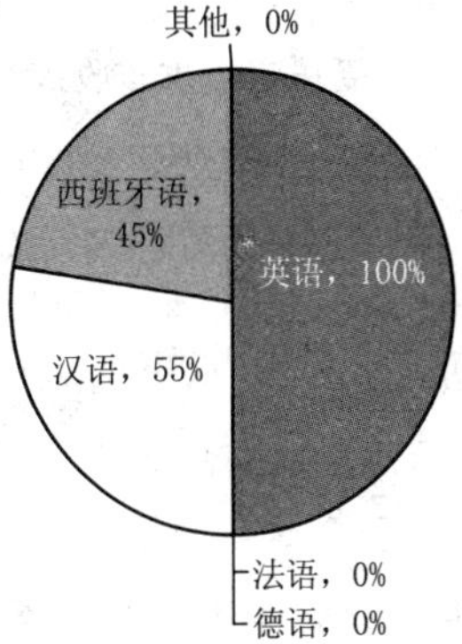

图7-6　受访者工作语言分布

从受访者工作语言来看，本次受访者中，100%将英语作为工作语言，有55%受访者除了英语作为工作语言外，将汉语作为第二工作语言；而其中45%的受访者将西班牙语作为第二工作语言。德语、法语等语言由于普及率有限，在本次调查样本中，未抽取到。

（10）受访者个人收入分布

从受访者年收入来看，本次受访者中，40 000—60 000美元年收入占50%；20 000—40 000美元年收入占10%；60 000—80 000美元年收入占15%。年收入20 000美元以下受访者主要以口译学员为主，占受访人数的25%。

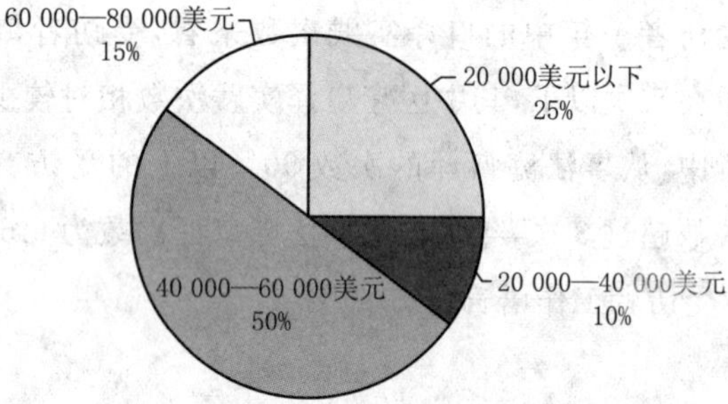

图 7-7　受访者个人年收入情况

2. 口译员问卷数据统计

(1) 统计工具的选择

本研究试图通过问卷分析，探究法庭口译员对自身角色的看法以及在口译实践中的角色行为，并探索口译员的年龄、教育背景、性别等因素是否会导致他们在角色认知和角色行为上的不同选择。这些分析需要用到相关系数。统计学常用的相关性系数有 2 个，即 Pearson(皮尔逊)和 Spearman(斯皮尔曼)，反映的都是两个变量之间变化趋势的方向以及程度，其值范围为－1 至＋1，0 表示两个变量不相关，正值表示正相关，负值表示负相关，值越大表示相关性越强。

Pearson(皮尔逊)相关系数，有时也称为积差相关系数(coefficient of product-moment correlation)，适用于样本容量大于等于 30，两个变量的所属总体都呈正态分布，至少是接近正态的单峰分布。满足这些条件才能保证计算的数据具有代表性。由于法庭口译的应用范围相对较小，问卷数据收据受到限制，样本容量为 20，所以不适用 Pearson 相关系数进行分析。

Spearman(斯皮尔曼)相关系数，又称秩相关系数，是利用两变量的秩次大小作线性相关分析，不受样本大小、变量分布形态，数据是否具有连续性的条件限制，适用范围比 Pearson 相关系数更广。Spearman 相关系数相当于 Pearson 相关系数的非参数形式，它根据数据的秩而不是数据的实际值计算，适用于有序数据和不满足正态分布假设的等间隔数据。从适用的数据类型看，Spearman 相关系数更适合于本研究。因此，本研究选用 Spearman 相关系数对问卷数据进行分析。

笔者首先用 Spearman 相关系数测试年龄、性别、教育等口译员背景因素是否和口译员对角色的看法相关，如发现两个因素相关，那么再进行交叉分析，找出这两个元素之间的关系。

（2）口译员背景与角色看法的相关性

本研究针对受访者对口译员角色的看法研究，通过 Spearman correlations 分析，我们由 SPSS 分析得出如下结论：

从本次调研的背景资料来看，受访者性别（Q2）、年龄（Q3）、教育背景（Q4）、口译教育类型（Q5）、口译教育内容（Q6）、口译实践经历（Q7）及收入（Q10）等口译员角色看法存在一定的相关性。

① 从受访者性别来看，在 0.05 置信水平上（双侧）上，Q2 性别与 Q20 口译员会打断交际双方之间存在一定的相关性。

② 从年龄来看，在 0.05 置信水平上（双侧）上，Q3 年龄与 Q11“口译员职责是字对字的翻译”和 Q15“平衡双方之间的权力差异不是口译员的职责”等之间存在一定的相关性。

③ 从教育背景来看，在 0.05 置信水平上（双侧）上，Q4 教育背景与 Q19“若弱势一方的权益没有能通过口译伸张则口译即做得不够好”和 Q20“口译员会打断交际双方”等之间存在一定的相关性。

表 7-4　口译员背景与角色看法的相关性表

问题	相关分析结果	Q11 口译员职责是字对字的翻译	Q12 翻译时没必要揣度讲话人情绪或感受	Q13 口译员交际互动中没有属于自己的声音	Q14 有口译员的帮助，交际双方将更加信任对方	Q15 平衡双方之间的权力差异不是口译员的职责	Q16 口译员需要解决文化差异以便双方实现真正的沟通	Q17 口译员几乎无法做到完全价值中立	Q18 口译员是唯一能控制交际过程的一方	Q19 若弱势一方的权益没有能通过口译伸张则口译即做得不够好	Q20 口译员会打断交际双方
Q2 性别	相关系数	0.226	−0.156	0.019	0.404	−0.199	0.171	−0.078	0.386	0.057	−0.469*
	Sig.（双侧）	0.337	0.512	0.937	0.077	0.399	0.471	0.745	0.092	0.811	0.037
	N	20	20	20	20	20	20	20	20	20	20
Q3 年龄	相关系数	0.506*	−0.028	0.199	−0.267	0.519*	−0.161	−0.084	−0.294	−0.074	0.010
	Sig.（双侧）	0.023	0.905	0.399	0.256	0.019	0.499	0.725	0.209	0.757	0.968
	N	20	20	20	20	20	20	20	20	20	20
Q 4 教育背景	相关系数	−0.016	−0.137	0.279	0.280	0.157	0.294	0.067	−0.066	−0.481*	−0.488*
	Sig.（双侧）	0.948	0.563	0.233	0.231	0.509	0.208	0.779	0.781	0.032	0.029
	N	20	20	20	20	20	20	20	20	20	20
Q5 口译教育类型	相关系数	−0.303	0.043	−0.078	0.351	−0.216	0.237	0.055	0.187	0.035	−0.044
	Sig.（双侧）	0.194	0.857	0.743	0.129	0.360	0.314	0.819	0.430	0.885	0.855
	N	20	20	20	20	20	20	20	20	20	20

（续表）

问题	相关分析结果	Q11 口译员职责是字对字的翻译	Q12 翻译时没必要揣度讲话人情绪或感受	Q13 口译员交际互动中没有属于自己的声音	Q14 有口译员的帮助，交际双方将更加信任对方	Q15 平衡双方之间的权力差异不是口译员的职责	Q16 口译员需要解决文化差异以便双方实现真正的沟通	Q17 口译员几乎无法做到完全价值中立	Q18 口译员是唯一能控制交际过程的一方	Q19 若弱势一方的权益没有能通过口译伸张则口译即做得不够好	Q20 口译员会打断交际双方
Q6 口译教育内容	相关系数	0.356	−0.555*	0.298	0.210	0.168	0.158	0.261	0.357	0.008	−0.246
	Sig.（双侧）	0.124	0.011	0.202	0.374	0.479	0.505	0.266	0.122	0.974	0.295
	N	20	20	20	20	20	20	20	20	20	20
Q7 口译实践经历	相关系数	−0.468*	0.425	−0.329	−0.735**	−0.151	−0.456*	−0.294	−0.462*	0.270	0.531*
	Sig.（双侧）	0.037	0.062	0.156	0.000	0.524	0.043	0.209	0.040	0.250	0.016
	N	20	20	20	20	20	20	20	20	20	20
Q10 收入	相关系数	−0.331	0.101	−0.365	−0.615**	−0.214	−0.461*	−0.121	−0.129	0.295	0.312
	Sig.（双侧）	0.154	0.672	0.113	0.004	0.364	0.041	0.610	0.588	0.207	0.181
	N	20	20	20	20	20	20	20	20	20	20

打“**”，在 0.01 置信水平上（双侧）上显著相关。
打“*”，在 0.05 置信水平上（双侧）上显著相关。

④ 从受访者接受口译教育类型来看，在 0.05 置信水平上（双侧）上和 0.01 置信水平上（双侧）上，Q5 口译教育类型与口译员角色看法之间不存在的相关性。

⑤ 从受访者接受口译教育内容来看，在 0.05 置信水平上（双侧）上，Q6 口译教育内容与 Q12“翻译时没必要揣度讲话人情绪或感受”之间存在一定的相关性。

⑥ 从受访者口译实践经历来看，在 0.01 置信水平上（双侧）上，Q7 口译实践经历与 Q14“有口译员的帮助，交际双方将更加信任对方”之间存在一定的相关性。在 0.05 置信水平上（双侧）上，Q7 口译实践经历与 Q11“口译职责是字对字的翻译”，Q14“有口译员的帮助，交际双方将更加信任对方”，Q16“口译员需要解决文化差异以便双方实现真正的沟通”，Q18“口译员是唯一能控制交际过程的一方”和 Q20“口译员会打断交际双方”等之间存在一定的相关性。

⑦ 从收入来看，在 0.01 置信水平上（双侧）上，收入 Q10 与 Q14“有口译员的帮助，交际双方将更加信任对方”之间存在一定的相关性；在 0.05 置信水平上（双侧）上，收入 Q10 与 Q16“口译员需要解决文化差异以便双方实现真正的沟通”之间存在一定的相关性。

(3) 法庭口译员的角色看法

从受访者对口译员角色评价来看，60%以上受访者同意 Q13“口译员交际互动中没有属于自己的声”音；Q14“有口译员的帮助，交际双方将更加信任对方”；Q15“平衡双方之间的权力差异不是口译员的职责”；Q16“口译员需要解决文化差异以便双方实现真正的沟通”和 Q17“口译员几乎无法做到完全价值中立”的看法。60%以上受访者不太同意 Q11“口译员职

表 7-5　法庭口译员的角色看法表

评 价 选 项	非常不同意	不同意	不一定	同意	非常同意
Q11 口译员职责是字对字的翻译	40%	35%	25%	0%	0%
Q12 翻译时没必要揣度讲话人情绪或感受	15%	55%	15%	15%	0%
Q13 口译员交际互动中没有属于自己的声音	0%	0%	40%	30%	30%
Q14 有口译员的帮助，交际双方将更加信任对方	0%	20%	20%	35%	25%
Q15 平衡双方之间的权力差异不是口译员的职责	0%	0%	25%	30%	45%
Q16 口译员需要解决文化差异以便双方实现真正的沟通	0%	0%	0%	65%	35%
Q17 口译员几乎无法做到完全价值中立	5%	0%	10%	35%	50%
Q18 口译员是唯一能控制交际过程的一方	0%	20%	75%	5%	0%
Q19 若弱势一方的权益没有能通过口译伸张则口译即做得不够好	25%	45%	30%	0%	0%
Q20 口译员会打断交际双方	15%	65%	10%	10%	0%

责是字对字的翻译”;Q12“翻译时没必要揣度讲话人情绪或感受”;Q19“若弱势一方的权益没有能通过口译伸张则口译即做得不够好”和Q20“口译员会打断交际双方”。需要关注的是,75%的受访者对Q18“口译员是唯一能控制交际过程的一方”的评价保持不确定的看法。

① 口译员性别与角色看法

表7-6 口译员性别与角色看法表

Q20 口译员会打断交际双方	Q2 性别		
	男	女	小计
非常不同意	0%	25%	15%
不同意	63%	67%	65%
不一定	13%	8%	10%
同意	25%	0%	10%
非常同意	0%	0%	0%
小计	40%	60%	100%

从性别上对Q20“口译员会打断交际双方”评价来看,92%的女性受访者基本不同意Q20“口译员会打断交际双方”的评价,虽然有63%的男性受访者也基本不同意Q20“口译员会打断交际双方”的评价,但是有25%的男性受访者同意Q20的评价,因此,从性别上对Q20“口译员会打断交际双方”评价来看保持显现。

② 口译员年龄与角色看法

从年龄上对Q11“口译员职责是字对字的翻译”评价来看,年龄20—29岁,30—39岁,40—49岁及60岁以上等四个年龄段受访者基本不同意Q11评价,而50—59岁年龄段67%受访

表 7-7 口译员年龄与角色看法表(一)

Q11 口译员职责是字对字的翻译	Q3 年龄					
	20—29 岁	30—39 岁	40—49 岁	50—59 岁	60 岁以上	总计
非常不同意	33%	86%	17%	0%	0%	40%
不同意	67%	0%	50%	33%	100%	35%
不一定	0%	14%	33%	67%	0%	25%
同　意	0%	0%	0%	0%	0%	0%
非常同意	0%	0%	0%	0%	0%	0%
总　计	15%	35%	30%	15%	5%	100%

表 7-8 口译员年龄与角色看法表(二)

Q15 平衡双方之间的权力差异不是口译员的职责	Q3 年龄					
	20—29 岁	30—39 岁	40—49 岁	50—59 岁	60 岁以上	总计
非常不同意	0%	0%	0%	0%	0%	0%
不同意	0%	0%	0%	0%	0%	0%
不一定	33%	43%	17%	0%	0%	25%
同　意	67%	29%	17%	33%	0%	30%
非常同意	0%	29%	67%	67%	100%	45%
总　计	15%	35%	30%	15%	5%	100%

者对该问题评价为不确定，因此，年龄对Q11"口译员职责是字对字的翻译"评价来看是显现的。

从年龄上对Q15"平衡双方之间的权力差异不是口译员的职责"评价来看，年龄在40—49岁，50—59岁及60岁以上等四个年龄段受访者非常同意Q15评价，而20—29岁和30—39岁年龄段受访者对该问题评价为基本同意，因此，年龄对Q15"平衡双方之间的权力差异不是口译员的职责"评价来看是显现的。

③ 教育背景与口译员角色看法

表7-9　教育背景与口译员角色看法表

	评　价	Q4 教育背景			
		大学	硕士	博士	总计
Q19 若弱势一方的权益没有能通过口译伸张则口译即做得不够好	非常不同意	0%	11%	57%	25%
	不同意	50%	56%	29%	45%
	不一定	50%	33%	14%	30%
	同意	0%	0%	0%	0%
	非常同意	0%	0%	0%	0%
Q20 口译员会打断交际双方	非常不同意	0%	0%	43%	15%
	不同意	75%	67%	57%	65%
	不一定	25%	11%	0%	10%
	同意	0%	22%	0%	10%
	非常同意	0%	0%	0%	0%
总　计		20%	45%	35%	100%

从Q4教育背景对Q19"若弱势一方的权益没有能通过口译伸张则口译即做得不够好"评价来看，博士学历受访者非常

同意 Q19 评价，而大学和硕士学历受访者对该问题评价为基本同意，因此，Q4 教育背景对 Q19“若弱势一方的权益没有能通过口译伸张则口译即做得不够好”评价是显现的。

从 Q4 教育背景对 Q20“口译员会打断交际双方”评价来看，博士学历受访者非常不同意 Q20 评价，而大学和硕士学历受访者对该问题评价为基本不同意，因此，Q4 教育背景对 Q20“口译员会打断交际双方”评价是显现的。

④ 口译教育内容与口译员角色看法

表 7-10　口译教育内容与口译员角色看法表

Q12 翻译时没必要揣度讲话人情绪或感受	Q6 口译教育类型					
	会议口译	法庭口译	医疗口译	通用型口译	其他	总计
非常不同意	11%	50%	0%	0%	100%	15%
不同意	22%	50%	0%	100%	0%	55%
不一定	33%	0%	0%	0%	0%	15%
同意	33%	0%	0%	0%	0%	15%
非常同意	0%	0%	0%	0%	0%	0%
总计	45%	10%	0%	40%	5%	100%

从 Q6 口译教育内容对 Q12“翻译时没必要揣度讲话人情绪或感受”评价来看，不同口译教育内容对口译员角色看法是由一定的影响，100%接受法庭口译、医疗口译及通用型口译教育的受访者不同意 Q12 评价，而 33%的会议口译受访者受访者为基本同意该观点，因此，Q6 口译教育内容对 Q12“翻译时没必要揣度讲话人情绪或感受”评价是显现的。

⑤ 口译实践经历与口译员角色看法

表 7-11　口译实践经历与口译员角色看法表

分类问题	评　价	Q7 口译实践经历					
		1 年以下	1—3 年	3—5 年	5—10 年	10 年以上	总计
Q11 口译员职责是字对字的翻译	非常不同意	0%	0%	67%	75%	25%	40%
	不同意	0%	100%	0%	25%	75%	35%
	不一定	100%	0%	33%	0%	0%	25%
	同意	0%	0%	0%	0%	0%	0%
	非常同意	0%	0%	0%	0%	0%	0%
Q14 有口译员的帮助，交际双方将更加信任对方	非常不同意	0%	0%	0%	0%	0%	0%
	不同意	0%	0%	0%	75%	25%	20%
	不一定	0%	0%	17%	25%	50%	20%
	同意	0%	100%	50%		25%	35%
	非常同意	100%	0%	33%	0%	0%	25%
Q16 口译员需要解决文化差异以便双方实现真正的沟通	非常不同意	0%	0%	0%	0%	0%	0%
	不同意	0%	0%	0%	0%	0%	0%
	不一定	0%	0%	0%	0%	0%	0%
	同意	0%	33%	100%	75%	75%	65%
	非常同意	100%	67%	0%	25%	25%	35%

（续表）

分类问题	评　价	Q7 口译实践经历					
		1 年以下	1—3 年	3—5 年	5—10 年	10 年以上	总计
Q18 口译员是唯一能控制交际过程的一方	非常不同意	0%	0%	0%	0%	0%	0%
	不同意	0%	0%	17%	0%	75%	20%
	不一定	100%	100%	67%	100%	25%	75%
	同意	0%	0%	17%	0%	0%	5%
	非常同意	0%	0%	0%	0%	0%	0%
Q20 口译员会打断交际双方	非常不同意	100%	0%	0%	0%	0%	15%
	不同意	0%	100%	67%	75%	75%	65%
	不一定	0%	0%	17%	25%	0%	10%
	同意	0%	0%	17%	0%	25%	10%
	非常同意	0%	0%	0%	0%	0%	0%
总　计		15%	15%	30%	20%	20%	100%

从Q7口译实践经历对Q11“口译员职责是字对字的翻译”评价来看，100%口译实践1年以下的受访者对Q11评价是不确定，而60%以上的1年以上口译实践者不同意Q11的评价，因此Q7口译实践经历对Q1“口译员职责是字对字的翻译”评价是显现的。

从Q7口译实践经历对Q14“有口译员的帮助，交际双方将更加信任对方”评价来看，口译实践经历在1年以下、1—3年及3—5年受访者基本同意Q14“有口译员的帮助，交际双方将更加信任对方”的观点；而5—10年的受访者基本不同意Q14的观点，因此，Q7口译实践经历对Q14“有口译员的帮助，交际双方将更加信任对方”评价是显现的。

从Q7口译实践经历对Q16“口译员需要解决文化差异以便双方实现真正的沟通”评价来看，67%以上的口译实践经历在1年以下、1—3年的受访者非常同意Q16“口译员需要解决文化差异以便双方实现真正的沟通”的观点；75%左右的口译实践经历在5—10年和10年以上的受访者基本倾向于基本同意该观点，因此，Q7口译实践经历对Q16“口译员需要解决文化差异以便双方实现真正的沟通”评价是显现的。

从Q7口译实践经历对Q18“口译员是唯一能控制交际过程的一方”评价来看，17%的口译实践经历在3—5年的受访者和75%的10年以上口译实践者比较同意Q18“口译员是唯一能控制交际过程的一方”的评价；而100%的1年以下、1—3年及5—10年的口译实践者对此评价是不确定，因此，Q7口译实践经历对Q18“口译员是唯一能控制交际过程的一方”评价是显现的。

从Q7口译实践经历对Q20“口译员会打断交际双方”评价来看，17%的口译实践经历在3—5年的受访者和25%的10年以上口译实践者比较同意Q20口译员会打断交际双方的评价；而67%以上的1年以下、1—3年及5—10年的口译实践者对此评价是不同意，因此，Q7口译实践经历对Q20“口译员会打断交际双方”是显现的。

⑥ 收入与口译员角色看法

表7-12　收入与口译员角色看法表(一)

Q14有口译员的帮助，交际双方将更加信任对方	Q10个人年收入				
	20 000美元以下/年	20 000—40 000美元/年	40 000—60 000美元/年	60 000—80 000美元/年	小计
非常不同意	0%	0%	0%	0%	0%
不同意	0%	0%	30%	33%	20%
不一定	0%	0%	30%	33%	20%
同意	25%	67%	30%	33%	35%
非常同意	75%	33%	10%	0%	25%
小计	20%	15%	50%	15%	100%

从Q10个人年收入对口译员角色看法评价来看，33%左右的年收入在40 000—60 000美元/年和60 000—80 000美元/年基本不同意Q14“有口译员的帮助，交际双方将更加信任对方”的评价；而75%的年收入在20 000美元以下/年和33%的年收入20 000—40 000美元/年的受访者非常同意Q14这一观点，因此，Q10个人年收入对Q14“有口译员的帮助，交际双方将更加信任对方”评价是显现的。

表 7-13　收入与口译员角色看法表(二)

Q16 口译员需要解决文化差异以便双方实现真正的沟通	Q10 个人年收入				
	20 000 美元以下/年	20 000—40 000 美元/年	40 000—60 000 美元/年	60 000—80 000 美元/年	小计
非常不同意	0%	0%	0%	0%	0%
不同意	0%	0%	0%	0%	0%
不一定	0%	0%	0%	0%	0%
同意	20%	25%	90%	67%	65%
非常同意	80%	25%	10%	33%	35%
总计	25%	10%	50%	15%	100%

从 Q10 个人年收入对 Q16“口译员需要解决文化差异以便双方实现真正的沟通”评价来看，80%左右的年收入在20 000美元以下/年的受访者非常同意 Q16 观点；而个人年收入在 20 000—40 000 对 Q16 评价非常同意的只有 25%，个人年收入在 40 000—60 000 对 Q16 评价非常同意的只有 10%和个人年收入在 60 000—80 000 对 Q16 评价非常同意的只有33%，所以，我们判断个人年收入越高对于 Q16 口译员需要解决文化差异以便双方实现真正的沟通评价越保守。因此，Q10 个人年收入对 Q16 口译员需要解决文化差异以便双方实现真正的沟通评价是显现的。

(4) 口译员背景与角色行为的相关性

本研究针对受访者对口译员角色的看法研究，通过 Spearman correlations 分析，我们由 SPSS 分析得出如下结论：

① 从本次调研的背景资料来看，除了受访者性别(Q2)、年龄(Q3)、口译教育类型(Q5)和口译教育内容(Q6)外，其他背景资料如教育背景(Q4)、口译实践经历(Q7)及收入(Q10)等

表 7-14　口译员背景与角色行为的相关性表

问题	相关分析结果	Q21 口译员会小心不去改变讲话人的语气	Q22 口译员会友情提醒译员在用词在文化上不恰当之处	Q23 口译员会尽力补救对方的文化而有失礼之处	Q24 口译员不会为了解释文化差异而打断口译	Q25 口译员经常审查自己的立场是否中立	Q26 口译员更容易和与自己有更多共同点的一方建立信任	Q27 口译员更注重帮助处于弱势地位的一方发出声音	Q28 口译员总是尽力弥补交际中双方的权力不对称	Q29 口译员注重在翻译时表达出讲话人的情绪或情感	Q30 提醒何时轮到某一方讲话不是口译员的职责
Q2 性别	相关系数	0.029	−0.185	−0.102	0.322	−0.134	0.191	−0.203	0.123	−0.314	0.098
	Sig.(双侧)	0.904	0.434	0.670	0.166	0.574	0.421	0.390	0.605	0.178	0.682
	N	20	20	20	20	20	20	20	20	20	20
Q3 年龄	相关系数	0.290	−0.054	−0.045	0.125	0.315	0.141	0.004	−0.408	−0.197	−0.145
	Sig.(双侧)	0.215	0.821	0.851	0.600	0.177	0.552	0.987	0.074	0.405	0.543
	N	20	20	20	20	20	20	20	20	20	20
Q4 教育背景	相关系数	0.029	−0.377	−0.425	0.398	0.337	0.383	−0.461*	−0.197	−0.344	0.386
	Sig.(双侧)	0.902	0.102	0.062	0.082	0.147	0.095	0.041	0.404	0.138	0.093
	N	20	20	20	20	20	20	20	20	20	20
Q5 口译教育类型	相关系数	−0.031	0.095	0.075	−0.015	−0.082	0.001	−0.242	0.322	0.094	0.065
	Sig.(双侧)	0.898	0.691	0.753	0.950	0.730	0.996	0.303	0.166	0.694	0.785
	N	20	20	20	20	20	20	20	20	20	20

（续表）

问题	相关分析结果	Q21 口译员会小心不去改变讲话人的语气	Q22 口译员会友情提醒译员在用词在文化上不恰当之处	Q23 口译员会尽力补救对方的文化而有失礼之处	Q24 口译员不会为了解释文化差异而打断口译	Q25 口译员经常审查自己的立场是否中立	Q26 口译员更容易和与自己有更多共同点的一方建立信任	Q27 口译员更注重帮助处于弱势地位的一方发出声音	Q28 口译员总是尽力弥补交际中双方的权力不对称	Q29 口译员注重在翻译时表达出讲话人的情绪或情感	Q30 提醒何时轮到某一方讲话不是口译员的职责
Q6 口译教育内容	相关系数	0.025	−0.209	−0.150	0.259	0.062	0.228	−0.310	−0.142	−0.403	0.182
	Sig.(双侧)	0.916	0.377	0.527	0.269	0.796	0.335	0.183	0.550	0.078	0.443
	N	20	20	20	20	20	20	20	20	20	20
Q7 口译实践经历	相关系数	−0.328	0.237	0.238	−0.659**	−0.378	−0.234	0.686**	−0.063	0.429	−0.362
	Sig.(双侧)	0.158	0.315	0.312	0.002	0.100	0.321	0.001	0.793	0.059	0.117
	N	20	20	20	20	20	20	20	20	20	20
Q10 收入	相关系数	−0.256	0.114	0.037	−0.607**	−0.266	−0.396	0.460*	0.047	0.417	−0.205
	Sig.(双侧)	0.276	0.631	0.876	0.005	0.258	0.084	0.041	0.844	0.067	0.386
	N	20	20	20	20	20	20	20	20	20	20

打“**”,在 0.01 置信水平上(双侧)上显著相关。
打“*”,在 0.05 置信水平上(双侧)上显著相关。

口译员的角色行为中是否表现为现身之间存在一定的相关性。

② 从教育背景来看，在0.05置信水平上（双侧）上，Q4教育背景与Q27"口译员更注重帮助处于弱势地位的一方发出声音"之间存在一定的相关性。

③ 从受访者口译实践经历来看，在0.01置信水平上（双侧）上，Q7口译实践经历与Q24"口译员不会为了解释文化差异而打断口译"和Q27"口译员更注重帮助处于弱势地位的一方发出声音"等之间存在一定的相关性。

④ 从收入来看，在0.01置信水平上（双侧）上，收入Q10与Q24"口译员不会为了解释文化差异而打断口译"之间存在一定的相关性。在0.05置信水平上（双侧）上收入Q10与Q27"口译员更注重帮助处于弱势地位的一方发出声音"之间存在一定的相关性。

（5）口译员角色行为分析

表7-15　口译员角色行为表

评价选项	非常不同意	不同意	不一定	同意	非常同意
Q21 口译员会小心不去改变讲话人的语气	0%	50%	5%	20%	25%
Q22 口译员会友情提醒用词在文化上不恰当之处	25%	40%	20%	15%	0%
Q23 口译员会尽力补救因不清楚对方的文化而有失礼之处	30%	60%	10%	0%	0%
Q24 口译员不会为了解释文化差异而打断口译	0%	20%	10%	55%	15%
Q25 口译员经常审查自己的立场是否中立	0%	0%	0%	70%	30%

（续表）

评价选项	非常不同意	不同意	不一定	同意	非常同意
Q26 口译员更容易和与自己有更多共同点的一方建立信任	15%	20%	15%	50%	0%
Q27 口译员更注重帮助处于弱势地位的一方发出声音	15%	80%	0%	5%	0%
Q28 口译员总是尽力弥补交际中双方的权力不对称	55%	45%	0%	0%	0%
Q29 口译员注重在翻译时表达出讲话人的情绪或情感	20%	20%	10%	40%	10%
Q30 提醒何时轮到某一方讲话不是口译员的职责	0%	10%	10%	55%	25%

从受访者对口译员角色行为做法评价来看，50%以上受访者基本同意 Q21“口译员会小心不去改变讲话人的语气”；Q24“口译员不会为了解释文化差异而打断口译”；Q25“口译员经常审查自己的立场是否中立”；Q26“口译员更容易和与自己有更多共同点的一方建立信任”；Q29“口译员注重在翻译时表达出讲话人的情绪或情感”及 Q30“提醒何时轮到某一方讲话不是口译员的职责”等口译员角色行为做法的评价。需要关注的是，65%的受访者基本不同意 Q22“口译员会友情提醒口译员在用词在文化上不恰当之处”；Q23“口译员会尽力补救因不清楚对方的文化而有失礼之处”；Q27“口译员更注重帮助处于弱势地位的一方发出声音”和 Q28“口译员总是尽力弥补交际中双方的权力不对称”等口译员角色行为做法的评价。

① 口译员教育背景与角色行为

表 7-16　口译员教育背景与角色行为表

Q27 口译员更注重帮助处于弱势地位的一方发出声音	Q4 教育背景			
	大学	硕士	博士	小计
非常不同意	0%	0%	43%	15%
不同意	100%	89%	57%	80%
不一定	0%	0%	0%	0%
同意	0%	11%	0%	5%
非常同意	0%	0%	0%	0%
小计	100%	100%	100%	100%

从 Q4 教育背景对 Q27“口译员更注重帮助处于弱势地位的一方发出声音”评价来看，100%学历在本科和博士的受访者基本不同意 Q27 评价，而 11%的学历为硕士的受访者基本同意该观点，因此，Q4 教育背景对 Q27“口译员更注重帮助处于弱势地位的一方发出声音”评价来看是显现的。

② 口译员口译实践经历与角色行为

从 Q7 口译实践经历对 Q24“口译员不会为了解释文化差异而打断口译”评价来看，75%以上的口译实践经历 1 年以下、1—3 年、3—5 年及 10 年以上等四个年龄段的受访者基本同意 Q24 评价；而 75% 5—10 年的受访者基本不同意对该问题评价。因此，Q7 口译实践经历对 Q24“口译员不会为了解释文化差异而打断口译”评价来看是显现的。

从 Q7 口译对 Q27“口译员更注重帮助处于弱势地位的一方发出声音”评价来看，100%的口译实践经历 1 年以下、1—3 年、3—5 年及 5—10 年等四个年龄段的受访者基本不同意

表 7-17　口译员口译实践经历与角色行为表

问　　题	评　价	Q7 口译实践经历					
		1 年以下	1—3 年	3—5 年	5—10 年	10 年以上	小计
Q24 口译员不会为了解释文化差异而打断口译	非常不同意	0%	0%	0%	0%	0%	0%
	不同意	0%	0%	0%	75%	25%	20%
	不一定	0%	0%	17%	25%	0%	10%
	同意	0%	100%	83%	0%	75%	55%
	非常同意	100%	0%	0%	0%	0%	15%
Q27 口译员更注重帮助处于弱势地位的一方发出声音	非常不同意	100%	0%	0%	0%	0%	15%
	不同意	0%	100%	100%	100%	75%	80%
	不一定	0%	0%	0%	0%	0%	0%
	同意	0%	0%	0%	0%	25%	5%
	非常同意	0%	0%	0%	0%	0%	0%
小　　计		15%	15%	30%	20%	20%	100%

表 7-18　口译员收入与角色行为表

分类问题	评　价	Q10 个人年收入				
		20 000 美元以下/年	20 000—40 000 美元/年	40 000—60 000 美元/年	60 000—80 000 美元/年	小计
Q24 口译员不会为了解释文化差异而打断口译	非常不同意	0%	0%	0%	0%	0%
	不同意	0%	0%	30%	33%	20%
	不一定	0%	0%	10%	33%	10%
	同意	50%	67%	60%	33%	55%
	非常同意	50%	33%	0%	0%	15%
Q27 口译员更注重帮助处于弱势地位的一方发出声音	非常不同意	50%	33%	0%	0%	15%
	不同意	50%	67%	90%	100%	80%
	不一定	0%	0%	0%	0%	0%
	同意	0%	0%	10%	0%	5%
	非常同意	0%	0%	0%	0%	0%
总　计		20%	15%	50%	15%	100%

Q27评价；而10年以上口译实践经历的受访者除了75%基本上同意Q27观点外，还有25%基本同意对该问题评价。因此，Q7口译对Q27口译员更注重帮助处于弱势地位的一方发出声音评价来看是显现的。

③ 口译员收入与角色行为

从Q10个人年收入对Q24“口译员不会为了解释文化差异而打断口译”评价来看，100%个人年收入在20 000美元以下/年和20 000—40 000美元/年受访者基本同意Q14的评价；而33%的年收入在60 000—80 000美元/年的受访者基本同意该观点，甚至在该收入段受访者中有33%的受访者不同意该观点，因此，Q10个人年收入对Q24“口译员不会为了解释文化差异而打断口译”评价是显现的。

从Q10个人年收入对Q27“口译员更注重帮助处于弱势地位的一方发出声音”评价来看，90%以上的受访者基本不同意Q27观点，但是在40 000—60 000美元/年受访者中有10%是基本同意该观点的，因此Q10个人年收入对Q27“口译员更注重帮助处于弱势地位的一方发出声音”评价是显现的。

(6) 口译员人称使用分析

① 法庭口译员人称使用情况

表7-19 口译员人称使用情况表

使用频率	总是	经常	有时	很少	从不
Q31 翻译证人或被告讲话人称转换			30%	45%	25%
Q32 翻译法官或律师讲话人称转换		10%	30%	45%	15%
Q33 职业用第三人称指代		10%	30%	45%	15%
Q34 被动时态使用			25%	65%	10%

从受访者翻译证人或被告讲话人称转换情况来看，有30％的受访者表示有时会转换第三人称，45％的受访者很少使用人称转换，25％的受访者从不这样做。

从受访者翻译法官或律师讲话人称转换情况来看，10％的受访者表示经常转换人称，有30％的受访者表示有时会转换，45％的受访者很少使用人称转换，15％的受访者从不这样做。从受访者翻译法官或律师讲话时对以其职业第三人称指代情况来看，统计结果与Q32相同。

从被动时态使用来看，75％的受访者很少使用，有25％受访者认为不确定。

② 口译员人称转化原因

表7-20　口译员人称转化原因分析表

人称转化的原因	比重
B. 我不想给那些在法庭上的人留下这样的印象，我通过使用第一人称假装自己是律师和法官。	30％
C. 如果第一人称翻译，证人/被告会认为我是为自己说话，我不希望这样。	25％
A. 使用第一人称翻译辩护律师或法官的讲话令我感到不安，因为在法庭的语境中，他们处在权力更高的层次。	20％
D. 我只是仿效其他口译员的做法。	15％
E. 其他。	10％

表7-18将口译员选择的人称转化原因由多至少进行了排序，可以看出“我不想给那些在法庭上的人留下这样的印象，我通过使用第一人称假装自己是律师和法官”是较多(30％)口译员选择的原因，其次是“如果第一人称翻译，证人/被告会

认为我是为自己说话，我不希望这样”(25%)，再次是“使用第一人称翻译辩护律师或法官的讲话令我感到不安，因为在法庭的语境中，他们处在权力更高的层次”(20%)。

3. 口译员问卷分析

(1) 口译员自身的角色期待

问卷的第二部分Q11到Q20旨在调查口译员对自身的角色期待。从以上对口译员问卷的数据统计(参见表7-5)可见大部分的口译员不赞同“翻译机器”的角色定位，不认为口译员应当在交际中“隐身”，而是应当扮演重要的共同参与者。有少部分口译员赞同“翻译机器”的角色定位，这些口译员受法庭口译行为准则的影响较大，认为口译员在交际中应当“隐身”，只要忠实于原讲话的信息，就出色地完成了口译任务。“传声筒”的角色定位令部分口译员感到很欣慰或安心，他们认为这一角色定位对口译员是一种保护，使口译员对交际的结果免于承担额外的责任。有个别口译员对自身角色不确定，这可能是因为行业组织的角色规范与其口译实践中的角色行为不相符合，使个别口译员感到困惑或不知所措。

(2) 口译员在实践中的角色行为

根据前面角色理论的分析，口译员的角色行为和自身的角色期待可能存在差异，因此本次问卷专门设计了一个部分调查口译员的角色行为。问卷的第三部分Q21到Q30旨在调查口译员在实践中的口译行为/策略。通过数据统计(参见表7-15)可推断，口译员在法庭口译中是“现身”的，并且为促进交际顺利进行做出了积极的努力，绝非传统观念中“隐身”的被动的翻译机器。从口译员对各个口译策略的态度，可以判断大部分口译员通过自身的角色行为尽力弥补双方的文化差异，利用提醒等手段避免双方因文化差异产生误解，但大部分口译员不同意为了解释文化差异而打断双方的交流，这说明口译员将自身角色定位在辅助双方交际，自我呈现度相对较低。此外，更多的口译员倾向于帮助处于弱势地位的一方发出声音，以保障弱势一方的合法权益，这说明口译员意识到法庭或其他司法场域中存在明显的权力不对称现象，口译员所服务的不通当地语言的被告或证人处于弱势地位。但大部分口译员不赞同由译员弥补交际中双方的权力不对称，说明口译员选择尊重法庭场域权力分布的特殊性，而不是力图改变这一状况。

(3) 口译员的人称使用

尽管口译员在培训中已了解使用第一人称进行口译的原则，但是在法庭口译实践中仍有部分口译员有时会使用间接引语。口译员从使用直接引语“隐身”到转换间接引语“现身”，其背后的原因是什么？受到什么样的心理驱使？法庭口译中，口译员口译时采用哪一种人称，更多地取决于讲话人或听众的身份？还是讲话的内容？为了解答这些问题，本次问卷调查专门设计了5个关于人称使用的问题(Q31—Q35)。

前人的研究显示法庭口译员在翻译时使用间接引语作为一种保持距离的策略(a distancing strategy)，表示不对讲话人的言论负责(伯克-塞利格森，1990；Bot，2005；杜斯拉夫和马丁森，2005；梁倩雯和吉本斯，2008)。其中不少学者认为讲话的内容是决定口译员是否采取保持距离的策略的决定性因素，即口译员在翻译具有冒犯性或可能令人不愉快的内容时更多使用间接引语；也有少数学者认为是讲话人的身份而非讲话的内容决定了口译员是否使用间接引语(吴雅珊，2011)。

口译员问卷统计结果(参见表7-19)说明口译员的人称转换可能和讲话人的身份有关,在翻译被告或证人的讲话时,口译员更倾向于使用第一人称,暗示口译员更倾向于和本族语者或弱势的一方结盟;在翻译法官或律师讲话时使用第三人称,可以视作一种疏远或自我保护的策略,暗示口译员不愿为法官或律师所说的内容负责。当讲话可能冒犯信息接收者时,即证人或被告,口译员使用间接引语口译作为一种放弃讲话责任的策略。换言之,口译员将这种使用第三人称的口译策略作为一种自我保护机制,以防万一证人或被告将愤怒的矛头指向自己。这与伯克-塞利格森(1990:116)的观点是一致的。当然,也不排除转换人称的目的仅是为了使证人或被告更容易理解问题。

(4) 口译员惯习对口译的影响

第六章通过布迪厄的社会实践论的视角,分析了惯习对口译的影响,认为惯习贯穿于口译员的内外,既指导口译员在实践的口译行为,又显示口译员的风格和气质;既记载了口译员的工作经验和受教育经历,又在不同的境遇下实现创新。口译员的年龄、性别、教育背景和口译实践都会在口译员的心智中留下一定的痕迹,从而构成口译员的行动倾向。本章利用Spearman相关系数对口译员的背景情况(年龄、性别、学历等)和口译员对自身角色的看法,以及口译员实践中的角色行作了相关性分析。

表7-6至表7-14展示了性别、年龄、教育背景、教育内容、实践经历、收入等因素与口译员自身对角色的看法之间的联系;表7-16至表7-18分析了教育背景、实践经历及收入等因素与口译员角色行为的关联。这些相关性分析验证了口译员

的惯习会对其角色期待和角色行为产生一定影响。性别、年龄、教育背景、教育内容、实践经历、收入等因素都形成了口译员的惯习，经过一定时期的积累，内化为口译员的意识，形成口译员对其所学习的语言和相关文化、风俗、思维等的态度和看法，并去指挥和调动口译员的行为，成为口译员口译行为和口译策略的生成机制。

（二）针对法官、律师的问卷分析

为了解法官、检察官、辩护律师等法律专业人士如何看待口译员在庭审互动中起更加积极的作用，笔者专门设计了针对法官和律师的调查问卷。本研究依托笔者所在的学校与公检法单位的联系以及笔者个人的人脉向有涉外案件处理经验的律师和法官发放问卷，问卷范围以上海地区为主。共计发放问卷 25 份，回收问卷 20 份，其中 7 份问卷在“与法庭口译员合作的次数”处选择“无”，因此，最终有 13 份法官和律师的问卷作为有效问卷列入以下分析范围，其中律师问卷 7 份，法官问卷 6 份。

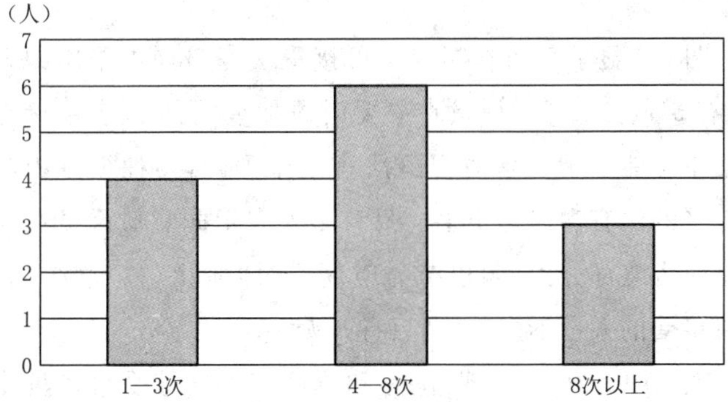

图 7-8　与法庭口译员的合作次数统计

从图 7-8 可以看出参与调查的法官和律师与法庭口译员的合作经验相对较少，只有 3 人有过 8 次以上的经验。这从一个侧面反映了法庭口译在我国的使用并不普及的事实。尽管本次调查的对象都是具有涉外案件处理经验的法律专业人士，结果仍有相当数量的人表示从未和法庭口译员合作过，这是因为涉外民事案件的当事人通常由律师代表出庭，往往只有刑事案件的审理时外籍当事人会亲自出庭，需要法庭口译员的帮助。

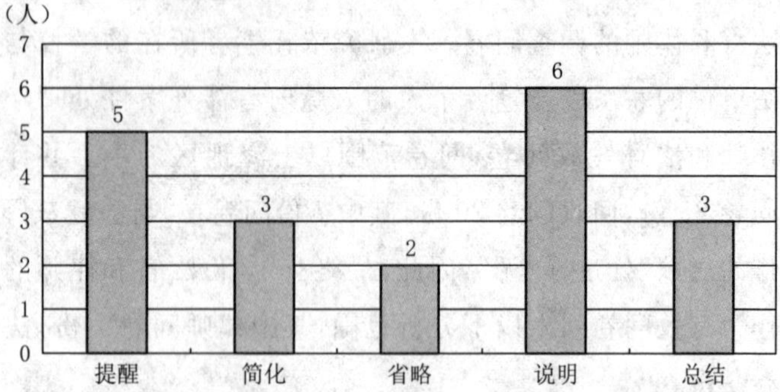

图 7-9　可接受的法庭口译员采用的策略统计

图 7-9 显示在回答问卷中可接受法庭口译员采用的策略时，有 6 人表示同意译员在必要时添加说明，5 人表示接受在对话中可能出现误解时提醒法官或律师，这两种策略相对能够接受的法官和律师更多。只有 2 人表示同意口译员在词不达意时省略部分内容，以节省时间。对“简化”和“总结”表示可以接受的人也不多，分别只有 3 人。

观察图 7-10 可发现，法官和律师最不能接受口译员在翻译被告或证人讲话时省略信息，其次是简化技术语言或解释

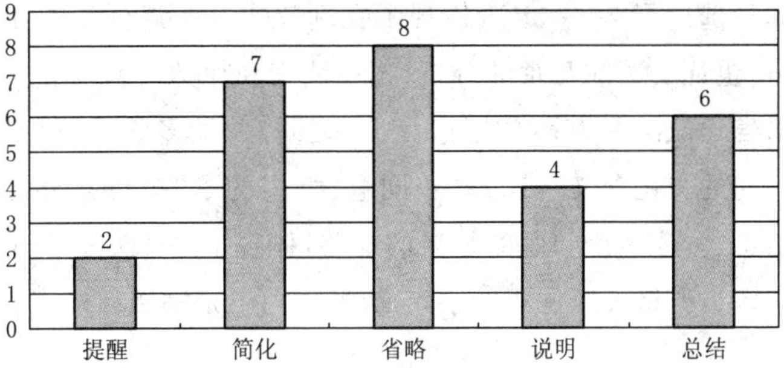

图 7-10　不可接受的法庭口译员采用的策略统计

专业术语。这可能是因为省略可能造成信息不完整，或者口译员对冗余信息的判断可能和法律专业人士不尽相同；而为了便于被告或证人听懂而简化律师或法官讲话中的技术语言或解释专业术语，可能导致法官或律师对证人或被告的回答的可信度产生影响。

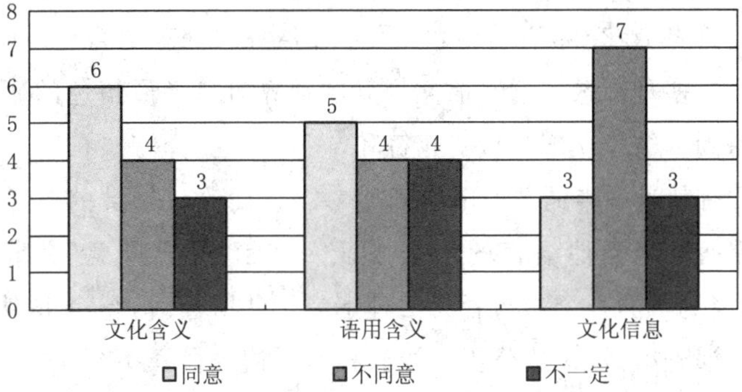

图 7-11　对口译员提供文化和语用信息的态度分析

如图 7-11 所示，对于在翻译时口译员解释某些词句的文化含义，翻出其语用含义以及提供额外的文化信息，部分法官和律师选择了“不一定”,体现了在理解题目时遇到了一定困难,这也证实了前几章的分析,不少法官和律师对跨文化交际和语言学缺乏最基本的了解。选择“同意”最多的是“解释某些词句的文化含义”,选择“不同意”最多的是“提供额外的文化信息”。这两个问题的结果的反差,体现了法律专业人士期望口译员严格按照源语的字句来翻译,而不是添加额外信息。

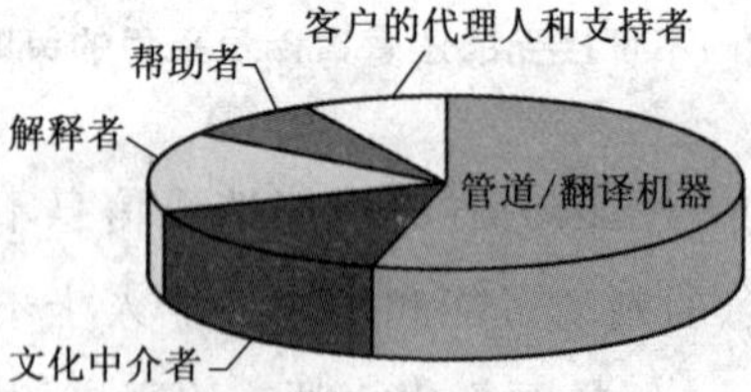

图 7-12 法律专业人士对口译员的角色定位

观察图 7-12 不难发现绝大部分的法律专业人士仍将口译员视为“管道”或“翻译机器”,没有认识到口译员是交际的共同建构者,在交际活动中,口译员需要协调处理语言、文化和社会等多种因素。这与前文提到的学界对口译员角色的研究成果尚未被公众广泛接受相符和。

有超过一半的法官和律师(8 人)在回答口译员的服务对象是否不通当地语言的被告或证人表示“非常同意”。事实上,当庭审的一个参与者无法理解或无法听懂时,整个审判过程会遇到阻碍,司法公正会受到损害。假如翻译不到位,律师想通过战略性的提问引出有利于他的案件的答案的企图将受到阻碍。同样地,不合格的法庭口译也会干扰陪审团判断某个证人是否可信,影响法官对另一种语言呈现的证据的判断。

在回答口译员是否该为交际的成败负责时,6 人选择了

“同意”，3 人选择了“非常同意”。保证口译准确及沟通有效的责任是否都应由法庭口译员一人承担，这个问题值得我们思考。诚然，口译员的水平是决定口译质量的最关键因素，但是如果条件不利，即使是最出色的口译员也无法保证准确的口译。法庭口译的条件包括口译员的译前准备，口译员的工作环境以及所有参与者的话语行为。作为与交际的主要参与者，讲话人有责任表达得清晰有条理，以合理的间隔停顿，避免重复的话语，直接对参与交际的另一方讲话（而非直接对口译员讲话），允许口译员翻完每一段讲话，并将口译员视为交际的参与者，而非被动的翻译机器，允许口译员在必要时要求澄清或解释。法院或律师在雇用口译员时应给口译员提供译前准备的材料，向交际的其他参与者解释口译员的角色，在对话开始时判断对方的教育程度并相应调整语言。

口译员的作用是促进两个或两个以上使用不同语言的人之间的交流。这意味着以尽可能准确、公正和非评判的态度将信息从一种语言传递到另一种语言，使其预期的含义尽可能地被接受者理解。口译员不对任何一方所说的话负责，但负责确保所说的一切都准确地传达到目标语中。从对话的角度来看，单独的某个人无法控制字、词、句的意思。在口头对话中，人们根据词、词的用法、讲话的顺序、语体以及交际参与者的背景来理解对话的意思。口译活动中，口译员利用自己的双语能力帮助主要的对话双方进行沟通，是交际活动中积极的第三方。交际中主要的对话双方，同口译员一样，决定着交际活动的发展方向和结果，应为交际活动的成败负责。

综合分析接受调查的法官和律师的回答，可以发现律师和法官事实上低估了口译工作的挑战性，对口译员的能力抱有一定的怀疑。律师担心其充满智慧与策略的问话,经过口译人员的传述往往变了味,达不到预期的效果。然而,任何成功的口译前提是交际双方对口译员的充分信任,只有交际双方都相信口译员能够将其要表达的意思忠实地传达给对方,正如假设他们自己能说那种语言将会表达的一样,交际才有可能取得成功。

(三)问卷总结

通过对口译员问卷和法官律师问卷的对比,我们发现关于口译员的显身性及口译员对交际活动的积极参与程度,口译员和口译服务对象之间存在分歧,不同口译员也对此持不同观点。这证明了第六章中分析的相互矛盾的角色期待是口译员陷入角色冲突的主要原因。解决这一问题,需要合理的职业规范的支持,也需要对法律专业人士进行教育,使之了解口译活动的复杂性和口译员角色的重要性,而这两点将在第八章中详细探讨。

第二节 法庭口译员的深度访谈研究

一、研究方法

访谈(interview)是一种常用的社会科学研究方法,研究者通过和被研究者交谈的方式来收集研究数据和资料,被广泛应用于社会科学定量和定性研究中。访谈可分为多种类型和用途。根据访谈的进行方式,可以分为直接访谈和间接访谈。其中,直接访谈,即面对面访谈(face-to-face interview),优势是被拒绝率低，效度好；间接访谈主要包括电话访谈（phone interview）和网络访谈（web interview）两种形式，优势是省时、省钱（孙晓娥，2012）。本研究选择的访谈对象为资深法庭口译员，由于访谈对象和笔者不在同一城市，所以选用间接访谈的形式。

本研究中对法庭口译员的问卷调查属定量研究性质，在访谈部分笔者选择了属于定性研究的半结构式访问方式（semi-structured interview），也称为深度访谈（in-depth interview）。在访谈进行之前，根据本研究的问题和目的，笔者设计了访谈大纲作为访谈的提纲和基本框架。在访谈进行过程中，笔者根据实际情况，对访谈问题做了弹性处理，不局限于大纲的访谈顺序，而是针对具体的访谈对象和访谈进展，因时因地改变访谈的问题和重点。同时，受访者也可以发挥主动性，在访谈中左右采访的方向和进程。深度访谈的优点在于它不仅赋予采访者，也给予受访者一定的自由度来共同探讨研究的中心问题（鲁宾，鲁宾，1995）。

二、受访对象背景信息

深度访谈注重访谈的质量，而不是访谈的数量，因此倾向于采用灵活机动的非概率抽样，很少采用概率抽样。由于访谈研究的样本比较小，本研究采用“目的性抽样”的方法来确保访谈的研究对象能为主要研究问题提供最大信息量。此外，考虑到访谈数量有限，在目的性抽样的同时，本研究通过“异质性抽样”来涵盖不同类型的访谈对象，以较大程度地反映和覆盖所研究对象的差异。

为了深入了解法庭口译员对角色的看法及口译实践中的角色行为，本研究选择了两位法庭口译经验在10年以上的一线资深译员进行深度访问。出于深访的“匿名保密原则”，本研究对参加访谈的两位译员的姓名不予公开，对于访谈中提到的具体案件、法院及城市等信息采用模糊处理。

口译员甲，女性，年龄44岁，法律翻译硕士，翻译学博士，资深法庭口译员，同时在G高校教授法律翻译、法庭口译等课程。2005年至今长期担任X省高级人民法院、Y市中级人民法院法庭口译员(连续传译)及裁判文书笔译员，Y市人民检察院提审口译员(连续传译)，参与多起有重大社会影响力的案件庭审工作；同时为多家律所及大型公司提供口笔译服务；参与多市等地方法律法规笔译。

口译员乙，男性，年龄43岁，法律英语学士，法学硕士和博士，蒙特雷国际研究生院高翻学院访问学者，资深法庭口译员，在Z高校教授法庭口译、合同翻译实务、英美合同法等课程。自2008年开始承担警察审讯、律师会见、领事会见、庭审等法庭口译任务120余场。

三、访谈结果的梳理与分析

(一) 法庭口译员的现身问题

1. 是否现身

当被问及“是否赞同法庭口译员是翻译机器”时，两位受访者的回答都是否定的，说明两位口译员都不认为口译员只是翻译机器。口译员甲认为，对法庭口译员的角色定位不能过于简单化，用一个两个词来概括，应从多层次多角度观察。口译员乙认为除了语言服务外，口译员也是交际的中介。在回答“法庭口译员在交际中是否隐身”时，口译员甲回答“主观上我想隐身，但是客观上做不到隐身”。这与问卷调查和理论分析的结果是一致的，即大部分口译员不认为法庭口译员是隐身的翻译机器，而是在交际中起到重要作用，对交际结果可能产生重要影响的交际参与者。

2. 如何现身

法庭口译员的现身有多种形式，本书之前的章节就口译员的人称转换作了详细阐述，访谈中口译员甲表示会在口译中自觉或不自觉地转换人称，口译员乙则表示应坚持第一人称的口译原则，杜绝不规范现象。关于这一点我们会在后面的讨论中详细分析。

除了人称转换，法庭口译员可能以其他形式现身。例如，当被要求举个例子说明法庭口译员在交际中现身的情况时，口译员甲回答，在国内的庭审中口译员常常使用“概括翻译”(summary interpreting)，这种情况下口译员显然是现身的。口译员乙指出：“诸如摘译、漏译、省略等不规范现象在国内法庭口译中比较严重，忠实性较差。例如，中央13台新闻频道对2012年湄公河案件审理进行了转播，庭审涉及4—5种东南亚语言和方言，口译员聘请的是广西民大的老师。其中有不少失误的案例，如被告回答得很长，口译员三言两语就翻完了，存在严重的省译现象。”以上例子说明，法庭口译员的现身形式多种多样，包括人称转换、概括口译、摘译、省略，等等。

3. 现身程度

尽管两位受访者都认为法庭口译员在交际中是现身的，但是后续的问答揭示，口译员倾向于选择“弱现身”，而对“强现身”持保留看法。当被问及“假如您发现处于弱势地位的当事人的权利受到压抑，或当事人受到不公正待遇，您会否选择现身干预交际”时，口译员甲果断地表示，“我不会干预，法庭口译员不能超出自身的角色”。说明口译员对干预庭审的“强现身”表示抵触，其原因是出于担心受到律师的抵制。无独有偶，口译员乙也同样表示不会选择当场对他人提出质疑的“强现身”。

在回答另一个问题“如果在法庭口译中遇到文化差异，您是否会增加解释或打断，干预交际”时，口译员乙表示：“在庭审过程中，我不会打断或以其他方式干预，庭审全程由书记员记录，并录音录像存档，我作为口译员不能说不符合口译员身份的话。但遇到这种情况，我一般会事前与法官交流，或者事后私下和法官沟通，提醒处理涉外案件的法官。”这再次证明口译员不倾向于选择干预庭审的“强现身”方式，而更赞同事前或事后与法官沟通的“弱现身”形式。

4. 为何现身

通过访谈，我们发现法庭口译员的现身原因有多种。在有些情况下，口译员出于自身的判断，主动选择现身。如发现原语中存在冗余或重复信息，口译员可能主动对原语进行提炼和整编，在没有其他外部影响因素制约的情景下，进行概括口译(余蕾，2018)。这属于口译员的“主动现身”。

除此之外，也存在“被动现身”，包括法官、检察官和律师等参与庭审的法律专业人对法庭口译员进行言语施压、要求其进行概括口译的(余蕾,2018)。口译员甲提到在其多年的法庭口译实践中“除了被告人以外,包括法官、律师在内的其他人都要求过口译员进行概括翻译”,例如,审判长以“翻译,刚才律师陈述的辩护意见你简略翻译主要大意就可以了,不必句句翻译”,或公诉人以“现在进行合并举证。翻译,等全部证据出示完以后你再翻译,每组证据翻译证明要点就可以了”等明确的指示要求口译员进行概括翻译。

口译员乙在访谈中回忆:“在看守所里法官主持下的外国领事与外国当事人的会见中,很多涉及案件事实或法律证据的东西是不能翻的,自由裁量权取决于法官,法官认为可以翻的东西,口译员才能翻,而不是单纯地遵守‘忠实’的翻译原则。口译员是法院聘用的,受雇于法院,所以也服务于法官。”这说明口译员乙在实践也经常遇到“被动现身”的情况。

5. 何时现身

从访谈中,我们得知口译员甲在庭审过程中出于种种原因,会选择概括翻译或者人称转换等翻译策略,这些做法都属于法庭口译员在庭审中“现身”,而不再是透明的、隐身的翻译机器。相比之下,口译员乙对在庭审过程中“现身”持较为保守的态度,认为庭审过程中口译员不能做逾越角色的行为,但表示:“在庭审或会见结束后,没有录音录像的环节,当事人或外方领事想和法官沟通时,我会尽力耐心地帮助他们多与法官沟通。”两位口译员的回答说明在“何时现身”的问题上,法庭口译员因人而异。

(二) 法庭口译员的中立立场

访谈中一个重要的问题是“法庭口译员是否能做到完全中立”。对此,口译员甲表示在实践中很难做到完全中立。口译员乙回答:“人都是有感情的,被羁押人员处于弱势地位,如遭到不公平待遇,口译员难免会对其产生同情,但是口译员不能说不该说的话。”两位口译员对中立问题的不同看法可能和性别有一定关联。女性往往比男性更情绪化,当交际一方处于明显弱势,或交际中发生激烈冲突或对抗时,女性口译员的情绪可能更容易受到影响,导致其立场的细微变化。

(三)法律从业人士及证人、被告对口译员的角色期待

在回答“法官、律师等对法庭口译员角色的看法是否和口译员自身的看法一致”时,两位的回答都是肯定的。口译员甲认为法官、律师等对法庭口译员角色的看法和口译员自身的看法差别非常大,很多法官和律师的对法庭口译员角色的看法很不成熟。口译员乙指出,有时在律师会见时,语言不通的当事人处于弱势,很容易对口译员在情感上产生亲近感,往往会问口译员一些法律上的建议,口译员即使知道也不能说,也不能越过口译员的角色。正如第六章中分析的,这些相互矛盾的角色期待可能使口译员陷入角色冲突,妨碍口译员的正常角色行为,导致工作绩效降低,需要设法减少和消除。

口译员乙还指出法官和律师有时会对口译员期待更多,超出单纯的语言转换角色。口译员乙举例说,当案件涉及外国当事人,他会向法官解释对象国的法律背景。口译员乙的这个做法说明他认为文化差异可能会对双方的顺利交际产生影响,因此口译员除了需要承担语言转换的任务外,也要扮演文化中介的角色。

(四)不同口译员的认知差异

从对两位法庭口译员的访谈我们发现,不同的口译员对自身的角色期待以及实践中的角色行为有所差异。例如,在是否使用人称转换的问题上，口译员甲回答有时会自觉不或自觉地转换人称，原因是不想给那些在法庭上的人留下这样的印象，口译员通过使用第一人称假装自己是律师和法官。而口译员乙则认为人称转换在法庭口译中属于不可取的不规范做法，指出在翻译证人或当事人讲话时用第三人称“他说……”属于用语不规范。第三人称只用在口译员自己提出要求时，可以说“The interpreter requests ...”，翻译当事人的讲话时应当使用第一人称。因为在证据法上，使用第三人称属于传闻证据(hearsay)，不能作为言辞证据采信。两位口译员对人称转换的不同看法与各自的教育背景不无关系，口译员甲是学翻译出身，因此对翻译中的灵活处理更能接受。口译员乙攻读的硕士和博士学位都是法律方向的，因此更倾向于遵循法律的规定，认为人称转换可能引起法律上的问题。

教育是形成惯习的重要元素之一。两位口译员的教育背景对他们对口译员的角色期待和角色行为产生影响，导致他们作出不同的选择，印证了前面章节阐述的“口译员的惯习贯穿于口译员的内外，既指导口译员在实践的口译行为，又显示口译员的风格和气质”。教育培训经过一定时间的积累，深入口译员深层的心态结构中，逐渐内化为口译员的意识，形成口译员对其所学习的语言和相关文化、风俗、思维等的态度和看法。

惯习是行为者在社会世界中各种体验的结果，这些体验会在行为者的心智中留下一定的痕迹，从而构成行为者的行动倾向。除了教育培训，工作经历也是形成口译员惯习的重要元素。在受访中，口译员乙回忆在W大学参加法律翻译研讨会时，有人提出如果在警察审讯中发现有侵犯人权的行为，口译员应该怎么做。口译员乙认为法庭口译员的角色在庭审中是语言专家，享受专家证人的权利，也应遵守专家证人的义务，即使意识到这种情况（侵犯人权）的存在，也不适宜指出。而同时在场的一位退休后从事法庭口译的奥地利法官对此表示了不同意见，认为如发现庭审中不合规范，妨碍公正的现象，口译员应当及时指出。由于具有多年从事法律工作的经历，这位退休法官对庭审或审讯的规范和语言不当更加敏感，而庭审中的语言规范本身就体现对人权的尊重和保障。因此，这位退休法官在担任口译员时会选择指出妨碍公正的现象。这也证明了前面章节分析的“口译员的惯习直接影响他对口译的态度和看法、他对口译员角色的认知以及在口译中使用的口译策略”。

第八章　结　　论

第一节　研究总结

我们认为，尽管都属于处理高度复杂信息的个体，法庭口译员与其他口译员，尤其是与会议口译员相比，法庭口译员所具有的人际关联性和社会属性更加强烈；在语际交流的三方互动中，由于不断嵌入的人际关系因素，并且渗透着彼此不同的法律文化和制度等因素，法庭口译员的角色研究具有特殊的意义。

本书打破口译研究相对封闭的视野，以翻译学、社会学和社会语言学理论为主线，对法庭口译员角色进行深度透析和积极探索。随着翻译研究"作者中心论——文本中心论——译者中心论"三种范式的更替，译者的身份也发生了相应的变迁，从"隐形人"到"忠实的仆人"再到"积极的建构者"，译者"隐身"的迷思得到破解，"忠实"和"中立"的内涵得到重新解读。在法庭口译中，翻译时人称的转换是口译员现身的主要表现之一，这样做可能是口译员对法庭权力不对称的反应，也可能是口译员对听者的反应。社会语言学的参与框架理论可帮助我们更好地理解在发声者、作者和责任者之间的角色切换。司法场域的权力关系，交际参与者拥有的资本和法庭口译员在实践中积累形成的惯习都对口译员的角色行为产生影响。口译员角色行为和法庭口译角色规范不一致，口译员自身的角色期待与用户的角色期待相冲突，使口译员陷入角色冲突。探究角色冲突的根源，从根源入手，可为角色冲突的内解决和外解决提供可行方法。

只有法庭口译员自身和用户都充分认识到口译员的主体地位，承认口译员是交际的积极建构者的地位，赋予法庭口译员一定的自由裁量权，在必要时有权根据自己的判断解释、调整或打断话轮，才能正确发挥其主观能动性和创造性，使口译活动取得良好的效果。每个口译员在扮演法庭口译员的角色的同时，也在塑造法庭口译员的角色，应允许口译员彰显自身角色，对意义进行协调，促成交际活动顺利进行，以满足交际各方的期待。

从历时的角度看，社会对口译员所赋予的期望是一个变化发展的过程；这一变化过程是与社会的进步相适应的。总体来看，口译员角色经历着由“隐形”向“交际参与者”的转向，由“鹦鹉学舌”的简单角色向具有能动性的复杂角色演进的过程。

从共时的角度看，口译员在不同的场合下的角色行为有所不同。互动是一个动态的过程，在互动过程中各参与者的角色在不断地转化。同样地，口译员在互动中不断在改变和适应，口译员的角色是动态的。即便是同一口译场合，如法庭口译，庭审前律师和当事人沟通，及庭审交叉质询环节律师向证人提问时，口译员扮演的角色也不一样。可以说，口译员一直在根据交际目的不断地作出决定并解决问题，在单纯的字对字的翻译和摆脱文字束缚的自由翻译之间寻找一种平衡。

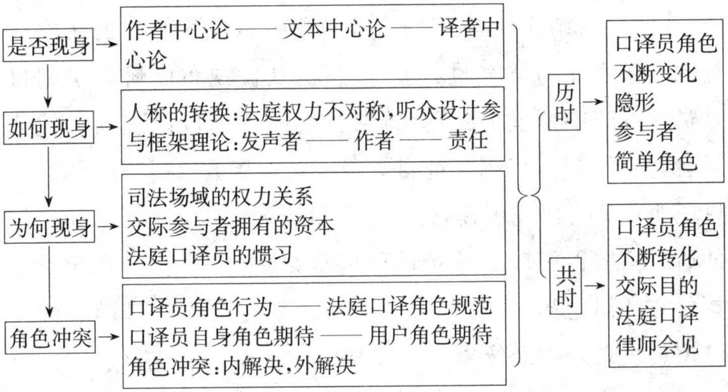

图 8-1　法庭口译员角色研究结论

第二节　研究局限及对后续研究的建议

一、研究局限

本研究从翻译学、社会语言学及社会学等多个视角，探索法庭口译员角色，力图深层、立体地剖析法庭口译员对交际活动的影响和其角色行为背后的动因，以期为法庭口译实践、法庭口译员专业教育和职业发展提供一定参考。在研究方法上使用三角测量法，以理论分析为主，并辅以问卷调查和深度访谈。但是，由于口译活动涉及的变量众多，法庭口译现场的材料和数据收集困难等原因，导致本研究难免存在一些遗憾。

加之笔者的学识水平、专业知识范围、研究能力和统计水平相对有限，使得本研究仍存在一些局限和不足，主要表现在以下几个方面。

第一个局限性是本研究未能获得授权使用真实的法庭口译现场录音作为研究材料。应当说，从微观角度研究法庭口译员在庭审中扮演的角色，选取真实的法庭口译现场录像或录音，然后转写，根据研究目标确定观察指数，统计分析数据，以证明或证否研究假设，受到不少研究者青睐，如 Berk 和黑尔的研究都取得了颇有价值的研究成果，并产生重要影响。在本研究计划之初，笔者也考虑设法采集使用法庭口译的涉外庭审现场录音或录像作为研究材料，进行实证分析。但是，由于我国司法系统的相关规定以及涉外案件可能涉及外交等因素的敏感性，最终无法获得可用于研究的法庭口译现场录音或录像，所接触到的数量有限的录音或录像材料也仅限于口译员个人使用，无法获得官方机构的使用授权。鉴于这一现实情况，笔者决定修改研究计划，不以对法庭口译对话进行微观话语分析作为主要研究方法，而转向更为宏观的分析，并辅以口译员、用户等的问卷调查，以及口译员的深度访谈，探究法庭口译员角色。

第二个局限性是本研究调查的口译员数量有限，涉及的地区和语种相对单一。与会议口译相比，法庭口译的使用范围比较有限，这也给本研究的问卷调查和深度访谈带来一定困难。为了克服这一困难，笔者首先寻找国际性或地区性的法庭口译行业组织，利用这些组织官方公布的法庭口译员联系方式发放问卷；在没有法庭口译行业组织的地区，笔者寻找承接法庭口译业务的较大的翻译公司，通过翻译公司发放问卷；

在以上两种方法都不可行的地区，通过笔者的个人联系，寻找有法庭口译经验的口译员进行问卷调查。尽管有以上的种种努力，本研究最终获得的研究样本数量仍然比较有限，离真正统计学意义上要求的样本数量还有一定距离。例如，本研究在问卷调查部分只收集到23名法庭口译员的问卷，其中有效问卷20份，涉及工作语言包括英语、中文、西班牙语等。参加调查的人数和涉及语种的局限性可能会影响到研究结果的准确性，这一点有待在后续研究中提高。

第三个局限性体现在调查样本的抽取方法上。本研究在收集问卷调查数据时，由于笔者个人能力、时间、经费有限，没能采取自由随机抽样，而是采用非概率抽样中的便利抽样和滚雪球抽样。这种样本收集方式的局限性可能导致样本代表性不足，从而对研究结果造成一定影响。在后续的研究中，可通过采用多种抽样方式来弥补这一不足。

二、研究展望

为了弥补本研究的种种遗憾，未来的法庭口译员角色研究可考虑从以下几个方面开展。

第一，进行更深入更细致的个案研究。本研究认为口译员在口译实践中的行为并不是发生在真空中的，而是受到口译活动所在场域的限制，同时也受口译员的惯习、资本等因素的影响。判断法庭口译员在交际活动中扮演的角色，不仅需要考虑到法律场域的特殊性，也需要分析特定口译员的出身、教育背景、价值观等情况。个案研究法，作为一种最直接、最简单的研究方法，可以对一个人的心理发展过程进行较系统全面的研究。因此，对某个法庭口译员进行较长时间的连续调查，运用观察、面谈、收集文件证据、描述统计、测验、问卷、图片、录像资料等方法，广泛收集有关资料，详细了解、整理和分析各种内在和外在因素的相互关系的个案研究方法，有利于形成对法庭口译员角色更加深入全面的认识。

第二，以某个机构为研究基地，对该机构的法庭口译员进行跟踪调查，以共时和历时的视角进一步探索法庭口译员角色问题。借鉴人类学的田野调查法，选择较有特色或较有代表性的机构作为研究基地，以参与观察为主要手段，研究该机构中法庭口译员角色。例如，研究者可通过挂职项目，进入某个法院工作一段时间的机会，深入了解该法院的法庭口译使用情况，也可以通过提供翻译服务，与某个法院或某家翻译公司合作，以便有机会长时间、近距离地了解法庭口译员的工作状况。深入的参与观察要求调查者要与被调查对象共同工作或生活一段时间，理想状态是一年到两年的时间，这意味着研究者所需花费的时间和精力是非常可观的。当然时间和精力的付出很可能产出非常有意义的研究成果。较长时间的参与观察可以帮助研究者从历时的角度分析同一口译员对法庭口译员角色认知上的变化，以及这些变化可能对其口译行为产生的影响。同时，在某个机构的细致的参与观察也可以使研究者了解不同的法庭口译员的工作情况，以共时的角度比较不同口译员对法庭口译员角色的不同认识，以及他们在口译实践中的不同选择。

第三，尝试多种手段采集英汉法庭口译现场数据。由于我国司法系统的相关规定和涉外案件审理可能涉及外交的敏感性，本研究最终未能收集到可用于研究的一定数量的真实法庭口译录音或录像。在今后的研究中，研究者不妨尝试更多手段弥补这一遗憾。例如，据笔者了解，我国香港地区的不少法庭审理使用法庭口译服务，并且法庭审理笔录对普通市民开放，可提供案件号申请查询。不过，香港地区法庭口译多为外语和粤语的互译，所以研究者不仅要精通外语，也要精通粤语，才能对法庭口译对话作深入分析。此外，美国和澳大利亚等法庭口译较为发达的国家，法庭口译的使用更为广泛，也可在一定条件下向研究者提供法庭口译录音或录像，以供研究使用。研究者可以访问学者的身份，到具有一定法庭口译研究基础的高校，通过这些高校或学者的资源获得所需资料。美国也有学者尝试建立小型的法庭口译语料库，供研究者使用，当然，研究的前提是研究这必须熟悉语料库所搜集的语料的工作语言。

参 考 文 献

［1］Akeeshoo，A. 1993. Legal Interpreting in Canada's Eastern Arctic［J］，Meta，(1)：35-37.

［2］Altman，J. 1990. What Helps Effective Communication? Some Interpreters' Views［J］. The Interpreters' Newsletter，(3)：23-32.

［3］Anderson，R. B. Perspectives on the role of interpreter［A］. In F. Pöchhacker & M. Shlesinger(eds.). The Interpreting Studies Reader［C］. London：New York：Routledge，1976/2002：208-217.

［4］Angelelli，C. 2004. Revisiting the Interpreter's Role：A Study of Conference，Court，and Medical Interpreters in Canada，Mexico，and the United States［M］. Amsterdam. Philadelphia：John Benjamins Pub. Co.

［5］Angelelli，C. 2001. Deconstructing the invisible interpreter：a critical study of the interpersonal role of the interpreter in a cross-cultural/linguistic communicative event［D］. Unpublished Ph.D. thesis，Stanford University.

[6] Angermeyer, P. S. 2005. Who is "you"? Polite forms of address and ambiguous participant roles in court interpreting[J]. Target, (2):203-226.

[7] Angermeyer, P. S. 2009. Translation style and participant roles in court interpreting[J]. Journal of Sociolinguistics, (1): 3-28.

[8] Bastin, G. Latin American Tradition[A]. In Routledge Encyclopedia of Translation Studies[C]. Mona Baker, (ed.). London: Routledge, 2001:505-512.

[9] Bell, A. 1984. Language style as audience design[J]. Language in Society, (2):145-204.

[10] Benmaman, V. 1992. Legal interpreting: an emerging profession[J]. The Modern Language Journal, (4):445-454.

[11] Bennett, W. L. & Feldman, M. S. 1981. Reconstructing Reality in the Courtroom[M]. London: Tavistock.

[12] Berk-Seligson, S. 1990. The Bilingual Courtroom: Court Interpreters in the Judicial Process[M]. Chicago: University of Chicago Press.

[13] Berk-Seligson, S. 1999. The impact of court interpreting on the coerciveness of leading questions[J]. Forensic Linguistics, (1):30-56.

[14] Berk-Seligson, S. 2000. Interpreting for the police: issues in pre-trial phases of the judicial process[J]. Forensic Linguistics, (2):212-237.

[15] Berk-Seligson, S. 2002. The Bilingual Courtroom: Court Interpreters in the Judicial Process: with a New Chapter

[M]. Chicago: University of Chicago Press.

[16] Berk-Seligson, S. Court Interpreting[A]. In K. Brown (Ed.), Encyclopedia of Language & Linguistics [C]. Oxford: Elsevier, 2006:262-269.

[17] Bochner, S. 1981. The mediating person: bridges between cultures [M]. Cambridge: Schenkman.

[18] Bourdieu, P. 1977. Outline of a Theory of Practice[M]. 1st ed. Vol.XVI. Cambridge: Cambridge University Press.

[19] Bourdieu, P. 1986. The struggle for symbolic order[J]. Theory, Culture and Society, (3):35-51.

[20] Bourdieu, P. 1989. Social Space and Symbolic Power [J]. Sociological Theory, (1):14-25.

[21] Bourdieu, P. 1990. The Logic of Practice [M]. Cambridge: Polity Press.

[22] Bourdieu, P. 1993. The Field of Cultural Production: Essays on Art and Literature[C]. Cambridge: Polity Press.

[23] Bourdieu, P. The Forms of Capital [A]. In A. H. Halsey et al. (eds.). Education: Culture, Economy, and Society [C]. Oxford & New York: Oxford University Press, 1997:46-58.

[24] Bourdieu, P. & L. J. D. Wacquant. 1992. An Invitation to Reflexive Sociology[M]. Chicago: University of Chicago Press.

[25] Brown, P. & Levinson, S. 1987. Politeness: Some Universals in Language Usage[M]. Cambridge: Cambridge University Press.

[26] Canadian Translators and Interpreters Council(CTIC) http://www.synapse.net/~ctic/e_certif.htm(7 Sep. 2017).

[27] Chace T.D. 2014. Redefining the Role of the Community Interpreter—The Concept of Role-Space [M]. Continuum Intl Publishing Group.

[28] Cheung, A. K. F. 2012. The use of reported speech by court interpreters in Hong Kong[J]. Interpreting: International Journal of Research & Practice in Interpreting, (1):73-91.

[29] Ckson, S. & Schuler, R. S. 1985. A Meta-analysis and Conceptual Critique of Research on Role Ambiguity and Role Conflict in Work Settings[J]. Target, (03):16-17.

[30] Colin, J. & Morris, R. 1996. Interpreters and the Legal Process[M]. Winchester: Waterside Press.

[31] Cotterill, J. 2003. Language and Power in Court[M]. New York: Palgrave Macmillan.

[32] Colin, J. & Ruth M. 1996. Interpreters and the Legal Process[M]. Winchester: Waterside Press.

[33] Conley, M. John & O'Barr, William. 1998. Just Words: Law, Language and Power[M]. Chicago: The University of Chicago Press.

[34] Cooke, M. Aboriginal evidence in the cross-cultural courtroom[A]. In D. Eades(ed.). Language in Evidence Issues Confronting Aboriginal and Multicultural Australia[C]. Sydney, NSW: University of New South Wales Press, 1995:55-96.

[35] Corsellis, A. 2008. Public service interpreting: The first steps[M]. Basingstoke, UK: Palgrave Macmillan.

[36] Davidson, B. 2000. The Interpreter as Institutional Gatekeeper: The Social-linguistic Role of Interpreters in Spanish-

English Medical Discourse[J]. Journal of Sociolinguistics,(3):379-405.

[37] De Jongh, E. M. 1992. An Introduction to Court Interpreting: Theory & Practice[M]. Lanham, Md.: University Press of America.

[38] De Jongh, E. M. 2008. Court interpreting: linguistic presence v. linguistic absence[J]. Florida Bar Journal, (7):21-32.

[39] Dubslaff, F. & Martinsen, B. 2005. Exploring untrained interpreters' use of direct versus indirect speech[J]. Interpreting: International Journal of Research & Practice in Interpreting, (2):211-236.

[40] Eades, D. 1995. Cross examination of Aboriginal children: the Pinkenba case[J]. Aboriginal Law Bulletin, (75):10-11.

[41] Eades, D. 2000. I don't think it's an answer to the question: silencing Aboriginal witnesses in court[J]. Language in Society, (29):161-195.

[42] Fairclough, N. 1989. Language and Power[M]. London: Longman.

[43] Foucault, M. 1977. Discipline and Punish: The Birth of the Prison[M]. New York: Pantheon Books.

[44] Fenton, S. The role of the interpreter in the adversarial courtroom[A]. In S. E. Carr, R. P. Roberts, A. Dufour & D. Steyn(eds.), The Critical Link: Interpreters in the Community [C]. Amsterdam: John Benjamins Pub. Co., 1997:29-34

[45] Fowler, Y. The courtroom interpreter: paragon and intruder? [A] In S. E. Carr, R. P. Roberts, A. Dufour & D. Steyn

(eds.), The Critical Link: Interpreters in the Community[C]. Amsterdam; Philadelphia: John Benjamins Pub. Co., 1997: 191-200

[46] Gentile, A., Ozolins, U., & Vasilakakos, M. 1996. Liaison Interpreting: A Handbook[M]. Carlton South, Vic., Australia: Melbourne University Press.

[47] Gibbons, J. 2003. Forensic Linguistics: an Introduction to Language in the Justice System[M]. Oxford: Basil Blackwell.

[48] Gibbons, J. Questioning in common law criminal courts [A]. In J. Gibbons & M. T. Turell(eds.), Dimensions of Forensic Linguistics[C]. Amsterdam; Philadelphia, PA: John Benjamins Pub. Co., 2008:115-130.

[49] Giles, H., & Smith, P. Accommodation theory: Optimal levels of convergence[A]. In H. Giles & R. St. Clair(eds.), Language and Social Psychology[C]. Oxford: Blackwell, 1979: 45-65.

[50] Giles, H., Coupland, N., & Coupland, J. Accommodation theory: communication, context, and consequence[A]. In H. Giles, J. Coupland & N. Coupland(eds.), Contexts of Accommodation: Developments in Applied Sociolinguistics[C]. Cambridge: Cambridge University Press, 1991:1-68.

[51] Goffman, E. 1974. Frame Analysis[M]. Cambridge, MA: Harvard University Press.

[52] Goffman, E. 1981. "Footing" in Forms of Talk[M]. Oxford: Basil Blackwell.

[53] Goffman, E. 1981: Forms of Talk[M]. Oxford: Basil

Blackwell.

[54] Gonzalez, R. D., Vasquez, V. F., & Mikkelson, H. 1991. Fundamentals of Court Interpretation: Theory, Policy, and Practice[M]. Durham, N.C.: Carolina Academic Press.

[55] Grice, Herbert P. Logic and Conversation[A]. In Cole, P./Morgan J.L.(eds.), Syntax and Semantics 3: Speech Acts[C]. New York: Academic Press, 1975:41-58.

[56] Hale, S. 1999. Interpreters' treatment of discourse markers in courtroom questions[J]. Forensic Linguistics, (1): 57-82.

[57] Hale, S. 2002. How faithfully do court interpreters render the style of non-English speaking witnesses' testimonies? A data-based study of Spanish-English bilingual proceedings[J]. Discourse Studies, (1):25-47.

[58] Hale, S. Themes and methodological issues in court interpreting research[A]. In E. Hertog & B.V.D. Veer(eds.), Taking Stock: Research and Methodology in Community Interpreting [C]. Antwerp: Hoger Instituut Voor Vertalers & Tolken, 2006: 205-228.

[59] Hale, S. The need to raise the bar: court interpreters as specialized experts[A]. In M. Coulthard & A. Johnson(eds.), Routledge Handbook of Forensic Linguistics[C]. Abingdon; New York: Routledge, 2010:440-454.

[60] Hale, S., & Gibbons, J. 1999. Varying realities: patterned changes in the interpreter's representation of courtroom and external realities[J]. Applied Linguistics, (2):203-220.

[61] Hale, S. 2004. The Discourse of Court Interpreting[M]. Amsterdam/Philadelphia: John Benjamins.

[62] Hale, S. 2007. Community Interpreting [M]. New York: Palgrave MacMillan.

[63] Hale, S. Controversies over the role of the court interpreter [A]. In Valero-Garcés, Carmen/Martin, Ann (eds.), Crossing Borders in Community Interpreting: Definitions and dilemmas [C]. Amsterdam/Philadelphia: John Benjamins, 2008: 99-121.

[64] Hansen, G.2005[2017-10-05]. Qualitative and quantitative research and empirical translation studies [J/OL]. http://www.est-translationstudies.org/resources/research.html.

[65] Harris, B. 1990. Norms in interpretation[J]. Target, (1):115-119.

[66] Herbert J. Rubin & Irene S. Rubin. Qualitative Interviewing: the Art of Hearing Data[M]. Thousand Oaks, CA Sage Publications, Inc. 1995.

[67] Hermann, A. Interpreting in antiquity [A]. In Pochhacker, F. & Shlesinger, M. (eds.), The Interpreting Studies Reader[C]. London: Routledge, 1956/2002:15-22.

[68] Hermans, J. & José Lambert. 1998. From translation markets to language management: The implications of translation services[J]. Target, (1):113-132.

[69] Herraez, J. M. O. & Rubil, A. I. F. Interpreting in Police Settings in Spain: Service Providers' and Interpreters' Perspectives [A]. In Valero-Garces, C. and Martin, A. (eds).

Crossing Borders in Community Interpreting: Definitions and Dilemmas[C]. Amsterdam/Philadelphia: John Benjamins, 2008: 123-146.

[70] Hewitt, W. E. 1995. Court Interpretation: Model Guides for Policy and Practice in the State Courts[M]. Williamsburg, VA: National Center for State Courts.

[71] Hsieh, E. 2008. "I am not a robot!" interpreters' views of their roles in health care settings[J]. Qualitative Health Research, (10):1367-1383.

[72] Hsieh, E. 2007. Interpreters as co-diagnosticians: Overlapping roles and services between providers and interpreters [J]. Social Science and Medicine, (64):924-937.

[73] Hymes, D. 1974. Foundations of Socioloinguistics: An Ethnographic Approach[M]. Philadelphia: University of Pennsylvania Press.

[74] Inghilleri, M. 2003. Habitus, Field and Discourse: Interpreting as a Socially Situated Activity[J]. Target, (2):262-276.

[75] Inghilleri, M. 2005. Mediating Zones of Uncertainty: Interpreter Agency, the Interpreting Habitus and Political Asylum Adjudication[J]. The Translator, (1):69-85.

[76] Inghilleri, M. 2012. Interpreting Justice: Ethics, Politics and Language[M]. London/New York: Routledge.

[77] ITIA. 2009. ITIA Code of Ethics for Community Interpreters. Irish Translators' and Interpreters' Association[OL]. http://www.translatorsassociation.ie/component/option,com_docman/task,cat_view/gid,21/Itemid,61/.

[78] Jacobs, F. & Robin W. 1996. The European Convention on Human Rights[M]. Oxford: Clarendon Press.

[79] Jacobsen, B. 2002. Pragmatic Meaning in Court Interpreting: An empirical study of additions in consecutively-interpreted question-answer Dialogues [D]. PhD Thesis. The Aarhus School of Business.

[80] Jacobsen, B. 2008: Interactional pragmatics and court interpreting: An analysis of face [J]. In Interpreting, Special Issue: Doing Justice to Court Interpreting, (1):128-158.

[81] Kadric, M. Interpreting in the Austrian Courtroom[A]. In R. P. Roberts, S. E. Carr, D. Abraham & A. Dufour(eds.), The Critical Link 2: Interpreters in the Community[C]. Amsterdam; Philadelphia: John Benjamins Pub. Co., 2000:153-164.

[82] Kaufert, J. M., & Koolage, W. W. 1984. Role conflict among "culture brokers": the experience of native Canadian medical interpreters[J]. Social Science & Medicine, (3):283-286.

[83] Kayoko Takeda. 2010. Interpreting the Tokyo War Crimes Tribunal: A Sociopolitical Analysis[M]. Ottawa: University of Ottawa Press.

[84] Kelly, A. M. Cultural parameters for interpreters in the courtroom[A]. In R. P. Roberts, S. E. Carr, D. Abraham & A. Dufour(eds.), The Critical Link 2: Interpreters in the Community [C]. Amsterdam; Philadelphia: John Benjamins Pub. Co., 2000: 131-148.

[85] Khoon, W. F. Court Interpreting in a Multiracial Society—the Malaysian Experience[A]. In D. Browen and M. Bowen

(eds.). Interpreting—Yesterday, Today, and Tomorrow. American Transaltors Asociation Scholarly Monograph Series, Volume IV [C], Binghamton, NY: State University of New York at Binghamton, 1990:108-116.

[86] Kurz, I. Conference interpretation: Expectations of different user groups[A]. In Pochhacker, F. & Shlesinger, M. (eds.). The Interpreting Studies Reader[C]. London/New York: Routledge, 2002:313-324.

[87] Lang, R. 1 Interpreters in Local Courts in Papua New Guinea[A]. In O'Barr, William M./O'Barr, Jean F.(eds.), Language and Politics[C]. The Hague: Mouton, 976:327-365.

[88] Lang, R. Behavioral Aspects of Liaison Interpreters in Papua New Guinea: some Preliminary Observations[A]. In Gerver, David/Sinaiko, H. Wallace(eds.), Language Interaction and Communication[C]. New York/London: Plenum, 1978: 231-244.

[89] Laster, K., & Taylor, V. L. 1994. Interpreters and the Legal System[M]. Sydney: Federation Press.

[90] Leanza, Y. 2005: Roles of community interpreters in pediatrics as seen by interpreters, physicians and researchers[J]. In Interpreting, Special Issue: Healthcare Interaction: Discourse and Interaction, (2):167-192.

[91] Lee, J. 2009. Conflicting views on court interpreting examined through surveys of legal professionals and court interpreters[J]. Interpreting: International Journal of Research & Practice in Interpreting, (1):35-56.

[92] Leung, E. 2003. Rights to be heard and the rights to be interpreted[J]. Babel, (4):289-301.

[93] Leung, E. Interpreting for the minority, interpreting for the power[A]. In J. Gibbons & M. T. Turell(eds.), Dimensions of Forensic Linguistics[C]. Amsterdam/Philadelphia, PA: John Benjamins Pub. Co., 2008:197-214.

[94] Leung, E. & Gibbons, J. 2008. Who is responsible? Participant roles in legal interpreting cases[J]. Multilingua, (3): 177-191.

[95] Leung, E. & Gibbons, J. 2009. Interpreting Cantonese utterance-final particles in bilingual courtroom discourse[J]. Interpreting: International Journal of Research & Practice in Interpreting, (2):190-215.

[96] Liddell, W. W. & Slocum, J. W. 1976. The Effects of Individual Role Compatibility Upon Group Performance: An Extension of Schutz's FIRO Theory[J]. Academy of Mangagement Journal, (19):413-426.

[97] Mason, I. 1999. Introduction[J]. The Translator, (5): 147-160.

[98] Mead, G. H. 1934. Mind, Self, and Society[M]. Chicago, IL: University of Chicago Press.

[99] Metzger, M. 1999. Sign Language Interpreting: Deconstucting the Myth of Neutrality[M]. Washington, DC: Gallaudet University Press.

[100] Mikkelson, H. 1996. Community Interpreting: An Emerging Profession[J]. Interpreting, (1):125-129.

[101] Mikkelson, H. 1998. Towards a redefinition of the role of the court interpreter[J]. Interpreting: International Journal of Research and Practice in Interpreting, (1):21-45.

[102] Mikkelson, H. 1999. Training judges and other court personnel[J]. The Polyglot, (1):78-85.

[103] Mikkelson, H. 2000. Introduction to Court Interpreting [M]. Manchester: St. Jerome Publishing.

[104] Mikkelson, H. Evolving views on the court interpreter's role: Between Scylla and Charybdis[A]. In C. V. Garcés & A. Martin(eds.), Crossing Borders in Community Interpreting: Definitions and Dilemmas[C]. Amsterdam/Philadelphia: John Benjamins Pub. Co., 2008:81-97.

[105] Morris, R. 1989. The Impact of Court Interpretation on Legal Proceedings[D]. M.A. Unpublished M. A. thesis, Hebrew University of Jerusalem, Israel.

[106] Morris, R. 1995. The moral dilemmas of court interpreting[J]. The Translator, (1):25-46.

[107] Morris, R. 1999. The gum syndrome: predicaments in court interpreting[J]. Forensic Linguistics, (1):6-29.

[108] Morris, R. 2010. Images of the court interpreter[J]. Translation and Interpreting Studies, (1):20-40.

[109] Morris, Ruth 2008: Missing stitches: An overview of judicial attitudes to interlingual interpreting in the criminal justice systems of Canada and Israel[J]. In Interpreting, Special Issue: Doing Justice to Court Interpreting, (1):34-64.

[110] NAJIT [2016-10-08] Code of Ethics and Professional

Responsibilities [OL]. http://www.najit.org/about/NAJITCode-ofEthicsFINAL.pdf.

[111] NAJIT. 2004[2016-10-08]. NAJIT Position Paper—Direct Speech in Legal Settings [J/OL]. http://www.najit.org/publications/DirectSpeech200609.pdf.

[112] NAJIT. 2007[2016-10-10] NAJIT Position Paper: team interpreting in the courtroom [J/OL]. http://www.najit.org/publications/Team%20Interpreting_052007.pdf.

[113] Newcomb, T. M. 1950. Social Psychology[M]. New York: Dryden Press.

[114] Ng, E. 2011. A survey of court interpreters' use of direct versus reported speech in the Hong Kong courts[J]. International Journal of Law Language & Discourse,(1):29-58.

[115] Nida, E.A. 2001. Language and Culture: Contexts in Translating[M]. Shanghai: Shanghai Foreign Language Education Press.

[116] Northwest Territories Justice. 1993. Des Territories Du Nord-Quest: Manuel Des Interpretes Judiciaires[Z]. Northwest Territories Justice.

[117] O'Barr, W. M. 1982. Linguistic Evidence: Language, Power, and Strategy in the Courtroom[M]. New York: Academic Press.

[118] Ozolins, U. 1998. Interpreting & Translating in Australia: Current Issues and International Comparisons[M]. Victoria: The National Language and Literacy Institute of Australia.

[119] Peter Llewellyn-Jones & Robert G. Lee. 2014. Rede-

fining the role of the community interpreter: The concept of role-space[M]. Lincoln: SLI Press.

[120] Pöchhacker, F. The Community Interpreter's Task: Self-perception and Provider Views[A]. In R. P. Roberts, S. E. Carr, D. Abraham & A. Dufour(eds.), The Critical Link 2: Interpreters in the Community[C]. Amsterdam; Philadelphia: John Benjamins Pub. Co., 2000:49-65.

[121] Pöchhacker, F. 2004. Introducing Interpreting Studies [M]. London/New York: Routledge.

[122] Pöchhacker, Franz. 2009. Conference interpreting Surveying the profession[J]. Translation and Interpreting Studies. 4. 172-186.

[123] Powell, R. Bilingual courtrooms: In the interests of justice? [A] In J. Gibbons & M. T. Turell(eds.), Dimensions of Forensic Linguistics[C]. Amsterdam; Philadelphia, PA: John Benjamins Pub. Co., 2008:131-159.

[124] Reddy, M. J. The conduit metaphor—a case of frame conflict in our language about language[A]. In Ortony, A.(ed.). Metaphor and Thought[C]. Cambridge: Cambridge University Press. 1979/2003.

[125] Repa, J. 1991. Training and Certification of Court Interpreters in a Multicultural Society[J]. Meta, (4):595-605.

[126] Rigney, A. C. 1999. Questioning in interpreted testimony[J]. Forensic Linguistics, (1):83-108.

[127] Roberts, R.P. Community Interpreting Today and Tomorrow[A]. In S.E. Carr, R. Roberts, A. Dufour & D. Steyn,

(eds.). The Critical Link: Interpreters in the Community[C]. Amsterdam/Philadelphia: John Benjamins, 1997:7-26.

[128] Rosenberg, B. A. A Qualitative Discourse Analysis of Community Interpreting[A]. In Translation: New Ideas for a New Century. Proceedings of the XVI FIT Congress[C]. Paris: FIT, 2002:222-226.

[129] Roy, C. B. 2000. Interpreting as a Discourse Process [M]. New York: Oxford University Press.

[130] Roy, C. B. The Problem with Definitions, Descriptions and the Role Metaphors of Interpreters[A]. In Pochhacker and Shlesinger(eds.). The Interpreting Studies Reader[C]. London and New York: Routledge, 2002:345-53.

[131] Shlesinger, M. & Pöchhacker, F. 2008: Introduction: Doing justice to court interpreting. In Interpreting[J]. Special Issue: Doing Justice to Court Interpreting, (1):1-7.

[132] Straniero Sergio, F. 1999. The Interpreter on the Talk Show[J]. The Translator, (2):303-326.

[133] Taft, R. The Role and Personality of the Mediator[A]. In S. Bochner(ed.). The Mediating Person: Bridges between Cultures[C]. Cambridge: Schenkman, 1981:53-58.

[134] Thornborrow, J. 2001. Power Talk: Language and Interaction in Institutional Discourse[M]. Harlow: Longman.

[135] Tsuda, M. 1995. Interpreting and Translating for Filipino Suspects/Defendants in Japan: Selected Cases and Reflections of a Participant Observer[J]. Philippine Sociological Review(1-4): 139-160.

[136] Turner, Ralph H. 1956. Role-taking, Role Standpoint, and Reference-group Behavior[J]. American Journal of Sociology, (61):316-328.

[137] Tymoczko, M. Connecting the Two Infinite Orders. Research Methods in Translation Studies[A]. In Hermans, T. (ed.). Crosscultural Transgressions. Research Models in Translation Studies II. Historical and Ideological Issues[C]. Manchester St. Jerome, 2002:9-25.

[138] Wadensjö, C. 1992. Interpreting as interaction: On dialogue-interpreting in immigration hearings and medical encounters [M]. Linköping: Linköping University.

[139] Wadensjö, C. The double role of a dialogue interpreter [A]. In F. Pöchhacker & M. Shlesinger(eds.), The Interpreting Studies Reader[C]. London: Routledge, 1993:354-370.

[140] Walker, A. G. Linguistic manipulation, power and the legal setting[A]. In L. Kedar(ed.). Power Through Discourse[C]. Norwood, N.J.: Ablex Pub. Corp., 1987:57-80.

[141] Wang, Y. & Wang, J. 2016. The Participatory Role of Non-professional Interpreters: A Case in Educational Settings[J]. Current Trends in Translation Teaching and Learning, (3): 234-257.

[142] 安德烈耶娃:《西方现代社会心理学》,人民出版社1987年版。

[143] 比德尔:《角色理论的主要概念和研究》,曾霖生译,《国外社会科学文摘》1988年第11期。

[144] 布迪厄:《实践与反思》,华康德译,中央编译出版社

2004 年版。

[145] 曹嬿:《〈法庭口译的话语:法律、证人和译员的话语实践〉述介》,《英语研究》2013 年第 3 期。

[146] 柴明颎:《口译职业化带来的口译专业化》,《广东外语外贸大学学报》2007 年第 3 期。

[147] 陈大亮:《翻译研究:从主体性向主体间性转向》,《中国翻译》2005 年第 2 期。

[148] 陈菁、符荣波:《国内外语料库口译研究进展(1998—2012)——一项基于相关文献的计量分析》,《中国翻译》2014 年第 1 期。

[149] 陈如愿、谌莉文:《国内口译教学研究主题与发展趋势的计量分析——基于自建小型关键词语料库的实证研究》,《现代语文(语言研究版)》2012 年第 7 期。

[150] 陈圣白:《国内口译研究的回顾与反思——基于文献计量法》,《长春理工大学学报(社会科学版)》2014 年第 7 期。

[151] 杜碧玉:《法庭翻译课程设置初探》,《山东外语教学》2003 年第 1 期。

[152] 高宣扬:《布迪厄的社会理论》,同济大学出版社 2004 年版。

[153] 高宣扬:《当代法国哲学导论》,同济大学出版社 2004 年版

[154] 宫留记:《场域、惯习和资本:布迪厄与马克思在实践观上的不同视域》,《河南大学学报(社会科学版)》2007 年第 3 期。

[155] 郭建中:《当代美国翻译理论》,湖北教育出版社

2000 年版。

[156] 郭晶英:《中外法庭通译制度比较研究》,《法学杂志》2007 年第 5 期。

[157] 韩莹、孙福广:《口译人员隐形理论的挑战——社区口译人员在商业、法庭、聋哑人社区翻译中的角色》,《黑龙江对外经贸》2009 年第 9 期。

[158] 何玉丽:《我国法庭口译现状及立法建议》,华东政法大学 2013 年硕士论文。

[159] 江伟玲:《法庭口译译员话语角色的构建研究——基于戈夫曼的"参与框架"理论》,《牡丹江大学学报》2016 年第 3 期。

[160] 蓝红军:《论翻译研究中的宏观研究和微观研究》,《外语艺术教育研究》2009 年第 4 期。

[161] 勒菲弗尔:《翻译的策略》,载《西方翻译理论精选》,香港城市大学出版社 2000 年版。

[162] 黎难秋:《中国口译史》,青岛出版社 2002 年版。

[163] 李丹:《同传译员角色显身性研究》,广东外语外贸大学 2013 年博士论文。

[164] 廖美珍:《法庭问答及其互动研究》,法律出版社 2003 年版。

[165] 林丽:《香港法庭口译员角色》,厦门大学 2013 年硕士论文。

[166] 刘和平:《职业口译新形式与口译教学》,《中国翻译》2003 年第 3 期。

[167] 刘建军、张福勇:《国外社区口译研究文献计量分析》,《外语教学理论与实践》2012 年第 2 期。

[168] 刘立胜:《政治冲突中口译员的角色研究——〈口译公正:道德、政治与语言〉述评》,《中国翻译》2013 年第 6 期。

[169] 刘淑颖:《美国的法庭口译》,《宁夏社会科学》2006 年第 1 期。

[170] 刘拥华:《从二元论到二重性:布迪厄社会观理论研究》,《社会》2009 年第 3 期。

[171] 吕万英:《法官话语的权力支配》,《外语研究》2006 年第 2 期。

[172] 秦启文、周永康:《角色学导论》,中国社会科学出版社 2011 年版。

[173] 任文、徐寒:《社区口译中的场域、惯习和资本——口译研究的社会学视角》,《中国翻译》2013 年第 5 期。

[174] 任文、徐寒:《论我国公共服务领域涉及少数民族语言的口译问题——基于布迪厄的场域分析理论》,《西南民族大学学报(人文社会科学版)》2015 年第 2 期。

[175] 任文、伊安·梅森:《对话口译中的权力——口译社会学解读》,《四川大学学报(哲学社会科学版)》2011 年第 6 期。

[176] 沈璐:《法庭口译员对庭审问语控制的影响》,《广东外语外贸大学学报》2014 年第 1 期。

[177] 沈璐、郭鑫隆:《译员调解下的法庭话语权力与控制》,《浙江外国语学院学报》2017 年第 2 期。

[178] 沈璐、张新红:《论我国涉外刑事审判法官对法庭口译的认识:调查与分析》,《浙江外国语学院学报》2015 年第 2 期。

[179] 苏伟:《社区口译在中国》,《上海翻译》2009 年第

4 期。

[180] 孙婷婷:《中国政府记者招待会中口译员的角色研究》,外语教学与研究出版社 2013 年版。

[181] 孙晓娥:《深度访谈研究方法的实证论析》,《西安交通大学学报(社会科学版)》2012 年第 3 期。

[182] 唐芳:《口译实证研究在中国——一项基于口译实验性研究论文的文献计量研究》,《外语界》2010 年第 2 期。

[183] 王莉君:《权力与权利的思辨》,中国法制出版社 2005 年版。

[184] 王玉樑:《论主体性的基本内涵与特点》,《天府新论》1995 年第 6 期。

[185] 魏小萍:《"主体性"涵义辨析》,《哲学研究》1998 年第 2 期。

[186] 乌云格日勒、宝玉柱:《元代的翻译制度浅析》,《西部蒙古论坛》2010 年第 4 期。

[187] 吴远宁:《美国法庭口译员角色之困境》,《中国翻译》2016 年第 2 期。

[188] 武光军:《翻译社会学研究的现状与问题》,《外国语》2008 年第 1 期。

[189] 奚从清:《角色论——个人与社会的互动》,浙江大学出版社 2010 年版。

[190] 辛全民、高新华:《中国古代翻译立法及其现代启示》,《湖北广播电视大学学报》2010 年第 5 期。

[191] 邢星:《国内外译员角色研究的进展与思考(1976—2014)——一项基于相关文献的计量分析》,《上海翻译》2015 年第 3 期。

[192] 许钧:《翻译论》,湖北教育出版社 2003 年版。

[193] 薛宝宝:《法庭口译场域下译员的主体性研究》,广东外语外贸大学 2016 年硕士论文。

[194] 余蕾:《法律翻译决策过程中译者的主体性研究:功能观》,广东外语外贸大学 2005 年硕士论文。

[195] 余蕾:《涉外刑事庭审语境与口译员角色困境》,《浙江外国语学院学报》2015 年第 2 期。

[196] 余蕾:《中国大陆刑事审判语境下法庭口译中概括口译现象研究》,《西太跨学科翻译研究》2018 年第 1 期。

[197] 查明建、田雨:《论译者主体性——从译者文化地位的边缘化谈起》,《中国翻译》2003 年第 3 期。

[198] 詹成:《联络口译》,外语教学与研究出版社 2010 年版。

[199] 詹成:《政治场域中口译员的调控角色——基于语料库的译语偏移研究》,外语教学与研究出版社 2013 年版。

[200] 张梦璐:《联络口译译员角色理论及西汉—汉西口译语境中的实证研究》,北京外国语大学 2014 年博士论文。

[201] 张瑞嵘:《法庭口译员对庭审的语言重建功能探究》,《学习月刊》2016 年第 24 期。

[202] 赵军峰、张锦:《作为机构守门人的法庭口译员角色研究》,《中国翻译》2011 年第 1 期。

[203] 仲伟合等:《口译研究方法》,外语教学与研究出版社 2012 年版。

[204] 仲伟合、王斌华:《口译研究方法论——口译研究的学科理论建构之二》,《中国翻译》2010 年第 6 期。

[205] 周晓红:《现代社会心理学——多维视野中的社会行为研究》,上海人民出版社 1997 年版。

附录一　口译员角色问卷

1. 您的身份：(　　)

A. 会议口译员　　B. 法庭口译员

C. 医疗口译员　　D. 口译学员

E. 其他

2. 您的性别：(　　)

A. 男　　B. 女

3. 您的年龄：(　　)

A. 20 岁以下　B. 20—29 岁　C. 30—39 岁　D. 40—49 岁

E. 50—59 岁　F. 60 岁以上

4. 您的教育背景：(　　)

A. 高中　B. 大学　C. 硕士　D. 博士

5. 您接受的口译教育或培训类型：(　　)

A. 本科课程/专业　　B. 硕士课程/专业

C. 在职培训　　D. 短训班

E. 其他

6. 您接受的口译教育或培训种类：(　　)

A. 会议口译　B. 法庭口译　C. 医疗口译　D. 通用型口译

E. 其他

7. 您的口译实践经历:(　　)

A. 1年以下　B. 1—3年　C. 3—5年　D. 5—10年

E. 10年以上

8. 您在过去1年中的口译实践次数:

会议口译____次

法庭口译____次

医疗口译____次

其他口译____次

9. 您的工作语言:(　　)

A. 英语　B. 法语　C. 德语　D. 汉语

E. 西班牙语　F. 其他

10. 您的年收入(美元):(　　)

A. 20 000美元以下　B. 20 000—40 000美元

C. 40 000—60 000美元　D. 60 000—80 000美元

E. 80 000美元以上

11. 法庭口译员相当于翻译机器,其职责仅是字对字的翻译。(　　)

A. 非常同意　B. 同意　C. 不一定　D. 不同意

E. 非常不同意

12. "准确"是法庭口译最重要的标准,因此翻译时没必要揣度讲话人情绪或感受。(　　)

A. 非常同意　B. 同意　C. 不一定　D. 不同意

E. 非常不同意

13. 口译员只是提供口译服务,在交际互动中没有属于自己的声音。(　　)

A. 非常同意　B. 同意　　C. 不一定　　D. 不同意

E. 非常不同意

14. 有口译员的帮助,交际双方将更加信任对方。(　　)

A. 非常同意　B. 同意　　C. 不一定　　D. 不同意

E. 非常不同意

15. 平衡双方之间的权力差异不是口译员的职责。(　　)

A. 非常同意　B. 同意　　C. 不一定　　D. 不同意

E. 非常不同意

16. 假如交际双方存在文化差异,译员需要解决文化差异,以便双方实现真正的沟通。(　　)

A. 非常同意　B. 同意　　C. 不一定　　D. 不同意

E. 非常不同意

17. 口译中,口译员几乎无法做到完全价值中立。(　　)

A. 非常同意　B. 同意　　C. 不一定　　D. 不同意

E. 非常不同意

18. 口译员是唯一能控制交际过程的一方。(　　)

A. 非常同意　B. 同意　　C. 不一定　　D. 不同意

E. 非常不同意

19. 假如弱势一方的权益没有能通过口译伸张,那么口译即做得不够好。(　　)

A. 非常同意　B. 同意　　C. 不一定　　D. 不同意

E. 非常不同意

20. 为了保障交际顺利进行,口译员有权打断交际双方。(　　)

A. 非常同意　B. 同意　　C. 不一定　　D. 不同意

E. 非常不同意

21. 在翻译时，我会小心不去改变讲话人的语气。（　　）

A. 非常同意　B. 同意　　C. 不一定　　D. 不同意

E. 非常不同意

22. 如果一方的用词在文化上不恰当，我会提醒他/她。（　　）

A. 非常同意　B. 同意　　C. 不一定　　D. 不同意

E. 非常不同意

23. 如果一方因不清楚对方的文化而有失礼之处，我会尽力补救。（　　）

A. 非常同意　B. 同意　　C. 不一定　　D. 不同意

E. 非常不同意

24. 我从来不为了解释文化差异而打断口译。（　　）

A. 非常同意　B. 同意　　C. 不一定　　D. 不同意

E. 非常不同意

25. 在口译时，我经常审查自己的立场是否中立。（　　）

A. 非常同意　B. 同意　　C. 不一定　　D. 不同意

E. 非常不同意

26. 我更容易和与我有更多共同点的一方建立信任。（　　）

A. 非常同意　B. 同意　　C. 不一定　　D. 不同意

E. 非常不同意

27. 即使我为双方提供口译服务，我更注重帮助处于弱势地位的一方发出声音。（　　）

A. 非常同意　B. 同意　　C. 不一定　　D. 不同意

E. 非常不同意

28. 我总是尽力弥补交际中双方的权力不对称。（　　）

A. 非常同意　B. 同意　　C. 不一定　　D. 不同意

E. 非常不同意

29. 除了翻译意思，我也注重在翻译时表达出讲话人的情绪或情感。(　　)

A. 非常同意　B. 同意　C. 不一定　D. 不同意

E. 非常不同意

30. 提醒何时轮到某一方讲话不是口译员的职责。(　　)

A. 非常同意　B. 同意　C. 不一定　D. 不同意

E. 非常不同意

31. 在翻译证人或被告的讲话时，您是否会将第一人称转换成第三人称？(　　)

A. 总是　B. 经常　C. 有时　D. 很少

E. 从不

32. 在翻译法官或律师的讲话时，您是否会将第一人称转换成第三人称？(　　)

A. 总是　B. 经常　C. 有时　D. 很少

E. 从不

33. 在翻译法官或律师的讲话时，您是否会使用表示其职业的第三人称指代，如"法官说"或"律师说"？(　　)

A. 总是　B. 经常　C. 有时　D. 很少

E. 从不

34. 在翻译法官的宣判时，您是否会使用被动语态？(　　)

A. 总是　B. 经常　C. 有时　D. 很少

E. 从不

35. 您在翻译时为什么会转换人称？(　　)

A. 使用第一人称翻译辩护律师或法官的讲话令我感到不安，因为在法庭的语境中，他们处在权力更高的层次。

B. 我不想给那些在法庭上的人留下这样的印象，我通过使用第一人称假装自己是律师和法官。

C. 如果第一人称翻译，证人/被告会认为我是为自己说话，我不希望这样。

D. 我只是仿效其他口译员的做法。

E. 其他

Questionnaire on the Role of the Court Interpreter

1. Profession:(　　)

A. Conference interpreter　　B. Court interpreter

C. Medical interpreter　　D. Interpreting trainee

E. Others

2. Gender:(　　)

A. Male　　B. Female

3. Age:(　　)

A. Under 20　　B. 20—29　　C. 30—39　　D. 40—49

E. 50—59　　F. Above 60

4. Education:(　　)

A. High school　　B. Bachelor

C. Master　　D. Doctor

5. Interpreting training:(　　)

A. Undergraduate Program/Course

B. Postgraduate Program/Course

C. On-job Training

D. Short-term Training Program

E. Others

6. Specialized training: (   )

A. Conference interpreting

B. Court interpreting

C. Medical interpreting

D. Interpreting for general purposes

E. Others

7. Interpreting experience: (   )

A. Less than 1 year   B. 1—3 years

C. 3—5 years   D. 5—10 years

E. Over 10 years

8. Interpreting experiences in the past year:

Conference interpreting ____

Legal interpreting ____

Medical interpreting ____

Other interpreting ____

9. Working Languages: (   )

A. English   B. French   C. German   D. Chinese

E. Spanish   F. Other Language

10. Annual income: (   )

A. Less than $20 000   B. $20 000—40 000

C. $40 000—60 000   D. $60 000—80 000

E. More than $80 000

11. Court interpreters are translation machines whose job is word-for-word translation. (   )

A. Strongly agree　　　　B. Agree

C. Undecided　　　　D. Disagree

E. Strongly disagree

12. Accuracy is the most important criterion for court interpreting. Therefore, it is not necessary to guess the emotion or feeling of the speaker when interpreting. (　　)

A. Strongly agree　　　　B. Agree

C. Undecided　　　　D. Disagree

E. Strongly disagree

13. Interpreters have no voice in interaction. The only thing interpreters need to do is to provide interpreting service. (　　)

A. Strongly agree　　　　B. Agree

C. Undecided　　　　D. Disagree

E. Strongly disagree

14. With the help of the interpreter, the two parties in communication trust each other better. (　　)

A. Strongly agree　　　　B. Agree

C. Undecided　　　　D. Disagree

E. Strongly disagree

15. Balancing the power between the two parties is not the duty of an interpreter. (　　)

A. Strongly agree　　　　B. Agree

C. Undecided　　　　D. Disagree

E. Strongly disagree

16. If there are cultural differences between the two parties, an interpreter needs to solve the cultural differences in order to fa-

cilitate communication. (　　)

A. Strongly agree　　B. Agree

C. Undecided　　D. Disagree

E. Strongly disagree

17. It is almost impossible for an interpreter to be completely neutral in interpreting. (　　)

A. Strongly agree　　B. Agree

C. Undecided　　D. Disagree

E. Strongly disagree

18. An interpreter is the only one who has control over the communication process. (　　)

A. Strongly agree　　B. Agree

C. Undecided　　D. Disagree

E. Strongly disagree

19. If the rights and interests of the disadvantaged party are not extended through interpretation, then the interpreting task is not done well enough. (　　)

A. Strongly agree　　B. Agree

C. Undecided　　D. Disagree

E. Strongly disagree

20. An interpreter has the right to interrupt communication in order to ensure smooth communication. (　　)

A. Strongly agree　　B. Agree

C. Undecided　　D. Disagree

E. Strongly disagree

21. I will try not to change the tone of the speaker when in-

terpreting.(　　)

A. Strongly agree　　B. Agree

C. Undecided　　D. Disagree

E. Strongly disagree

22. If the wording of one party is not culturally appropriate, I will remind him/her.(　　)

A. Strongly agree　　B. Agree

C. Undecided　　D. Disagree

E. Strongly disagree

23. If one party is impolite for not knowing the other's culture, I will try my best to remedy it.(　　)

A. Strongly agree　　B. Agree

C. Undecided　　D. Disagree

E. Strongly disagree

24. I never interrupt communication to explain cultural differences in interpreting.(　　)

A. Strongly agree　　B. Agree

C. Undecided　　D. Disagree

E. Strongly disagree

25. In interpreting, I often examine whether my position is neutral.(　　)

A. Strongly agree　　B. Agree

C. Undecided　　D. Disagree

E. Strongly disagree

26. I am more likely to build trust with those who have more in common with me.(　　)

A. Strongly agree　　B. Agree
C. Undecided　　D. Disagree
E. Strongly disagree

27. Even if I provide interpreting services for both parties, I will pay more attention to helping the disadvantaged party to make the point. (　　)

A. Strongly agree　　B. Agree
C. Undecided　　D. Disagree
E. Strongly disagree

28. I always try to balance the power between the two parties. (　　)

A. Strongly agree　　B. Agree
C. Undecided　　D. Disagree
E. Strongly disagree

29. Apart from interpreting meaning, I also emphasize the expression of the speaker's emotion or feeling in interpreting. (　　)

A. Strongly agree　　B. Agree
C. Undecided　　D. Disagree
E. Strongly disagree

30. It is not an interpreter's duty to remind a certain when is his turn to speak. (　　)

A. Strongly agree　　B. Agree
C. Undecided　　D. Disagree
E. Strongly disagree

31. When interpreting a witness or a defendant's speech, do you convert the first person to the third person? (　　)

A. Always B. Often C. Sometimes D. Rarely

E. Never

32. When interpreting a judge or lawyer's speech, do you convert the first person to the third person? ( )

A. Always B. Often C. Sometimes D. Rarely

E. Never

33. When interpreting a judge or a lawyer's speech, do you use the third person representation of his profession, such as "judge" or "lawyer"? ( )

A. Always B. Often C. Sometimes D. Rarely

E. Never

34. Do you use the passive voice when interpreting a judge's sentence? ( )

A. Always B. Often C. Sometimes D. Rarely

E. Never

35. Why do you convert person when interpreting? ( )

A. The use of the first person in interpreting the lawyer's or judge's words makes me uncomfortable because in the context of the court they are at a higher level of power.

B. I do not want to leave such an impression on those who are in court. I pretend that I am the lawyer or judge by using the first person.

C. If I use the first person in interpreting, the witnesses/defendant might think I speak for myself, and that is not what I hope.

D. I just follow the other interpreters.

E. Others

附录二　口译用户问卷

1. 您的性别：(　　)

A. 男　　B. 女

2. 您的年龄：(　　)

A. 20 岁以下　B. 20—29 岁　C. 30—39 岁　D. 40—49 岁

E. 50—59 岁　F. 60 岁以上

3. 您的职业：(　　)

A. 法官　　B. 律师　　C. 其他

4. 您的教育背景：(　　)

A. 高中　　B. 大学　　C. 硕士　　D. 博士

5. 您与法庭口译员合作的次数：(　　)

A. 无　　B. 1—3 次　　C. 4—8 次　　D. 8 次以上

6. 提醒或警示对话中可能出现的误解属于口译员的职责范围。(　　)

A. 非常同意　B. 同意　　C. 不一定　　D. 不同意

E. 非常不同意

7. 口译员在口译时简化技术语言或解释专业术语。(　　)

A. 非常同意　B. 同意　　C. 不一定　　D. 不同意

E. 非常不同意

8. 口译员在翻译时省略词不达意的部分，以节省时间。（　　）

A. 非常同意　B. 同意　　C. 不一定　　D. 不同意

E. 非常不同意

9. 口译员将长的问题切分成几个问题，或添加说明。（　　）

A. 非常同意　B. 同意　　C. 不一定　　D. 不同意

E. 非常不同意

10. 口译员在翻译时总结拖沓啰嗦的长句。（　　）

A. 非常同意　B. 同意　　C. 不一定　　D. 不同意

E. 非常不同意

11. 口译员的服务对象是不通当地语言的证人/被告。（　　）

A. 非常同意　B. 同意　　C. 不一定　　D. 不同意

E. 非常不同意

12. 口译员在翻译时解释某些词句的文化含义。（　　）

A. 非常同意　B. 同意　　C. 不一定　　D. 不同意

E. 非常不同意

13. 除了字面意思，口译员需要翻译讲话的语用含义。（　　）

A. 非常同意　B. 同意　　C. 不一定　　D. 不同意

E. 非常不同意

14. 口译员的角色包含在恰当的时候以恰当的方式提供与案件相关的文化信息。（　　）

A. 非常同意　B. 同意　　C. 不一定　　D. 不同意

E. 非常不同意

15. 除了翻译，口译员的职责包括帮助当事人填写表格等。(　　)

A. 非常同意　B. 同意　　C. 不一定　　D. 不同意

E. 非常不同意

16. 口译员可以应要求提问或提供信息。(　　)

A. 非常同意　B. 同意　　C. 不一定　　D. 不同意

E. 非常不同意

17. 口译员应当为交际的成败负责。(　　)

A. 非常同意　B. 同意　　C. 不一定　　D. 不同意

E. 非常不同意

18. 您认为以下哪种是法庭口译员合理的角色定位？(　　)

A. 管道/翻译机器　　B. 文化中介者

C. 解释者　　D. 帮助者

E. 客户的代理人和支持者　F. 其他

附录三　法庭口译员角色研究访谈大纲

问题一：您是否赞同法庭口译员是翻译机器，在交际中没有属于自己的声音？

问题二：您认为法庭口译员在交际中是隐身的吗？

问题三：您认为法庭口译员能做到完全中立吗？

问题四：您觉得您的合作对象如法官、律师等对法庭口译员角色的看法和口译员自身的看法一致吗？

问题五：假如您发现处于弱势地位的当事人的权利受到压抑，或当事人受到不公正待遇，您会选择现身干预交际吗？

问题六：您在法庭口译中是否会转换人称？为什么？

附录四　口译员角色研究文献数据库

国外口译员角色研究论文

1. Alexei V. Samsonovich, Kamilla R. Joacute, Antonio Chella, Ben Goertzel, Andrea Stocco, Christian Lebiere, Randall C. O'Reilly, John R. Anderson. 2010. The Role of the Basal Ganglia; Anterior Prefrontal Circuit as a Biological Instruction Interpreter [J]. Frontiers in Artificial Intelligence and Applications, 221.

2. Amich, M. G. 2013. The Vital Role of Conflict Interpreters [J]. NAWA Journal of Language & Communication, 7(2):15-28.

3. Anne-Marie Wallin MA RN, Gerd Ahlström PhD RNT. 2006. Cross-cultural interview studies using interpreters: systematic literature review[J]. Journal of Advanced Nursing, 55(6).

4. Antia, S.D, Kreimeyer K.H. 2002. The role of interpreters in inclusive classrooms[J]. American Annals of the Deaf, 146(4).

5. Apostolou, F. 2009. Mediation, manipulation, empowerment: Celebrating the complexity of the interpreter's role[J]. Interpreting: International Journal of Research & Practice In Inter-

preting, 11(1), 1-19.

6. Authors' response to letter from Bond et al., 2012. The role of ad-hoc interpreters in teaching communication skills with ethnic minorities[J]. Medical Teacher, 34(1).

7. Bakhtiyar Aliyev. 2017. The Role of an Interpreter in Polygraph Checking[J]. European Polygraph, 11(2).

8. Beaton-Thome, M. 2013. What's in a word? Your enemy combatant is my refugee: The role of simultaneous interpreters in negotiating the lexis of Guantánamo in the European Parliament [J]. Journal of Language & Politics, 12(3):378-399.

9. Bond J, Bateman J, Nassrally SM. 2012. The role of ad-hoc interpreters in teaching communication skills with ethnic minorities[J]. Medical Teacher, 34(1):81.

10. Brad Davidson. 2000. The interpreter as institutional gatekeeper: The social-linguistic role of interpreters in Spanish-English medical discourse[J]. Journal of Sociolinguistics, 4(3).

11. Briskina, G. 1996. Understanding the Interpreter's Role: An Analysis of Interpreter-Mediated Doctor/Patient Communication[J].

12. Brua, C. 2008. Role-blurring and ethical grey zones associated with lay interpreters: Three case studies[J]. Communication & Medicine(Equinox Publishing Group), 5(1):73-80.

13. Cecilia Wadensjo. 2014. Interpreting As Interaction[M]. Taylor and Francis.

14. Chris de, K. 2012. INTERPRETER ROLE A LITTLE BIT IFFY. Herald Sun(Melbourne), 67.

15. Claudia Viviana Angelelli. 2016. Looking back: A study

of(ad-hoc) family interpreters[J]. European Journal of Applied Linguistics, 4(1).

16. Cohen, E. 1974. The Role of the Interpreter In Identifying the Concept of "Folk"[J]. Western Speech, 38(3):170-175.

17. Colomer, S. E. 2010. Dual Role Interpreters: Spanish Teachers in New Latino Communities[J]. Hispania, 93(3): 490-503.

18. Connor, J. 1996. SEC expands role of clearing firm for interpreter brokers in repo market[J]. Wall Street Journal—Eastern Edition.

19. Cortabarria. 2015. The role of translators and interpreters in hybrid English—Spanish contexts in the USA[J]. Language and Intercultural Communication, 15(3).

20. Cranefield, J., & Yoong, P. 2007. The role of the translator/interpreter in knowledge transfer environments[J]. Knowledge & Process Management, 14(2):95-103.

21. Cynthia B. Roy. 2009. A sociolinguistic analysis of the interpreter's role in simultaneous talk in interpreted interaction [J]. Multilingua—Journal of Cross-Cultural and Interlanguage Communication, 12(4).

22. Dahl, C. C., & Illinois Univ., U. S. 1993. Blending the Roles of Interpreter, Entrepreneur, Collaborator. A New Model for Conferences and Institutes Program Planners[C]. The Guide Series.

23. Davidson, B. 2001. Questions in Cross-linguistic Medical Encounters: the Role of the Hospital Interpreter[J]. Anthropo-

logical Quarterly, 74(4):170-178.

24. De Pedro Ricoy, R. 2017. To interview or not to interview: A critical approach to assessing end-users' perceptions of the role of 21st century indigenous interpreters in Peru[J]. Translation & Interpreting, 9(1):36-50.

25. Delaney, G. 1993. The changing roles of dream interpreters in the understanding of dreams[J]. International journal of psychosomatics: official publication of the International Psychosomatics Institute, 40(1-4).

26. Donna, F. 2000. "Interpreter" stars translate their roles [N]. USA Today.

27. Durham Univ.(England). Council for the Advancement of Communication with Deaf, P.(1999). Proceedings of an International Symposium on Developments and Innovations in Interpreting for Deafblind People (Leeuwenhorst, Netherlands, June 1999) and Report on a Comparative Study of Roles, Training of and Rights to Interpreters for Deaf blind People.

28. Edwards, R., Temple, B., & Alexander, C. 2005. Users' experiences of interpreters: The critical role of trust[J]. Interpreting: International Journal of Research & Practice In Interpreting, 7(1):77-95.

29. Elaine Hsieh, Eric Mark Kramer. 2012. Medical interpreters as tools: Dangers and challenges in the utilitarian approach to interpreters' roles and functions[J]. Patient Education and Counseling, 89(1).

30. Elaine Hsieh. 2005. Conflicts in how interpreters manage

their roles in provider-patient interactions[J]. Social Science & Medicine, 62(3).

31. Elaine Hsieh. 2006. Interpreters as co-diagnosticians: Overlapping roles and services between providers and interpreters [J]. Social Science & Medicine, 64(4).

32. Elkington, E. J., & Talbot, K. M. 2016. The role of interpreters in mental health care[J]. South African Journal of Psychology, 46(3):364-375.

33. Ellen Rosenberg, Robbyn Seller, Yvan Leanza. 2007. Through interpreters' eyes: Comparing roles of professional and family interpreters[J]. Patient Education and Counseling, 70(1).

34. Emilia C. Lopez, Mary Ellen Rooney. 1997. A preliminary investigation of the roles and backgrounds of school interpreters: Implications for training and recruiting[J]. Journal of Social Distress and the Homeless, 6(2).

35. Epps, P. G. 2016. Before a fall: The role of the interpreter in Endo's Silence[J]. Christianity & Literature, 65(4): 413-429.

36. Errico, E., & Ballestrazzi, E. 2014. When the speaker is a great performer A case study on the role of the interpreter in consecutive interpreting[J]. Revista Española De Lingüística Aplicada(John Benjamins Publishing Co.), 27(2):365-381.

37. Esperon-Rayson G, Gofton C, Angiyou M, Deyell J. A. 1991. The role of the interpreter in the provision of specialized medical care[J]. Arctic medical research, Suppl.

38. ESTES, J. M. 1998. The Role of Godly Magistrates in

the Church：Melanchthon as Luther's Interpreter and Collaborator [J]. Church History，67(3):463.

39. Fatahi，Hellström，Skott，Mattsson. 2008. General practitioners' views on consultations with interpreters：A triad situation with complex issues[J]. Scandinavian Journal of Primary Health Care，26(1).

40. Faucherre F，Weber O，Singy P，Guex P，Stiefel F. 2010. The community interpreter：a central role in the puzzle of the intercultural consultation[J]. Revue Medicale Suisse，6(236).

41. Fovo，E.D. 2016. The Interpreter's Role in Dialogue Interpreting on Television：A Training Method[J]. Utrecht Studies In Language & Communication，(29):48-68.

42. Franková V. 2007. The interpreter role of clinical geneticist in the process of genetic testing[J]. Casopis Lekaru Ceskych，146(11).

43. Frey，L. 2002. Interpreters as Diplomats：A Diplomatic History of the Role of Interpreters in World Politics (Book). 64(2):473.

44. Ganey，T. 2006. Churchill aide recalls wartime role：Interpreter shares fond memories of Truman[N]. Columbia Daily Tribune(MO).

45. Hayes，Dade. 2014. Relishing the Role of World-Stage Interpreter[J]. Broadcasting & Cable，144(21).

46. Hayes，P. L. 1993. Clarifying the Role of Classroom Interpreters[J]. Perspectives in Education And Deafness，11(5)：

8-10.

47. Henriette Langdon，Rosalinda Quintanar-Sarellana. 2003. Roles and Responsibilities of the Interpreter in Interactions with Speech-Language Pathologists，Parents，and Students[J]. Semin Speech Lang，24(03).

48. Hinz，J. T.(2012，January 1). Interpreter Roles and Transition for Public School Students Who Are Deaf：A Multiple Case Study. ProQuest LLC.

49. Howard Johnson，Andrew Thompson，Maria Downs. Non-Western interpreters' experiences of trauma：the protective role of culture following exposure to oppression[J]. Ethnicity & Health，2009，14(4).

50. Hu，J. 2017. Redefining the role of the community interpreter：The concept of role space[J]. Babel，63(3)：457-461.

51. Ingrid K. Christoffels，Annette M.B. de Groot，Judith F. Kroll. 2005. Memory and language skills in simultaneous interpreters：The role of expertise and language proficiency[J]. Journal of Memory and Language，54(3).

52. Ito，M.(2013，March 21). Somali pirates' trials highlight role of interpreters. Japan Times.

53. James M. Estes. 1998. The Role of Godly Magistrates in the Church：Melanchthon as Luther's Interpreter and Collaborator [J]. Church History：Studies in Christianity and Culture，67(3).

54. Jere Veilleux. 1967. The interpreter：His role，language，and audience[J]. Communication Education，16(2).

55. Jieun Lee. 2015. How Many Interpreters Does It Take to Interpret the Testimony of an Expert Witness? A Case Study of Interpreter-Mediated Expert Witness Examination[J]. International Journal for the Semiotics of Law—Revue internationale de Sémiotique juridique, 28(1).

56. Jieun Lee. 2009 When linguistic and cultural differences are not disclosed in court interpreting[J]. Multilingua—Journal of Cross-Cultural and Interlanguage Communication, 28(4).

57. Jocelyn Cranefield, Pak Yoong. 2007. The role of the translator/interpreter in knowledge transfer environments[J]. Knowledge and Process Management, 14(2).

58. K.C.J. Lau, S.M. Stewart, R. Fielding. 2001. Preliminary evaluation of "interpreter" role plays in teaching communication skills to medical undergraduates[J]. Medical Education, 35(3).

59. Kaczmarek, Ł. 2016. Towards a broader approach to the community interpreter's role on correspondence between role perceptions and interactional goals[J]. Interpreting: International Journal of Research & Practice In Interpreting, 18(1):57-88.

60. Kari White, M. Barton Laws. 2009. Role Exchange in Medical Interpretation[J]. Journal of Immigrant and Minority Health, 11(6).

61. Kaufert J.M, Koolage W.W. 1984. Role conflict among "culture brokers": the experience of native Canadian medical interpreters[J]. Social Science & Medicine, 18(3).

62. Kawashima, Y. 1989. Forest Diplomats: The Role of In-

terpreters in Indian-White Relations on the Early American Frontier[J]. American Indian Quarterly, 13(1), 1-14.

63. Keisuke Yao. 2014. The Fundamentally Different Roles of Interpreters in the Ports of Nagasaki and Canton[J]. Itinerario, 37(3).

64. Kenneth E. Miller PhD, Zoe L. Martell MS, Linda Pazdirek MS, Melissa Caruth MS, Diana Lopez BA. 2005. The Role of Interpreters in Psychotherapy With Refugees: An Exploratory Study[J]. American Journal of Orthopsychiatry, 75(1).

65. Koster, J. 2015. Custer Interpreter Frederic Gerard Was A Man of Many Roles and Three Families[J]. Wild West, 28(1): 18-19.

66. Krystallidou, D. 2016. Investigating the interpreter's role (s)[J]. Interpreting: International Journal of Research & Practice In Interpreting, 18(2):172-197.

67. Langdon Henriette W, Quintanar-Sarellana Rosalinda. 2003. Roles and responsibilities of the interpreter in interactions with speech-language pathologists, parents, and students [J]. Seminars in Speech and Language, 24(3).

68. Lau K.C, Stewart S.M, Fielding R. 2001. Preliminary evaluation of "interpreter" role plays in teaching communication skills to medical undergraduates[J]. Medical education, 35(3).

69. Lau, K. C., Stewart, S. M., & Fielding, R. 2001. Preliminary evaluation of "interpreter" role plays in teaching communication skills to medical undergraduates[J]. Medical Education,

35(3):217-221.

70. Leanza, Y. 2005. Roles of community interpreters in pediatrics as seen by interpreters, physicians and researchers[J]. Interpreting: International Journal of Research & Practice In Interpreting, 7(2):167-192.

71. Lebese, S. 2011. A pilot study on the undefined role of court interpreters in South Africa[J]. Southern African Linguistics & Applied Language Studies, 29(3):343-357.

72. LeBuffe, J. R. 1988. A Clarification of the Roles and Responsibilities of Teachers, Students, and Interpreters in a Mainstream Setting[J]. Perspectives For Teachers of The Hearing Impaired, 6(4):5-7.

73. Leland H. Roloff. 1973. The roles of the interpreter and the actor[J]. Communication Education, 22(2).

74. Lihua, J., Chong, H., Jinlin, J., & Yue, F. 2014. The sociological turn in the interpreter's role: Discourse interpreting filters[J]. Translation & Interpreting Studies: The Journal of The American Translation & Interpreting Studies Association, 9(2): 274-298.

75. Lipkin, S. L. 2008. Norms, ethics and roles among military court interpreters: The unique case of the Yehuda Court[J]. Interpreting: International Journal of Research & Practice In Interpreting, 10(1):84-98.

76. Lisbeth Brøde Jepsen, Claudio Dell'Era, Roberto Verganti. 2014. The contributions of interpreters to the development of radi-

cal innovations of meanings: the role of "Pioneering Projects" in the sustainable buildings industry[J]. R&D Management, 44(1).

77. Maher Sandra, Crawford-Carr Alison, Neidigh Kimberly. 2012. The role of the interpreter/doula in the maternity setting [J]. Nursing for Women's Health, 16(6).

78. Maher, S., Crawford-Carr, A., & Neidigh, K. 2012. The role of the interpreter/doula in the maternity setting[J]. Nursing For Women's Health, 16(6):472-481.

79. Maria R. Moreno, Regina Otero-Sabogal, Jeffrey Newman. 2007. Assessing Dual-Role Staff-Interpreter Linguistic Competency in an Integrated Healthcare System[J]. Journal of General Internal Medicine, 22(2).

80. Marina Sleptsova, Gertrud Hofer, Eggler Marcel, Paul Grossman, Naser Morina, Matthis Schick, Mary-Louise Daly, Irina Weber, Oktay Kocagöncü, Wolf Langewitz 2015. Wie verstehen Dolmetscher ihre Rolle in medizinischen Konsultationen und wie verhalten sie sich konkret in der Praxis[J]. Psychother Psych Med, 65(09/10).

81. Marta Biagini, Michael S. Boyd, Claudia Monacelli. 2017. The Changing Role of the Interpreter[M]. Taylor and Francis.

82. Masato Takimoto. 2012. Interpreters' involvement in multi-party interactions: The nature of participation as listener and speaker[J]. Journal of Cross-Cultural and Interlanguage Communication, 31(1).

83. Mason, M. 2015. The role of interpreters in adjudicating

blame[J]. Translation & Interpreting Studies: The Journal of The American Translation & Interpreting Studies Association, 10(2): 187-202.

84. Mikkelson, H. 2015. Redefining the role of the community interpreter: The concept of "role-space"[J]. Interpreting: International Journal of Research & Practice In Interpreting, 17(2):284-289.

85. Miller Kenneth E, Martell Zoe L, Pazdirek Linda, Caruth Melissa, Lopez Diana. 2005. The role of interpreters in psychotherapy with refugees: an exploratory study[J]. American Journal of Orthopsychiatry, 75(1).

86. Miller, K. E., Martell, Z. L., Pazdirek, L., Caruth, M., & Lopez, D. 2005. The Role of Interpreters in Psychotherapy With Refugees: An Exploratory Study[J]. American Journal of Orthopsychiatry, 75(1):27-39.

87. Moreno, M. R., Otero-Sabogal, R., & Newman, J. 2007. Assessing Dual-Role Staff-Interpreter Linguistic Competency in an Integrated Healthcare System. JGIM: Journal of General Internal Medicine, (22):331-335.

88. Morris, R. 2010. Images of the court interpreter: Professional identity, role definition and self-image[J]. Translation & Interpreting Studies: The Journal of The American Translation & Interpreting Studies Association, 5(1):20-40.

89. Mullins, G. W. 1984. Guest Editorial: The Changing Role of the Interpreter[J]. Journal of Environmental Education,

15(4):1-5.

90. Nam. 2016. T&I field training for undergraduate students: a case study of Korean undergraduate students' peripheral participation into the community and their furthered understanding of the role of interpreters/translators[J]. The Interpreter and Translator Trainer, 10(1).

91. Niamh Gargan, Janette Chianese. 2007. A review of the literature surrounding the provision of interpreters in health care, focusing on their role in translating information for non-English-speaking cancer patients and issues relating to informed consent [J]. Journal of Radiotherapy in Practice, 6(4).

92. Pascal Singy, Patrice Guex. 2005. The interpreter's role with immigrant patients: Contrasted points of view[J]. Communication & Medicine, 2(1).

93. Pérez, M. S. 2011. The role of interpreters in the conquest and acculturation of the Canary Archipelago[J]. Interpreting: International Journal of Research & Practice In Interpreting, 13(2):155-175.

94. Raymond, J. 2006. Children often take role as interpreters [N]. Daily Oklahoman.

95. Rena Zendedel, Barbara C. Schouten, Julia C. M. van Weert & Bas van den Putte. 2018. Interpreting in general practice: Are interpreters' roles related to perceived control, trust, and satisfaction? [J]. Ethnicity & Health, 23(2):158-173.

96. Resera, Tribe, Lane. 2015. Interpreting in mental

health, roles and dynamics in practice[J]. International Journal of Culture and Mental Health, 8(2).

97. Roloff, L. H. 1973. The Roles of the Interpreter and the Actor[J]. Speech Teacher, 22(2):145.

98. Rongbo Fu. 2018. Translating like a conduit? A sociosemiotic analysis of modality in Chinese government press conference interpreting[J]. Semiotica, 2018(221).

99. Rosenberg Ellen, Seller Robbyn, Leanza Yvan. 2007. Through interpreters' eyes: comparing roles of professional and family interpreters[J]. Patient Education and Counseling, 70(1).

100. Roy, C.B. 1990. Interpreters, their role, and metaphorical language use[C]. Proceedings of The 31st Annual Conference of The American Translators Association, 77-86.

101. Roy, C. B. 1992. A Sociolinguistic Analysis of the Interpreter's Role in Simultaneous Talk in Face-to-Face Interpreted Dialogue[J]. Sign Language Studies, (74):21-61.

102. Salend, S. J., & Longo, M. 1994. The Roles of the Educational Interpreter in Mainstreaming[J]. TEACHING Exceptional Children, 26(4):22-28.

103. Samuel Lebese. 2011. A pilot study on the undefined role of court interpreters in South Africa[J]. Southern African Linguistics and Applied Language Studies, 29(3).

104. Sandra Maher RNC, MSN-FNP, Alison Crawford. 2012. The Role of the Interpreter/Doula in the Maternity Setting [J]. Nursing for Women's Health, 16(6).

105. Selwyn, C. 2005. Interpreters play a key role in emergency service[N]. Dallas Morning News, The(TX).

106. Setton, R., & Liangliang, A. G. 2009. Attitudes to role, status and professional identity in interpreters and translators with Chinese in Shanghai and Taipei[J]. Translation & Interpreting Studies: The Journal of The American Translation & Interpreting Studies Association, 4(2).

107. Shair Ali Khan. 2016. The Distinction between Term and Word: A Translator and Interpreter Problem and the Role of Teaching Terminology [J]. Procedia—Social and Behavioral Sciences, 232.

108. Shisheng, L., & Shuang, L. 2012. The role shift of the interpreter to a cultural mediator: From the perspective of cultural orientations and contexting[J]. Babel, 58(2):145-163.

109. Siegel P. 1995. What they didn't know may have helped us: how the Supreme Court misinterpreted the role of sign language interpreters[J]. American annals of the deaf, 140(5).

110. Sigrid Slettebakk Berge, Borgunn Ytterhus. 2015. Deaf and hearing high-school students' expectations for the role of educational sign-language interpreter[J]. Society, Health & Vulnerability, 6(1).

111. Singy, P., & Guex, P. 2005. The interpreter's role with immigrant patients: Contrasted points of view[J]. Communication & Medicine(De Gruyter), 2(1):45-51.

112. Slatyer, H. 2005. Claudia V. Angelelli. Revisiting the

interpreter's role. A study of conference，court，and medical interpreters in Canada，Mexico，and the United States[J]. Interpreting: International Journal of Research & Practice In Interpreting，7(2)：313-321.

113. Sleptsova，Hofer，Morina，Langewitz. 2014. The Role of the Health Care Interpreter in a Clinical Setting—A Narrative Review[J]. Journal of Community Health Nursing，31(3).

114. Smith Sarah A. Chuukese Patients. 2018. Dual Role Interpreters，and Confidentiality：Exploring Clinic Interpretation Services for Reproductive Health Patients[J]. Hawai'i journal of medicine & public health：a journal of Asia Pacific Medicine & Public Health，77(4).

115. Stolle，M. 2009，January 30. Interpreters play a critical role in the health care system[N]. Post-Bulletin(Rochester，MN).

116. Sussman，L.，& Johnson，D. 1996. Dynamics of the Interpreter's Role：Implications for International Executives[J]. 7(2)：1-14.

117. Suurmond Jeanine，Woudstra Anke，Essink-Bot Marie-Louise. 2016. The interpreter as co-interviewer：the role of the interpreter during interviews in cross-language health research[J]. Journal of health services research & policy，21(3).

118. Thomas，G. 2007. Children's roles as interpreters full of pressure，peril[N]. Philadelphia Inquirer，The(PA).

119. Tina Paulsen Christensen. 2011. User expectations and evaluation：a case study of a court interpreting event[J]. Perspec-

tives, 19(1).

120. Veilleux, J. 1967. The Interpreter: His role, language, and Audience[J]. Speech Teacher, 16(2):124.

121. Wadensjo, C. 1993. The Double Role of a Dialogue Interpreter[J]. Perspectives: Studies In Translatology, 1(1):105-21.

122. Wagner Julie, Abbott Gina, Lacey Kimberly. 2005. Knowledge of heart disease risk among spanish speakers with diabetes: the role of interpreters in the medical encounter[J]. Ethnicity & Disease, 15(4).

123. Wu Ann Chen, Leventhal John M, Ortiz Jacqueline, Gonzalez Ernesto E, Forsyth Brian. 2006. The interpreter as cultural educator of residents: improving communication for Latino parents[J]. Archives of Pediatrics & Adolescent Medicine, 160(11).

124. Wu, M. S., & Rawal, S. 2017. "It's the difference between life and death": The views of professional medical interpreters on their role in the delivery of safe care to patients with limited English proficiency[J]. Plos ONE, 12(10):1-11.

125. Yang, C. 2014. The Interpreter's Role and Knowledge Production: A Case Study of Ono Seishyu, Courtroom Interpreter During the Japanese Colonial Period in Taiwan[J]. Compilation & Translation Review, 7(1):37-79.

126. Yasuhide, K. 1989. Forest Diplomats: The Role of Interpreters in Indian-White Relations on the Early American Frontier. American Indian Quarterly, 13(1), 1-14.

国外口译员角色研究专著

作　者	书　名	出版社	发表时间
Cecilia Wadensjo	Interpreting as interaction	Longman	1998 年
Chen Yi	The Roles of the Interpreter in Political Settings	Macquarie University, Faculty of Human Sciences, Department of Linguistics	2016 年
Claudia. Angelelli	Revisiting the interpreter's role a study of conference, court, and medical interpreters in Canada, Mexico, and the United States	John Benjamins Publishing Company	2004 年
Marta Biagin; Michael S. Boyd.; Claudia Monacelli	The changing role of the interpreter: contextualising norms, ethics and quality standards	Taylor & Francis Group	2017 年
Moira Inghilleri	Interpreting Justice: Ethics, Politics and Language	Routledge	2012 年
Peter Llewellyn-Jones, Robert G. Lee	Redefining the role of the community interpreter: the concept of role-space	SLI Press	2014 年

国内口译员角色研究期刊论文

作　者	题　　名	刊　　名	年	卷	期	页码
Summer Mouallem	口译员在商务会议中的跨文化交流者角色研究(英文)	商务英语教学与研究	2015		00	109—118
常文彩	联络口译译员角色的立体性分析及其意义	黑龙江工业学院学报(综合版)	2017	17	09	103—106
陈　川;黄　威	“隐身”还是“显身”?——论记者招待会口译中译员的角色	南昌教育学院学报	2013	28	10	136+138
陈　奎	国际工程现场译员的角色定位	安徽科技	2015		09	33—34
陈为忠	文化障碍和法庭口译员的文化调解者角色	长春理工大学学报(社会科学版)	2012	25	12	147—149
陈为忠	法庭口译员的文化调解者角色研究	宿州学院学报	2012	27	12	79—82
陈　雁	作为社区口译的“难民采访口译”中译员的伦理角色探讨	考试与评价(大学英语教研版)	2017		05	55—61

（续表）

作　者	题　　名	刊　　名	年	卷	期	页码
陈　媛	医疗口译员角色探究	海外英语	2014		14	114—116
邓建华;黄永芳	政治外交场域中口译员的角色研究	理论界	2015		09	118—125
龚　宇	一对一商务洽谈中译员角色变化及口译策略探究	海外英语	2013		09	141—142
郭　芮	译员角色空间内的三维适应性选择转换——从生态翻译学视角出发	课程教育研究	2017		48	26—27
郭怡军	论高层外交活动中译员角色的动态性	现代语文(语言研究版)	2015		06	124—127
胡　娟	不同历史时期口译场域的译员角色——惯习、场域、资本的社会学视角	民族翻译	2016		03	79—84
胡　娟	译员自我的维度突破——《社区口译员角色再定位:角色空间》评介	中国翻译	2016	37	01	66—69
胡丽艳	论联络口译现场译员的角色定位	校园英语	2014		32	233—235
胡卫伟	浅谈会展口译员的角色定位	牡丹江大学学报	2017	26	01	135—138
贾智勇	浅谈导游口译员角色与礼仪	才智	2017		05	223

（续表）

作　者	题　名	刊　名	年	卷	期	页码
江伟玲	法庭口译译员话语角色的构建研究——基于戈夫曼的“参与框架”理论	牡丹江大学学报	2016	25	03	134—137
蒋文干；牛　堃	社交口译中译员的面子构建者角色研究	安徽工业大学学报（社会科学版）	2014	31	03	72—73+78
栗文达；赵树旺	中外记者招待会中口译员的角色定位	新闻爱好者	2009		13	53—54
梁伟超；马菊玲	口译译员的角色浅析	校园英语	2014		27	172—173
林天羽	对话口译员的角色困境：如何应对话语双方的权利地位失衡	教师	2013		32	120—121
刘立胜	政治冲突中口译员的角色研究——《口译公正：道德、政治与语言》述评	中国翻译	2013	34	06	42—45
刘林军	论同声传译中的译员角色	中国科技翻译	2004		02	20—23
刘林军；沈新月	手语译员的角色塑造	学园	2014		12	46—48
刘　雯	译员在网站本地化过程中的角色定位	商丘职业技术学院学报	2011	10	01	75—76

（续表）

作者	题名	刊名	年	卷	期	页码
倪　兰	论手语新闻节目中手语译员的角色定位	上海翻译	2015		01	46—50
彭　岑	译员在外出教学活动中的职责和角色探讨	品牌（下半月）	2014		08	266
任　文	戈夫曼社会语言学视阈下口译员话语角色的解构与重构	中国翻译	2017	38	04	18—25＋128
施文刚	口译员的角色	重庆科技学院学报（社会科学版）	2011		13	139—140＋148
史欣然	展会口译译员角色研究	戏剧之家	2017		15	223—224
苏　伟	从“传声筒”到“医患关系的协调者”——一项针对医疗译员角色的实证研究	外语研究	2010		05	84—88
孙炳文;宋　琳	汉英双语法庭口译员角色定位的伦理思考	湖北工业大学学报	2015	30	03	93—98
孙炳文;宋　琳	汉英双语法庭口译员角色定位研究	湖北工业大学学报	2014	29	06	97—101

（续表）

作　者	题　　名	刊　　名	年	卷	期	页码
王　浩	口译职业化背景下外交口译员多元角色观——翻译伦理视角下的阐释	北方文学(下半月)	2012		08	105—106
王文捷;黄建凤	从海姆斯的 SPEAKING 模式探析口译员跨文化调停者角色	广西民族大学学报(哲学社会科学版)	2010	32	06	163—167
王晓华	商务现场口译员"协调员"的角色定位	科教导刊(中旬刊)	2015		06	165—166
吴海燕;张　俊	从"幕后"走向"前台"——基于外训课堂口译译员角色的一项实证研究	高教学刊	2016		08	259—261＋263
吴远宁	美国法庭口译员角色之困境	中国翻译	2016	37	02	60—65
邢　星	国内外译员角色研究的进展与思考(1976—2014)——一项基于相关文献的计量分析	上海翻译	2015		03	67—73
许佳;齐志;郑婧	论军事外训教学中译员的多样性角色	绵阳师范学院学报	2013	32	10	145—148
余　浩	援外农业项目中译员角色的思考	海外英语	2012		10	161—162
余　蕾	涉外刑事庭审语境与口译员角色困境	浙江外国语学院学报	2015		02	1—9

（续表）

作　者	题　　名	刊　　名	年	卷	期	页码
张海莉	社区口译员可见性角色的必要性	湖北函授大学学报	2012	25	08	141—142
张　威	会议口译员职业角色自我认定的调查研究	中国翻译	2013	34	02	17—25
赵军峰；张　锦	作为机构守门人的法庭口译员角色研究	中国翻译	2011	32	01	24—28＋93
赵晓玉	谈话口译中译员的角色转换及介入谈话的程度	长春理工大学学报	2010	5	05	78—79
赵悦琳	从“角色”到“定位”——伊恩·梅森的对话口译员权力观新解	吉林省教育学院学报（中旬）	2015	31	03	114—115
郑意长	口译过程中译员角色的“此在”性及角色适应	北京第二外国语学院学报	2010	32	04	34—37
周　静	记者招待会中多角色不平衡双语译员交传策略运用探析	广东技术师范学院学报	2015	36	07	49—55
邹德艳；刘风光	论联络口译中译员的角色	长春师范学院学报	2012	31	07	34—37

国内口译员角色研究硕士论文

作　者	论 文 题 名	毕业院校	年份
鲍　静	联络口译员特殊角色的再定位	上海外国语大学	2009
贝秋雨	从讲者立场偏移角度看同传译员的角色显身	广东外语外贸大学	2016
卜超群	联络口译译员角色分析——第十届广州国际纪录片节联络口译实践报告	广东外语外贸大学	2015
蔡露虹	论联络口译员的角色定位	厦门大学	2006
曾宝玉	基于商务陪同口译实践的译员角色分析报告	广东外语外贸大学	2016
陈楚琪	商务口译实践中译员的角色分析	广东外语外贸大学	2016
陈　茜	释意派理论视角下的中国法庭英汉/汉英口译员角色分析	内蒙古大学	2015
陈　香	外援培训交替传译译员角色探析	广东外语外贸大学	2017
陈奕先	商务谈判口译中的译员角色	广东外语外贸大学	2014
程　艳	以跨文化交际学的视角看对话口译员的多重角色	四川大学	2007
池昀瑜	2015 年亚洲户外运动展口译项目报告	南京师范大学	2016
戴榕株	对话口译中的译员角色分析——“2015 际小剧场戏剧管理论坛”项目报告	南京师范大学	2016

（续表）

作　者	论 文 题 名	毕业院校	年份
邓长峰	口译员的角色——BCM 城市公司会见广东省房地产协会口译报告	广东外语外贸大学	2017
杜　伟	从话轮转换角度分析国际商务谈判中译员的角色	上海外国语大学	2008
高　斯	联络口译译员角色分析	广东外语外贸大学	2016
高　薇	电视采访活动中联络口译员的角色研究	广东外语外贸大学	2014
龚　宇	“2013 旅游业界洽谈会”中译员角色及口译策略分析	成都理工大学	2014
国　宝	联络口译员的角色与职能	大连理工大学	2016
韩秋爽	法庭口译员角色定位及其对中国法庭口译规范化的启示	南京师范大学	2013
韩雨芯	论工程翻译中译员角色的多重性	成都理工大学	2015
何　静	医疗口译员角色执行中的冲突	厦门大学	2006
何丽萍	联络口译译员角色分析——国际老年大学协会第 92 届理事会及全体会议联络口译的实践报告	广东外语外贸大学	2014
何琳玉	英语媒体叙事下的阿富汗战争军事译员角色研究	中国地质大学(北京)	2017
何　玉	体育赛事活动中陪同口译员的角色定位	外交学院	2017
贺　丹	交替传译中口译员的调控角色	广东外语外贸大学	2017

（续表）

作　者	论 文 题 名	毕业院校	年份
侯佳妮	会展口译中译员角色分析——广州北欧旅游节口译实践报告	广东外语外贸大学	2015
侯紫娟	商务联络口译中译员角色分析	广东外语外贸大学	2013
胡文龙	“中国新疆与美国能源轨道交通行业合作论坛”口译实践报告——译员的角色分析	新疆师范大学	2014
黄　涵	口译员在政治敏感性场景中的角色研究	北京外国语大学	2016
黄　彦	从目的论看对话口译中译员的角色	四川外国语大学	2013
李海宁	译员角色定位	山东大学	2014
李　攀	口译员角色研究——维多利亚州企业家江苏驻点交流口译项目报告	南京师范大学	2017
李　雪	联络口译中译员的角色定位	天津师范大学	2014
林安琪	从目的论视角看译员的调控角色	广东外语外贸大学	2017
林晶晶	法庭口译员的角色定位	上海外国语大学	2009
林　扬	以跨文化交际视角看陪同口译员的角色	广东外语外贸大学	2015
刘嘉欣	多元交际背景下的译员角色	广东外语外贸大学	2014
刘　娜	译员在处理交际双方面子问题中的跨文化角色	广东外语外贸大学	2016

（续表）

作　者	论 文 题 名	毕业院校	年份
刘茜帆	基于交际策略及动因分析的医疗口译员机构守门人角色探究	广东外语外贸大学	2017
刘　伟	联络口译中译员的角色分析	天津师范大学	2013
刘　昕	商务对话口译中译员的协调者角色	广东外语外贸大学	2016
罗彩甜	从会话分析的角度分析联络口译中译员的调控角色	广东外语外贸大学	2017
吕梦莹	从口译实践出发分析译员的跨文化角色	广东外语外贸大学	2014
潘霜霜	商务对话场景中口译员的角色分析	广东外语外贸大学	2017
潘莹莹	关于中国法庭口译中中—英、英—中口译员角色的观点调查及其对法庭口译质量提升的启示	上海外国语大学	2017
沈力华	从关联的角度看对话口译员的角色	上海外国语大学	2012
沈　悦	全球化与全球本土化视角下陪同口译的译员角色定位和翻译策略	福建师范大学	2013
施莉娜	口译员“文化调停者”的角色研究——维多利亚州企业家江苏驻点交流口译项目报告	南京师范大学	2016
石国旗	涉外军事口译中口译员的角色	广东外语外贸大学	2014
宋　琳	汉英双语法庭口译员角色定位研究	湖北工业大学	2015
宋　婷	文化交流活动中口译员的角色	广东外语外贸大学	2013

（续表）

作　者	论文题名	毕业院校	年份
孙诗惠	从用户期望看联络口译员的角色	广东外语外贸大学	2016
谭茵子	在销售领域中口译员的角色认识	广东外语外贸大学	2015
陶传珍	陪同口译中译员的角色认识	广东外语外贸大学	2014
王　博	外交口译译员角色性研究基于国防部 2012 年例行记者发布会语料	广东外语外贸大学	2014
王嘉维	联络口译译员的多重角色	南昌大学	2016
王江慧	展会口译员角色分析	广东外语外贸大学	2016
王立冕	目的论视角下演讲口译中译员之角色研究	厦门大学	2014
王　青	论商务谈判口译模式中译员的角色与策略	上海外国语大学	2007
王　伟	论手语译员的角色	厦门大学	2009
王　勋	提审口译中的译员角色	广东外语外贸大学	2015
王颖蓓	论对话口译员的角色冲突	上海外国语大学	2009
王滋惠	口译实践报告:从目的论看译员的角色定位	宁夏大学	2016
温洁灵	从话轮转换角度分析对话口译中译员的角色	广东外语外贸大学	2016
吴　青	实践报告:商务陪同口译中的译员角色	广东外语外贸大学	2013

（续表）

作　者	论 文 题 名	毕业院校	年份
羡江楠	受众视角下的电视同传译员角色定位与策略研究	北京外国语大学	2016
向　艳	试论译员的角色转换	湖南师范大学	2005
熊鹏昱	商务交流活动中联络口译员的角色定位	广东外语外贸大学	2015
徐　蕾	话轮转换视角下会议口译员角色研究	天津财经大学	2016
许　洲	陪同口译中译员角色分析	外交学院	2017
杨　沫	从跨文化交际视角看社区口译员的角色	上海外国语大学	2010
杨　偲	法庭口译员角色分析	广东外语外贸大学	2017
杨天麟	联络口译译员角色分析	广东外语外贸大学	2015
杨向梅	话语基调与译员的角色定位	中国海洋大学	2009
于英俊	文化交流活动中联络口译员的角色定位	广东外语外贸大学	2014
虞文婷	从话轮转换的角度分析谈话口译员的角色	上海外国语大学	2007
詹嘉瑜	口译人际关系中的译员角色	广东外语外贸大学	2009
张　波	交替传译中译员的调控角色	广东外语外贸大学	2014
张晶晶	交替传译中译员的角色分析	广东外语外贸大学	2017

（续表）

作　者	论 文 题 名	毕业院校	年份
张立国	中国法庭口译员的角色定位	广东外语外贸大学	2009
张　莲	论口译员在商务谈判中的角色定位	上海外国语大学	2012
张梦璐	联络口译译员角色理论及西汉—汉西口译语境中的实证研究	北京外国语大学	2014
张文秀	从顺应论角度看记者招待会口译员的角色	上海外国语大学	2009
张雪婷	社区口译译员角色研究实践报告:话轮转换视角	东北大学	2015
张　宜	评价理论视角下的口译员角色探讨	西安外国语大学	2012
张媛华	联络口译中的译员角色	外交学院	2017
张哲岚	中国三方口译员角色的实证研究	厦门大学	2007
赵春燕	导游口译译员角色分析	广东外语外贸大学	2017
赵捷毅	中国法庭口译员的角色定位与实际职能浅析	上海外国语大学	2014
赵孔瑾	会展口译中译员角色研究	湖南师范大学	2015
郑　健	项目口译中译员的多面角色	山东大学	2017
朱书政	提审口译员的角色分析	广东外语外贸大学	2014
邹贵虎	应用多参数模型描述证道同传译员角色	北京外国语大学	2008

国内口译员角色研究专著

作　者	书　　名	出版社	发表时间
任　文	联络口译过程中译员的主体性意识研究	外语教学与研究出版社	2010 年
孙婷婷	中国政府记者招待会中口译员的角色研究	外语教学与研究出版社	2013 年
王海若	从口译员的操控看口译规范在会议中的作用	中国书籍出版社	2016 年
詹　成	政治场域中口译员的调控角色	外语教学与研究出版社	2013 年
张梦璐	联络口译医院角色理论与实践	上海外语教育出版社	2016 年

附录五　法庭口译研究文献数据库

国外法庭口译期刊论文

1. Alberts, M., & Mollema, N.(2013). Developing Legal Terminology in African Languages as Aid to the Court Interpreter: A South African Perspective. Lexikos, 2329-58.

2. Angermeyer, P. S.(2005). Who is "you"?: Polite forms of address and ambiguous participant roles in court interpreting. Target: International Journal on Translation Studies, 17(2), 203-226.

3. Angermeyer, P. S.(2009). Translation style and participant roles in court interpreting. Journal of Sociolinguistics, 13(1), 3-28.

4. Angermeyer, P. S.(2014). Monolingual ideologies and multilingual practices in small claims court: the case of Spanish-speaking arbitrators. International Journal of Multilingualism, 11(4), 430-448.

5. Bancroft, M. A., Bendana, L., Bruggeman, J., & Feuerle, L.(2013). Interpreting in the Gray Zone: Where Community and Legal Interpreting Intersect. Translation & Interpreting, 5(1), 94-113.

6. Beatriz Hale, S., & Napier, J.(2016). "We're just kind of there" Working conditions and perceptions of appreciation and status in court interpreting. Target: International Journal on Translation Studies, 28(3), 351-371.

7. Berk-Seligson, S.(2006). The Discourse of Court Interpreting. International Journal of Speech, Language & The Law, 13(1), 134-138.

8. BHATIA, V. K., & BHATIA, A.(2011). Legal discourse across cultures and socio-pragmatic contexts. World Englishes, 30(4), 481-495.

9. Brenda Yaling, C., & Tze-wei, C.(2013). Enhancing the Quality of Court Interpretation—A Functionalist Approach. Compilation & Translation Review, 6(2), 99-126.

10. Bromberg, J., & Jesionowski, I.(2010). Trends in court interpreter training. Multilingual, 21(4), 35-39.

11. Chang, K. C.(2013). Current Practices of Court Interpreting in Taiwan: Challenges and Possible Solutions. Compilation & Translation Review, 6(2), 127-164.

12. Chang, W. B., & Araujo, M. U.(1975). Interpreters for the Defense: Due Process for the Non-English-Speaking Defendant. California Law Review, 63(3), 801.

13. Cheung, A. F.(2014). The use of reported speech and the perceived neutrality of court interpreters. Interpreting: International Journal of Research & Practice In Interpreting, 16(2), 191-208.

14. Cheung, A. F.(2017). Non-renditions in court interpreting: A corpus-based study. Babel, 63(2), 174-199.

15. Christensen, T. P.(2011). User expectations and evaluation: a case study of a court interpreting event. Perspectives: Studies In Translatology, 19(1), 1-24.

16. Çiçek, K. (2002). Interpreters of the Court in the Ottoman Empire as seen from the Sharia Court Records of Cyprus. Islamic Law & Society, 9(1), 1-15.

17. Daily Record, S. (n. d). New York State Unified Court System unveils action plan for interpreting services. Daily Record, The(Rochester, NY).

18. DAMASCHIN, M.(2012). The Right to Interpretation and Translation in Criminal Proceedings. The Exigencies Imposed by the European Union. National Standards. Hungarian Journal of Legal Studies, 53(2), 31-43.

19. Davis, W. N.(2016). Justice moves slowly for those who need interpreters. ABA Journal, 1.

20. de Jongh, E. M.(1990). Interpreting in Miami's Federal Courts: Code-Switching and Spanglish. Hispania, 73(1), 274-78.

21. de Jongh, E. M. (2008). Court Interpreting: Linguistic Presence v. Linguistic Absence. Florida Bar Journal, 82(7), 21-32.

22. De Ramírez, C. K. (2013). From the Classroom to the

Courtroom: A Guide to Interpreting in the US Justice System. Hispania, 96(3), 592-593.

23. Deliscar, S. E. (2015). The United States' access to justice in Spanish. Multilingual, 26(5), 26-27.

24. Donia, R.(2016). Translating Evidence and Interpreting Testimony at a War Crimes Tribunal: Working in a Tug-of-War. Comparative Studies In Society & History, 58(2), 587-588.

25. Elias-Bursac, E.(2012). Shaping international justice: The role of translation and interpreting at the ICTY in The Hague. Translation & Interpreting Studies: The Journal of The American Translation & Interpreting Studies Association, 7(1), 34-53.

26. Eva Nga Shan, N.(2015). Judges' intervention in witness examination as a cause of omissions in interpretation in the Hong Kong courtroom. International Journal of Speech, Language & The Law, 22(2), 203-227.

27. Gallez, E., & Reynders, A. (2015). Court interpreting and classical rhetoric. Interpreting: International Journal of Research & Practice In Interpreting, 17(1), 64-90.

28. Gilbert, J.(2013, March 25). Yuma courts to begin using remote video interpreting system. Sun, The(Yuma, AZ).

29. Green, R. (2012). Government's court interpreting agency hit with wasted costs orders. Lawyer(Online Edition), 3.

30. Greenstein, M. N.(2010). Qualified Interpreters Enhance Judicial Ethics. Judges' Journal, 49(2), 40.

31. Hale, S.(2002). How faithfully do court interpreters render the style of non-English speaking witnesses' testimonies? A data-based study of Spanish-English bilingual proceedings. Discourse Studies, 4(1), 25.

32. Hale, S.(2014). Interpreting culture. Dealing with cross-cultural issues in court interpreting. Perspectives: Studies In Translatology, 22(3), 321-331.

33. Hale, S., Martschuk, N., Ozolins, U., & Stern, L. (2017). The effect of interpreting modes on witness credibility assessments. Interpreting: International Journal of Research & Practice In Interpreting, 19(1), 69-96.

34. Huws, C. F. (2015). The law of England and Wales: translation in transition. International Journal of Speech, Language & The Law, 22(1), 1-17.

35. Interpreting Inexplicit Language during Courtroom Examination.(2009). Applied Linguistics, 30(1), 93.

36. Introduction: Doing justice to court interpreting.(2008). Interpreting: International Journal of Research & Practice in Interpreting, 10(1), 1-7.

37. Jacobsen, B.(2008). Interactional pragmatics and court interpreting: An analysis of face. Interpreting: International Journal of Research & Practice In Interpreting, 10(1), 128-158.

38. Jacobsen, B. (2012). The significance of interpreting modes for question—answer dialogues in court interpreting. Interpreting: International Journal of Research & Practice In Interpre-

ting, 14(2), 217-241.

39. Jie, X., & Zhong, Y.(2008). Locating users of interpretation in the court: An impact analysis of literal and meaningful renditions in a mock court situation. Babel, 54(4), 327-342.

40. Jieun, L.(2009). Conflicting views on court interpreting examined through surveys of legal professionals and court interpreters. Interpreting: International Journal of Research & Practice In Interpreting, 11(1), 35-56.

41. Jieun, L.(2011). Translatability of speech style in court interpreting. International Journal of Speech, Language & The Law, 18(1), 1-33.

42. Jieun, L.(2015). Evaluation of court interpreting. Interpreting: International Journal of Research & Practice In Interpreting, 17(2), 167-194.

43. Karen Chung-chien, C.(2016). Needs Analysis for the Training of Court Interpreters. Compilation & Translation Review, 9(2), 93-136.

44. Khairoulline, V.(2004). Introduction to Court Interpreting. Perspectives: Studies In Translatology, 12(3), 228-229.

45. Khairoulline, V.(2007). The Discourse of Court Interpreting: Discourse Practices of the Law, the Witness and the Interpreter. Perspectives: Studies In Translatology, 15(1), 62-65.

46. Khairoulline, V.(2017). From the classroom to the courtroom: a guide to interpreting in the US justice system. Perspectives: Studies In Translatology, 25(1), 179-180.

47. KHAN, F.(2011). Interpreting for Refugees: "Where Practicable and Necessary only?". Refuge(0229-5113), 28(2), 93-105.

48. Lebese, S.(2011). A pilot study on the undefined role of court interpreters in South Africa. Southern African Linguistics & Applied Language Studies, 29(3), 343-357.

49. Lee, J.(2009). When Linguistic and Cultural Differences Are Not Disclosed in Court Interpreting. Multilingua: Journal of Cross-Cultural And Interlanguage Communication, 28(4), 379-401.

50. Lee, J.(2010). Interpreting reported speech in witnesses' evidence. Interpreting: International Journal of Research & Practice In Interpreting, 12(1), 60-82.

51. Lee, J.(2013). A study of facework in interpreter-mediated courtroom examination. Perspectives: Studies In Translatology, 21(1), 82-99.

52. Lee, J.(2015). How Many Interpreters Does It Take to Interpret the Testimony of an Expert Witness? A Case Study of Interpreter-Mediated Expert Witness Examination. International Journal For The Semiotics of Law, 28(1), 189-208.

53. Leung, E., & Gibbons, J.(2009). Interpreting Cantonese utterance-final particles in bilingual courtroom discourse. Interpreting: International Journal of Research & Practice In Interpreting, 11(2), 190-215.

54. Licoppe, C., & Verdier, M.(2013). Interpreting, video

communication and the sequential reshaping of institutional talk in the bilingual and distributed courtroom. International Journal of Speech, Language & The Law, 20(2), 247-275.

55. Licoppe, C., & Veyrier, C.(2017). How to show the interpreter on screen? The normative organization of visual ecologies in multilingual courtrooms with video links. Journal of Pragmatics, 107147-164.

56. MacMillan, T. (2017, April 19). New York Courts Struggle to Keep Up With Need to Interpret More Languages. Wall Street Journal—Online Edition. p.1.

57. Martin, A., & Taibi, M.(2012). Complexities of high profile interpreting: The case of the Madrid train bomb trial. Interpreting: International Journal of Research & Practice In Interpreting, 14(2), 145-164.

58. Martinsen, B., & Dubslaff, F.(2010). The cooperative courtroom: A case study of interpreting gone wrong. Interpreting: International Journal of Research & Practice In Interpreting, 12(1), 21-59.

59. Moeketsi, R.(2001). In Court with Dell Hymes: Implications for Courtroom Discourse and Court Interpreting. South African Journal of African Languages, 21(2), 133.

60. Moeketsi, R. H., & Mollema, N. (2006). Towards perfect practice in South African court interpreting: a quality assurance and quality management model. International Journal of Speech, Language & The Law, 13(1), 76-88.

61. Moeketsi, R., & Wallmach, K.(2005). From sphaza to makoya!: a BA degree for court interpreters in South Africa. International Journal of Speech, Language & The Law, 12(1), 77-108.

62. Monaghan, P.(2006, February 17). Legal Language, on the Fly. Chronicle of Higher Education. p.A56.

63. Morris, R.(2006). Sandra Beatriz Hale. The discourse of court interpreting. Discourse practices of the law, the witness and the interpreter. Interpreting: International Journal of Research & Practice In Interpreting, 8(1), 105-112.

64. Morris, R.(2010). Images of the court interpreter: Professional identity, role definition and self-image. Translation & Interpreting Studies: The Journal of The American Translation & Interpreting Studies Association, 5(1), 20-40.

65. Nakane, I.(2013). Language Rights in Japanese Criminal Courts: Bridging the Gap Between Legal Professionals and Language Professionals. Asian Studies Review, 37(3), 302-318.

66. Orozco, M., & Sanchez-Gijon, P.(2011). New resources for legal translators. Perspectives: Studies In Translatology, 19(1), 25-44.

67. Osborne, E.(1999). Who Should Be Worried About Asymmetric Information in Litigation? International Review of Law & Economics, 19(3), 399.

68. Pothier, D.(2014). Language Rights Remedies in the Supreme Court of Canada: Invisible, Gentle, or Stern Hand?

Review of Constitutional Studies, 19(2), 147-189.

69. Romberger, W.(2010). The Provision of Court Interpreter Services in the 21st Century. Judges' Journal, 49(2), 16-20.

70. STEFČIK, J.(2015). TEACHING COURT INTERPRETING ONLINE. PCTS Proceedings(Professional Communication & Translation Studies), 8207-208.

71. Taibi, M., & Martin, A. (2012). Court translation and interpreting in times of the "War on Terror": The case of Taysir Alony. Translation & Interpreting, 4(1), 77-98.

72. Takeda, K.(2008). Interpreting at the Tokyo War Crimes Tribunal. Interpreting: International Journal of Research & Practice In Interpreting, 10(1), 65-83.

73. Tarr, G. A. (1991). Interpreting the Constitution: The Supreme Court and the Process of Adjudication(Book). Library Journal, 116(3), 209.

74. Weissbrodt, D., & Nesbitt, N. H.(2011). The Role of the United States Supreme Court in Interpreting and Developing Humanitarian Law. Minnesota Law Review, 95(4), 1339-1423.

75. Wirthlin, A. L., & Zingale, M. R.(2013). New Funding for Court Interpreters Helps Clients, Judges... and Justice. Tennessee Bar Journal, 49(1), 15-17.

76. Yaling, C., & Posen, L.(2016). A Revised Model for the Professionalization of Court Interpreting in Taiwan. Compilation & Translation Review, 9(2), 137-163.

国外法庭口译专著

作　者	书　名	出版社	发表时间
Alicia Betsy	The practice of court interpreting	John Benjamins Publishing Company	1995 年
Becroft，Andrew J；Fenton，Sabine	Court interpreting terminology	Centre for Translating and Interpreting Studies	1995 年
Berk-Seligson，S.	The Bilingual Courtroom：Court Interpreters in the Judicial Process	University of Chicago Press	1990 年
Claudia Angelelli	Revisiting the interpreter's role a study of conference，court，and medical interpreters in Canada，Mexico，and the United States	John Benjamins Publishing Company	2004 年
Constance Emerson Crooker	The art of legal interpretation：a guide for court interpreters	Continuing Education Press	1996 年
Court of Justice of the European Union	Languages and interpreting at the Court of Justice of the European Union in Luxembourg	Publications Office	2015 年
Edwards，Alicia B.	Practice of Court Interpreting	John Benjamins Publishing Company	1995 年

（续表）

作　者	书　名	出版社	发表时间
Elena M. De Jongh	An introduction to court interpreting：theory & practice Elena M. De Jongh	University Press of America	1992 年
Ellen Elias-Bursać	Translating evidence and interpreting testimony at a war crimes tribunal：working in a tug-of-war	Palgrave Macmillan	2015 年
Holly，Mikkelson	Introduction to court interpreting	St. Jerome	2000 年
Joan，Colin Ruth Morris	Interpreters and the legal process	Waterside Press	1996 年、2001 年
Jongh，Elena M. de	From the Classroom to the Courtroom：A Guide to Interpreting in the U.S. Justice System	John Benjamins Publishing Company	2012 年
Liimatainen，Annikki；Nurmi	Legal Translation and Court Interpreting：Ethical Values，Quality，Competence Training	Frank & Timme	2017 年
Martina Bajčić；Katja Dobrić Basaneže	Towards the professionalization of legal translators and court interpreters in the EU	Cambridge Scholars Publishing	2016 年

（续表）

作　者	书　名	出版社	发表时间
Mason，Marianne	Courtroom interpreting	The Rowman & Littlefield Publishing Group	2008 年
Miriam Shlesinger	Doing Justice to Court Interpreting	John Benjamins Publishing Company	1947 年、2010 年
Philipp Sebastian Angermeyer	Speak English or What?：Codeswitching and Interpreter Use in New York City Courts	Oxford University Press	2015 年
Ramos，Fernando Prieto	Institutional translation for international governance：enhancing quality in multilingual legal communication	Bloomsbury advances in translation	2018 年
Sandra Hale	The discourse of court interpreting discourse practices of the law，the witness，and the interpreter	John Benjamins Publishing Company	2004 年
Susan Berk-Seligson	The Bilingual Courtroom：Court Interpreters in the Judicial Process	University of Chicago Press	1990 年
Takeda，Kayoko	Interpreting the Tokyo War Crimes Tribunal：A Sociopolitical Analysis	University of Ottawa Press	2010 年

国内法庭口译研究期刊论文

作者	题名	刊名	年	卷	期	页码
蔡健智	法庭口译标准初探	读与写(教育教学刊)	2009	6	03	20+57
曹嫣	《法庭口译的话语：法律、证人和译员的话语实践》述介	英语研究	2013	11	03	80—84
陈为忠	文化障碍和法庭口译员的文化调解者角色	长春理工大学学报(社会科学版)	2012	25	12	147—149
陈为忠	法庭口译员的文化调解者角色研究	宿州学院学报	2012	27	12	79—82
崔乃予	释意派理论关照下的法庭口译	英语广场(学术研究)	2013		01	16—17+20
刁洪	中国法庭口译研究综述	苏州科技学院学报(社会科学版)	2015	32	01	104—108
董明敏	“语言游戏”视角下的法庭口译探索	法论(西南政法大学研究生学报)	2016	29	00	152—168
杜碧玉	我国法庭口译的现状与对策	山西财经大学学报	2010	32	S2	261—262+264

（续表）

作　者	题　　名	刊　　名	年	卷	期	页　码
杜碧玉	香港的法庭口译制度评析	山东外语教学	2010	31	02	91—94
杜萌萌；谭键瑛	浅析法庭口译视译常见问题及其解决策略	云南大学学报(法学版)	2013	26	02	104—107
高建勋；刘　云	刍议我国法庭口译制度的构建	河北法学	2007		07	197—200
高　平	试论译前准备对法庭口译准确度的影响	兰州教育学院学报	2015	31	06	146—147
郭　婷	法庭口译在我国的发展方向与潜在问题	法律语言学说	2007		00	45—50
胡　辰	法庭口译的精准性与模糊性探讨	法制博览(中旬刊)	2012		11	283＋278
胡晓青	法庭口译术语翻译	企业家天地(理论版)	2011		01	208
黄秋蓉	法庭口译简论	职业圈	2007		24	53—54
黄　银	法庭口译中的归化和异化	科教导刊(中旬刊)	2011		05	239＋243
江伟玲	法庭口译译员话语角色的构建研究——基于戈夫曼的“参与框架”理论	牡丹江大学学报	2016	25	03	134—137
蓝　杨	论我国法庭口译现状及其发展策略	西南科技大学学报(哲学社会科学版)	2009	26	06	99—104

（续表）

作者	题名	刊名	年	卷	期	页码
李建军；曹灵美	法庭口译的变与不变	大连大学学报	2010	31	04	120—123
刘淑颖	美国的法庭口译	宁夏社会科学	2006		01	43—45
刘　洋	法庭口译话语教学	新校园(上旬)	2016		04	189
牛丽霞；王跃洪	法庭口译的特点及应对策略——以小额索赔案件为例	中国科技翻译	2015	28	02	19—21
沈　璐	法庭口译员对庭审问语控制的影响	广东外语外贸大学学报	2014	25	01	58—63
沈　璐；张新红	论我国涉外刑事审判法官对法庭口译的认识：调查与分析	浙江外国语学院学报	2015		02	10—16＋31
时　丹；曾琍萍；肖　凤	法庭口译中模糊语言的翻译策略	湖北经济学院学报(人文社会科学版)	2011	8	01	126—127
孙炳文；宋　琳	汉英双语法庭口译员角色定位的伦理思考	湖北工业大学学报	2015	30	03	93—98
孙炳文；宋　琳	汉英双语法庭口译员角色定位研究	湖北工业大学学报	2014	29	06	97—101
覃江华；龚献静	东京审判中的翻译问题研究——《东京战争罪行法庭口译：社会政治分析》述评	外语研究	2015		04	105—107

（续表）

作　者	题　名	刊　名	年	卷	期	页　码
唐　丽;陈　琳	话语密度和法庭口译人员的表现	成都航空职业技术学院学报	2011	27	02	73—75
王　琤	法庭口译的准确性与模糊性——以苏州中院涉外庭审为例	苏州科技学院学报(社会科学版)	2016	33	02	103—108
王　建;杨炳钧	我国法庭口译面临的机遇与挑战	四川外语学院学报	2007		03	115—120
吴远宁	美国法庭口译员的实践标准与培训标准	外语与翻译	2017	24	04	82—88
吴远宁	美国法庭口译员角色之困境	中国翻译	2016	37	02	60—65
肖平飞	论法庭口译的精准性与模糊性原则	湖南人文科技学院学报	2017	34	01	92—95
徐君君	法庭口译规范化之管见	现代物业(中旬刊)	2011	10	04	24—26
徐张玲	浅说法庭口译	法律语言学说	2008		02	84—86
杨　灿	论法庭口译在不同法律体系下的需求和标准	开封教育学院学报	2010	30	04	21—24
杨静琳	翻译目的论视角下刑事案件法庭口译的语域转换	儿童发展研究	2016		02	59—62

（续表）

作　者	题　名	刊　名	年	卷	期	页　码
张鲁平	语言顺应理论视域下的法庭口译规范化初探	中原工学院学报	2017	28	02	1—5
张其帆	香港法庭口译的历史沿革	东方翻译	2010		03	50—55
张瑞嵘	法庭口译员对庭审的语言重建功能探究	学习月刊	2016		24	12—14
张瑞嵘	我国法庭口译机制简论	湖北社会科学	2013		10	176—178
张瑞嵘	我国内地与香港法庭口译制度比较研究	湖北社会科学	2010		08	167—169
张瑞嵘	论我国法庭口译制度的构建	理论月刊	2009		11	109—111
赵军峰;陈　珊	中西法庭口译研究回顾与展望	中国科技翻译	2008		03	19—22+9
赵军峰;张　锦	作为机构守门人的法庭口译员角色研究	中国翻译	2011	32	01	24—28+93
赵军峰;赵　安	法庭口译研究新动向：桑德拉·黑尔教授访谈录	中国翻译	2016	37	06	56—59
朱　波;高　虹	法庭口译中的角色冲突——以 Camayd-Freixas“声明”为例	外语与外语教学	2015		05	75—79
朱　珠	法庭口译研究应该真正为中国法庭所用	海外英语	2013		14	168—170

国内法庭口译研究硕士论文

作　者	论 文 题 名	毕业院校	年份
陈　珊	法律言语行为与法庭口译策略	广东外语外贸大学	2008
陈卫林	《法庭口译的话语研究：法律、证人和译员的话语实践》第五章翻译报告	广东外语外贸大学	2017
陈晓珏	《法庭口译的话语研究》(节选)翻译报告	广东外语外贸大学	2017
丁永乾	法律口译初探	上海外国语大学	2009
董　翔	中国法庭口译现状分析及培训模式初探	上海外国语大学	2008
高　平	关联理论视角下的刑事案件法庭口译译前准备	广东外语外贸大学	2008
韩秋爽	法庭口译员角色定位及其对中国法庭口译规范化的启示	南京师范大学	2013
何玉丽	我国法庭口译现状及立法建议	华东政法大学	2013
李楠楠	广州法庭口译职业化趋势调查报告	广东外语外贸大学	2014
李燕敏	《法庭口译话语研究：法律、证人和译员的话语实践》第六章翻译报告	广东外语外贸大学	2017
林晶晶	法庭口译员的角色定位	上海外国语大学	2009
刘江业	中国的法庭口译：规范化角度的探讨	广东外语外贸大学	2008
刘　瀛	弗林—飞达案模拟法庭口译实践报告	陕西师范大学	2014

（续表）

作　者	论 文 题 名	毕业院校	年份
梅　劼	《法庭口译：州法院法庭口译政策与实践指南》(4 个章节)翻译报告	四川外国语大学	2013
潘莹莹	关于中国法庭口译中中—英、英—中口译员角色的观点调查及其对法庭口译质量提升的启示	上海外国语大学	2017
宋蓓茹	从口译方法和模式看法庭口译的准确性	上海外国语大学	2007
宋　琳	汉英双语法庭口译员角色定位研究	湖北工业大学	2015
唐偲维	法庭口译实践报告	华中师范大学	2017
田静静	法庭口译员在信息处理过程中的决策	广东外语外贸大学	2008
汪奕舒	浅析我国法庭口译准确性原则的不足与完善	湖南师范大学	2017
王娅姣	《法庭口译员法案 1978》的翻译报告	广东外语外贸大学	2015
熊　庭	中美民事诉讼中的法庭口译问题	四川大学	2004
薛宝宝	法庭口译场域下译员的主体性研究	广东外语外贸大学	2016
杨　灿	美国法庭口译规范化研究及其对中国的启示	南京师范大学	2011
杨　偲	法庭口译员角色分析	广东外语外贸大学	2017
张立国	中国法庭口译员的角色定位	广东外语外贸大学	2009
张晓琳	法庭口译实践报告	广东外语外贸大学	2014
赵捷毅	中国法庭口译员的角色定位与实际职能浅析	上海外国语大学	2014

国内法庭口译研究论文集论文

作　者	题　名	主　编	论文集名称	出版单位	年份	页码
高建勋	刍议我国法庭口译制度的构建	福建省人民政府外事办公室、福建省翻译工作者协会	福建省首届外事翻译研讨会论文集	福建省人民政府外事办公室、福建省翻译工作者协会	2007	6

法庭口译研究国内报纸文章

作　者	题　名	报纸名	出版日期	版次
董晓波	法庭口译人才培养及其制度建设	中国社会科学报	2018-04-02	007

附录六　法庭口译员角色研究文献数据库

国外法庭口译员角色研究期刊论文

1. Christensen, T. P.(2011). User expectations and evaluation: a case study of a court interpreting event. Perspectives: Studies In Translatology, 19(1), 1-24.

2. Jieun, L.(2009). Conflicting views on court interpreting examined through surveys of legal professionals and court interpreters. Interpreting: International Journal Of Research & Practice In Interpreting, 11(1), 35-56.

3. Lebese, S.(2011). A pilot study on the undefined role of court interpreters in South Africa. Southern African Linguistics & Applied Language Studies, 29(3), 343-357.

4. Lebese, S.(2011). A pilot study on the undefined role of court interpreters in South Africa. Southern African Linguistics & Applied Language Studies, 29(3), 343-357.

5. Lee, J.(2009). When Linguistic and Cultural Differences Are Not Disclosed in Court Interpreting. Multilingua: Journal Of Cross-Cultural And Interlanguage Communication, 28(4), 379-401.

6. Lipkin, S. L.(2008). Norms, ethics and roles among mili-

tary court interpreters: The unique case of the Yehuda Court. Interpreting: International Journal Of Research & Practice In Interpreting, 10(1), 84-98.

7. Lipkin, S. L.(2008). Norms, ethics and roles among military court interpreters: The unique case of the Yehuda Court. Interpreting: International Journal Of Research & Practice In Interpreting, 10(1), 84-98.

8. Morris, R.(2010). Images of the court interpreter: Professional identity, role definition and self-image. Translation & Interpreting Studies: The Journal Of The American Translation & Interpreting Studies Association, 5(1), 20-40.

9. Morris, R.(2010). Images of the court interpreter: Professional identity, role definition and self-image. Translation & Interpreting Studies: The Journal Of The American Translation & Interpreting Studies Association, 5(1), 20-40.

10. Siegel, P.(1995). What they didn't know may have helped us: how the Supreme Court misinterpreted the role of sign language interpreters. American Annals Of The Deaf, 140(5), 386-395.

11. Siegel, P.(1995). What They Didn't Know May Have Helped Us: How the Supreme Court Misinterpreted the Role of Sign Language Interpreters. American Annals Of The Deaf, 140(5), 386-395.

12. Slatyer, H. (2005). Claudia V. Angelelli. Revisiting the interpreter's role. A study of conference, court, and medical interpreters in Canada, Mexico, and the United States. Interpreting: International Journal Of Research & Practice In Interpreting, 7(2), 313-321.

13. Stone, C., & Woll, B.(2008). Dumb O Jemmy and Others: Deaf People, Interpreters, and the London Courts in the Eighteenth and Nineteenth Centuries. Sign Language Studies, 8(3), 226-240.

国内法庭口译员角色研究期刊论文

作者	题名	刊名	年	卷	期	页码
张瑞嵘	法庭口译员对庭审的语言重建功能探究	学习月刊	2016		24	12—14
江伟玲	法庭口译译员话语角色的构建研究——基于戈夫曼的“参与框架”理论	牡丹江大学学报	2016	25	03	134—137
吴远宁	美国法庭口译员角色之困境	中国翻译	2016	37	02	60—65
孙炳文;宋　琳	汉英双语法庭口译员角色定位的伦理思考	湖北工业大学学报	2015	30	03	93—98
余　蕾	涉外刑事庭审语境与口译员角色困境	浙江外国语学院学报	2015		02	1—9
张新红;龚莉岚;曾小云	论涉外庭审中译员与英语水平有限的外籍被告人的交际策略	浙江外国语学院学报	2015		02	17—22
孙炳文;宋　琳	汉英双语法庭口译员角色定位研究	湖北工业大学学报	2014	29	06	97—101
沈　璐	法庭口译员对庭审问语控制的影响	广东外语外贸大学学报	2014	25	01	58—63
陈为忠	文化障碍和法庭口译员的文化调解者角色	长春理工大学学报(社会科学版)	2012	25	12	147—149
陈为忠	法庭口译员的文化调解者角色研究	宿州学院学报	2012	27	12	79—82
赵军峰;张　锦	作为机构守门人的法庭口译员角色研究	中国翻译	2011	32	01	24—28+93

国内法庭口译员角色研究硕士论文

主要责任者	文献题名	毕业院校	年份
潘莹莹	关于中国法庭口译中中—英、英—中口译员角色的观点调查及其对法庭口译质量提升的启示	上海外国语大学	2017
杨　偲	法庭口译员角色分析	广东外语外贸大学	2017
薛宝宝	法庭口译场域下译员的主体性研究	广东外语外贸大学	2016
宋　琳	汉英双语法庭口译员角色定位研究	湖北工业大学	2015
陈　茜	释意派理论视角下的中国法庭英汉/汉英口译员角色分析	内蒙古大学	2015
赵捷毅	中国法庭口译员的角色定位与实际职能浅析	上海外国语大学	2014
韩秋爽	法庭口译员角色定位及其对中国法庭口译规范化的启示	南京师范大学	2013
刘立立	传播学的视角下看庭审口译中译员的主体性	湖南师范大学	2012
张立国	中国法庭口译员的角色定位	广东外语外贸大学	2009
林晶晶	法庭口译员的角色定位	上海外国语大学	2009
田静静	法庭口译员在信息处理过程中的决策	广东外语外贸大学	2008

国内法庭口译员角色研究论文集

作　者	题　名	主　编	论文集	Year	页码
何冬梅	法庭手语翻译:探讨译员的中立性原则	福建省外国语文学会	福建省外国语文学会2009年年会暨学术研讨会论文集	2009	11

附录七　Critical Link 1-6 目录

Critical Link 1 目录

8. The challenges of setting and monitoring the standards of community interpreting：An australian perspective/Sherrill J. Bell

9. Community interpreting or not? Practices，standards and accreditation/Adolfo Gentile

10. Accreditation in australia：An alternative means/Elizabeth Lascar

11. Obtaining feedback from non-Engllish speakers/Nathan Garber and Louise A. Mauffette-Leenders

12. Degree of interpreter responsibilty in the interaction process in community interpreting/Birgitta Englund Dimitrova

13. Interpreting for health in the united states：Government partnerships with communities，interpreters，and providers/Julia Puebla Fortier

14. Legal interpreting by Any other name is still legal interpreting/Virginia Benmaman

15. The courtroom interpreter：Paragon and Intruder? / Yvonne Fowler

16. The interpreter on trial：Pragmatics in court interpreting/ Sandra Hale

17. "Is there anybody out there?" community interpreting in austria/Franz Pöchhacker

18. Scholl children as community interpreters/Carolyn Bullock and Brian Harris

19. Training college students as community interpreters：an innovative model/Suzanne Michael and Marianne Cocchini

20. UN military observer interpreting in a community set-

Critical Link 2 目录

Critical Link 3 目录

4. The Feminist-Relational Approach：A Social Construct for Event Management/Lynne Eighinger and Ben Karlin

5. Les différentes figures d'interaction en interprétation de dialogue/Danielle-Claude Bélanger

6. Analysing Interpreted Doctor-Patient Communication from the Perspectives of Linguistics, Interpreting Studies and Health Sciences/Bernd Meyer, Birgit Apfelbaum, Franz Pöchhacker and Alexandre Bischoff

7. Training Doctors to Work Effectively with Interpreters/Helen Tebble

8. Creating a High-Standard, Inclusive and Authentic Certification Process/Maria-Paz Beltran Avery

9. Community Interpreting in Denmark：Results of a Survey/Friedel Dubslaff and Bodil Martinsen

10. La formation des interprètes autochtones et les le.ons à en tirer/Marco A. Fiola

11. Interpreting for the Perpetrator in the Partner Assault Response Program：The Selection and Training Process/Melanie Oda and Donna Joyette

12. Fit for Purpose? Interpreter Training for Students from Refugee Backgrounds/Jane Straker and Helen Watts

13. Responding to Communication Needs：Current Issues and Challenges in Community Interpreting and Translating in Spain/Carmen Valero Garcés

14. Taking an Interpreted Witness Statement at the Police Station：What Did the Witness Actually Say? /Yvonne Fowler

15. Court Interpreting: Malaysian Perspectives/Zubaidah Ibrahim and Roger T. Bell

16. Pragmatics in Court Interpreting: Additions/Bente Jacobsen

17. Court Interpreters as Social Actors: Venezuela, a Case Study/Edith Vilela Biasi

18. Health Interpreting in New Zealand: The Cultural Divide/Ineke Crezee

19. Assessing the "Costs" of Health Interpreter Programs: The Risks and the Promise/Sarah Bowen and Joseph M. Kaufert

20. Community-Based Interpreting: The Interpreter's Perspective/Terry Chesher, Helen Slatyer, Vadim Doubine, Lia Jaric and Rosy Lazzari

21. European Equivalencies in Legal Interpreting and Translation/Ann CorselliSy Erik Hertog, Bodil Martinsen, Edda Ostarhild and Yolanda Vanden Bosch

22. Follow-on Protection of Interpreters in Areas of Conflict/Roy Thomas

Critical Link 4 目录

1. Foreword: Interpreting professions, professionalisation, and professionalism/Cecilia Wadensjo

2. Critical linking up: Kinship and convergence in interpreting studies/Franz Pochhacker

3. The interpreter in multi-party medical encounters/Amalia Amato

16. Professionalisation of interpreting with the community: Refining the model/Graham H. Turner

17. "Why bother?": Institutionalization, interpreter decisions, and power relations/Stephanie Jo Kent

18. The interpreter as advocate: Malaysian court interpreting as a case in point/Zubaidah Ibrahim

19. Professionalisation of interpreters: The case of mental health care/Abdelhak Elghezouani

20. Professional stocks of interactional knowledge in the interpreter's profession/Satu Leinonen

21. Aristotelian ethics and modern professional interpreting/Patrick Kermit

22. Formative assessment: Using peer and self-assessment in interpreter training/Yvonne Fowler

23. Interpreter internship program: Forging employer-community partnerships/Sheila Johnston

24. On-line and between the lines: The internet and glossary production for public service interpreters/Jane Straker

25. Interpreter training from scratch/Beppie van den Bogaerde

26. From helpers to professionals: Training of community interpreters in Sweden/Helge Niska

Critical Link 5 目录

1. Quality in interpreting: A shared responsibility/Uldis Ozolins and Sandra Hale

Critical Link 6 目录

19. Public service interpreter education: A multidimensional approach aiming at building a community of learners and professionals/Danielle D'Hayer

附录八　Crossing Borders in Community Interpreting 目录

8. Hospital interpreting practice in the classroom and the workplace/Carmen Valero-Garcés

9. Intercultural mediation: an answer to health care disparities? /Hans Verrept

10. Community interpreter self-perception: a Spanish case study/Anne Martin and Isabel Abril Martí

11. Sign language interpreters and role conflict in the workplace/Jules Dickinson and Graham H. Turner

12. Migration, ideology and the interpreter-mediator: the role of the language mediator in educational and medical settings in Italy/Mette Rudvin and Elena Tomassini

13. Perceptions of a profession/Heidi Salaets and Jan Van Gucht.

附录九　Doing justice to court interpreting 目录

Interpreting 特刊

1. Introduction：Doing justice to court interpreting/Miriam Shlesinger and Franz Pöchhacker

2. Interpreting at the Tokyo War Crimes Tribunal/Kayoko Takeda

3. Judicial systems in contact：Access to justice and the right to interpreting/translating services among the Quichua of Ecuador/Susan Berk-Seligson

4. Missing stitches：An overview of judicial attitudes to interlingual interpreting in the criminal justice systems of Canada and Israel/Ruth Morris

5. Norms，ethics and roles among military court interpreters：The unique case of the Yehuda Court/Shira L. Lipkin

6. Interpreting reported speech in witnesses' evidence/Jieun Lee

7. The cooperative courtroom: A case study of interpreting gone wrong/Bodil Martinsen and Friedel Dubslaff

8. Judges' deviations from norm-based direct speech in court/Tina Paulsen Christensen

9. Interactional pragmatics and court interpreting: An analysis of face/Bente Jacobsen

Book Reviews

Martina Behr and Maike Corpataux. Die Nürnberger Prozesse—Zur Bedeutung der Dolmetscher für die Prozesse und der Prozesse für die Dolmetscher.

Hartwig Kalverkämper and Larisa Schippel(Eds.). Simultandolmetschen in Erstbewährung: Der Nürnberger Prozess 1945.

Reviewed by Christiane J. Driesen

Erik Hertog and Bart van der Veer(Eds.). Taking stock: Research and methodology in community interpreting.

Reviewed by Cecilia Wadensjö

Cecilia Wadensjö, Birgitta Englund Dimitrova and Anna-Lena Nilsson(Eds.). The Critical Link 4: Professionalisation of interpreting in the community. Selected papers from the 4th International Conference on Interpreting in Legal, Health and Social Service Settings, Stockholm, Sweden, 20—23 May 2004.

Reviewed by Holly Mikkelson

附录十　国际会议口译员协会职业道德守则

AIIC: Code of Professional Ethics
国际会议口译员协会口译员职业道德守则

国际会议口译员协会(AIIC)是专业会议口译人员的国际组织,以其入会资格之严苛著名,其会员身份是国际公认的合格会议口译人员的标志。因此,该协会制定的《职业道德守则》对于我国的口译人员有较高的参考价值。以下为会议口译员《职业道德守则》英汉对照全文,英文原文见国际会议口译员协会网站,中文译文由付蕾翻译,黄长奇审定。条款分别涉及准则的宗旨和范围(第1条)、严格保守专业机密(第2条)、接受聘约的条件(第3条和第4条)、会员与协会关系以及会员之间的关系(第5条和第6条)、工作条件(第7条和第8条)以及准则的修正(第9条)。

Code of Professional Ethics(AIIC, version 1994)

I. Purpose and Scope

一、目的和范围

Article 1

第 1 条

1. This Code of Professional Ethics (hereinafter called the "Code") lays down the standards of integrity, professionalism and confidentiality which all members of the Association shall be bound to respect in their work as conference interpreters.

1. 本《职业道德守则》(以下简称《守则》)规定了诚信、专业和保密的标准，所有会员均有义务在其作为会议口译员的工作中遵循这些标准。

2. Candidates shall also undertake to adhere to the provisions of this Code.

2. 候选会员(candidates)也应承诺遵守本守则的规定。

3. The Council, acting in accordance with the Regulation on Disciplinary Procedure, shall impose penalties for any breach of the rules of the profession as defined in this Code.

3. 按照《纪律程序条例》，理事会将对任何违反本守则所界定的职业规则的行为予以惩罚。

II. Code of Honour

二、荣誉准则

Article 2

第 2 条

1. Members of the Association shall be bound by the strictest

secrecy, which must be observed towards all persons and with regard to all information disclosed in the course of the practice of the profession at any gathering not open to the public.

1. 会员应受严格的保密准则约束。在任何不向公众开放的会议中，所有人员均需对口译过程中披露的所有信息严格保密。

2. Members shall refrain from deriving any personal gain whatsoever from confidential information they may have acquired in the exercise of their duties as conference interpreters.

2. 严禁会员利用会议口译员的职务之便，用可能获取的机密信息谋取任何私利。

Article 3

第 3 条

1. Members of the Association shall not accept any assignment for which they are not qualified. Acceptance of an assignment shall imply a moral undertaking on the member's part to work with all due professionalism.

1. 会员不得接受任何本人难以胜任的任务。接受任务则意味着会员在道义上承诺将以应有的专业水准工作。

2. Any member of the Association recruiting other conference interpreters, be they members of the Association or not, shall give the same undertaking.

2. 任何会员在招募其他会议口译员时，无论后者是否为本协会会员，都应给予客户同样的保证。

3. Members of the Association shall not accept more than one assignment for the same period of time.

3. 会员不得在同一时间里接受多项任务。

Article 4

第 4 条

1. Members of the Association shall not accept any job or situation which might detract from the dignity of the profession.

1. 会员不得接受任何可能有损本职业尊严的工作或职务。

2. They shall refrain from any act which might bring the profession into disrepute.

2. 会员应避免做出任何可能有损本职业声誉的行为。

Article 5

第 5 条

For any professional purpose, members may publicise the fact that they are conference interpreters and members of the Association, either as individuals or as part of any grouping or region to which they belong.

会员可以出于任何职业目的,宣传其为会议口译员和本协会会员这一事实,包括本协会个人会员身份和本协会任何下属机构或区域组织成员身份。

Article 6

第 6 条

1. It shall be the duty of members of the Association to afford their colleagues moral assistance and collegiality.

1. 会员有义务向同事提供道义援助和协作。

2. Members shall refrain from any utterance or action prejudicial to the interests of the Association or its members. Any com-

plaint arising out of the conduct of any other member or any disagreement regarding any decision taken by the Association shall be pursued and settled within the Association itself.

2. 会员应避免任何有损本协会或其会员利益的言语或行为。任何针对其他会员行为的申诉，或是对本协会所做出的任何决定有任何异议，应寻求在协会内部解决。

3. Any problem pertaining to the profession which arises between two or more members of the Association, including candidates, may be referred to the Council for arbitration, except for disputes of a commercial nature.

3. 任何两名或两名以上会员（包括候选会员），如产生任何与职业相关的争端，均可提交理事会仲裁，商业性质的争端除外。

III. Working Conditions

三、工作条件

Article 7

第7条

With a view to ensuring the best quality interpretation, members of the Association:

为确保口译的最佳质量，协会会员：

1. shall endeavour always to secure satisfactory conditions of sound, visibility and comfort, having particular regard to the Professional Standards as adopted by the Association as well as any technical standards drawn up or approved by it;

1. 应根据本协会通过的《职业标准》以及由本协会制定或批准的任何技术标准，始终努力争取满意的声效、能见度和舒适度；

2. shall not, as a general rule, when interpreting simultaneously in a booth, work either alone or without the availability of a colleague to relieve them should the need arise;

2. 通常说来，在单独一人或在需要时没有同事可替换的情况下，不得在同传厢从事同传工作；

3. shall try to ensure that teams of conference interpreters are formed in such a way as to avoid the systematic use of relay;

3. 在组建会议口译团队时，应尽力避免经常使用接力；

4. shall not agree to undertake either simultaneous interpretation without a booth or whispered interpretation unless the circumstances are exceptional and the quality of interpretation work is not thereby impaired;

4. 不应同意从事耳语传译或在没有同传厢的条件下进行同声传译，除非情况特殊且口译工作的质量不会因此受到影响；

5. shall require a direct view of the speaker and the conference room. They will thus refuse to accept the use of television monitors instead of this direct view, except in the case of videoconferences;

5. 应要求可直接观察到发言者和会议室。因此，除非是视频会议，否则应拒绝接受使用电视屏幕代替直接观察的方式；

6. shall require that working documents and texts to be read out at the conference be sent to them in advance;

6. 应要求提前拿到将在会议上宣读的工作文件和演讲稿；

7. shall request a briefing session whenever appropriate;

7. 如果条件许可,应要求举办情况通报会;

8. shall not perform any other duties except that of conference interpreter at conferences for which they have been taken on as interpreters.

8. 在自己已被聘为会议口译员的会议上,不得从事会议口译之外的任何其他工作。

Article 8

第8条

Members of the Association shall neither accept nor, a fortiori, offer for themselves or for other conference interpreters recruited through them, be they members of the Association or not, any working conditions contrary to those laid down in this Code or in the Professional Standards.

对于任何违反本《守则》或《职业标准》规定的工作条件,协会会员均不得接受,更不得代表本人或本人招募的其他会议口译员(无论是否为协会会员)主动提出。

IV. Amendment Procedure

四、修订程序

Article 9

第9条

This Code may be modified by a decision of the Assembly taken with a two-thirds majority of votes cast, provided a legal opinion has been sought on the proposals.

相关提议在征求法律意见后,大会可在获得三分之二多数的投票后作出决定,对本《守则》予以修改。

附录十一　澳大利亚翻译协会道德守则和行为准则

AUSIT Code of Ethics and Code of Conduct
澳大利亚翻译协会道德守则和行为准则

简　介

The AUSIT Code of Ethics was first drafted as a by-law in the early 1990s. It was then endorsed in expanded form at the National Annual General Meeting in 1995, and for the next 15 years served AUSIT and the wider profession well. A number of overseas educational institutions and professional bodies used it as a reference or as a model for their own codes.

澳大利亚翻译协会道德准则最初是在20世纪90年代初作为章程起草的。后在1995年全国年度大会上以扩大的形式获批。在接下来15年为AUSIT和更广泛的行业服务。一些海外教育机构和专业团体将它作为其守则的参考或模型。

But changes in the translation and interpreting industry mean the requirements of a code of ethics have also changed. In late

2010 AUSIT accepted a proposal from Monash University to set up a joint AUSIT/Monash working group to review the Code of Ethics, with funding for Dr Uldis Ozolins as its leader. After twelve months, when the funding was exhausted, Christian Schmidt took over the reins to bring the project to completion. At some point during the review process feedback was sought from all AUSIT members and from representatives of all areas of the T&I industry.

但翻译和口译产业的变化意味着道德准则的要求也相应发生了变化。2010 年年底，AUSIT 接受了莫纳什大学的一项提案，该提案建议成立一个 AUSIT/莫纳什联合工作组对道德准则进行审查，由博士提供资金，并担任领导。12 个月后，当资金枯竭的时候，克里斯蒂安施密特接管并完成了该项目。

前　言

The AUSIT Code of Ethics and Code of Conduct is intended to regulate the professional conduct of members of AUSIT, the Australian Institute of Interpreters and Translators.

澳大利亚翻译协会道德准则旨在规范澳大利亚翻译协会学员的专业行为。

AUSIT was founded in 1987, when the National Accreditation Authority for Translators and Interpreters (NAATI) called practitioners, educators and government language service provider representatives from around Australia to a meeting in Canberra to establish a national professional association. AUSIT's establishment was part of the historical development of the architecture of interpreting and translating in Australia and New Zealand, which has also included national accreditation and qualifications standards, widespread language services, specialised education and a respected code of ethics.

AUSIT 成立于 1987 年，当时的澳大利亚翻译资格认可局(NAATI)召集从业者，教育者和政府澳大利亚各地的语言服务提供商代表到堪培拉召集会议成立一个全国职业协会。AUSIT 的成立是口译和笔译体系结构在澳大利亚和新西兰历史发展的一部分，其中也包括国家认证和资格标准，广泛的语言服务，专业化教育和受尊重的道德准则。

AUSIT's original Code of Ethics was completed in 1995, when it was endorsed by NAATI and adopted by AUSIT at its National Annual General Meeting. In 1996 it was presented to the International Federation of Translators at the World Congress hosted by AUSIT in Melbourne. NAATI endorses the AUSIT Code of Ethics as the basis of professional conduct for those with a NAATI credential, that is to say anyone holding NAATI accreditation or recognition.

AUSIT 原有的道德准则于 1995 年完成，当时得到了 NAATI 的认可，并由 AUSIT 在其全国年度大会上通过。在 1996 年由 AUSIT 在墨尔本举办的世界大会上递交给国际翻译工作者联合会。NAATI 认可 AUSIT 道德准则为那些拥有 NAATI 证书的人提供专业行为的基础，也就是说任何持有 NAATI 认证或认可的人。

This updated version of the AUSIT Code of Ethics and Code of Conduct was written in 2012 in recognition of the significant development and diversification of the field in Australia, and the growing attention to ethical issues in interpreting and translation around the world. International recognition of the status of interpreters and translators becomes even more important as they achieve greater prominence through media, international affairs and local political issues, attracting increased scrutiny of their standards.

这份更新的 AUSIT 道德准则和行为规范 AUSIT 道德和行为准则的更新版本写于 2012 年。该版本认识到了该领域在澳大利亚的重大发展和多元化，以及对世界各地口译和笔译道德问题越来越多的关注。国际上认为口译员和笔译员地位变得更加重要，因为他们通过媒体，国际事务和地方政治问题变得更加突出，对他们的标准也有越来越多的审查。

In summary, the Code obliges members to:

总之，准则要求成员遵守以下条款：

● maintain professional detachment, impartiality, objectivity and confidentiality;

保持专业的独立性，公正性，客观性和保密性；

● strive for excellence through continuous regular professional development;

通过不断定期的专业发展追求卓越；

● decline work beyond their competence;

拒绝超越他们能力的工作；

● promote working conditions, relationships and an understanding of roles that facilitate collaboration and quality service delivery;

改善工作环境，工作关系并加强对促进协作和优质服务交付的角色的理解；

- adhere to dispute resolution procedures；

遵守争议解决程序。

AUSIT CODE OF ETHICS
澳大利亚翻译协会道德准则

GENERAL PRINCIPLES 总则

1. PROFESSIONAL CONDUCT 职业操守

Interpreters and translators act at all times in accordance with the standards of conduct and decorum appropriate to the aims of AUSIT，the national professional association of interpreting and translation practitioners.

口译员和笔译员在任何时候都应根据对于口译和笔译从业者全国职业协会——澳大利亚翻译协会（AUSIT）目标来说适宜的操守和礼仪之标准来行事。

Explanation：Interpreters and translators take responsibility for their work and conduct；they are committed to providing quality service in a respectful and culturally sensitive manner，dealing honestly and fairly with other parties and colleagues，and dealing honestly in all business practices. They disclose any conflict of interest or any matter that may compromise their impartiality. They observe common professional ethics of diligence and responsiveness to the needs of other participants in their work.

解释：口译员和笔译员要对他们的工作和行为负责；他们致力于以尊重文化并对文化敏感的态度提供优质服务，诚实公正地与其他方和同行共事，并诚实地处理所有商业行为。他们披露任何利益冲突或任何可能影响其公正性的事项。他们遵守共同的勤勉职业道德，并对其他参与者工作上的需求作出回应。

2. CONFIDENTIALITY 保密

Interpreters and translators maintain confidentiality and do not disclose information acquired in the course of their work.

口译员和笔译员不得披露任何在其工作期间获得的信息。

Explanation: Interpreters and translators are bound by strict rules of confidentiality, as are the persons they work with in professional or business fields.

解释：口译员和笔译员都必须遵守严格的保密规定，与他们共同在专业或商业领域工作的人员也必须遵守。

3. COMPETENCE 胜任能力

Interpreters and translators only undertake work they are competent to perform in the languages for which they are professionally qualified through training and credentials.

口译员和笔译员只能用通过培训和凭证取得职业资格的语言来从事他们有能力胜任的工作。

Explanation: In order to practise, interpreters and translators need to have particular levels of expertise for particular types of work. Those who work with interpreters and translators are entitled to expect that they are working with appropriately qualified practitioners. Practitioners always represent their credentials honestly. Where formal training or accreditation is not available (e.g. in less frequently used language combinations and new and emerging languages), practitioners have an obligation to increase and maintain skills through their own professional development (see Principle 8 below) or request employers, agencies or institutions to provide it.

解释:为了实践,口译员和笔译员需要对特定类型的工作具有特定的专业水平。与口译员和笔译员一起工作的人有权期待他们与合格的从业者共事。从业者总是诚实地陈述他们的资历。在没有正式培训或认证的情况下(例如,不常用的语言组合和新兴语言),从业者有义务通过自己的职业发展来提升和保持技能(见下文原则8)或要求雇主,机构或机关来提供。

4. IMPARTIALITY 公正性

Interpreters and translators observe impartiality in all professional contacts. Interpreters remain unbiased throughout the communication exchanged between the participants in any interpreted encounter. Translators do not show bias towards either the author of the source text or the intended readers of their translation.

口译员和笔译员须在所有专业工作中确保公正性。口译员在任何口译经历中的参与者之间的沟通交流中保持公正。笔译者不会对原文文本的作者或译文预期读者有偏见。

Explanation: Interpreters and translators play an important role in facilitating parties who do not share a common language to communicate effectively with each other. They aim to ensure that the full intent of the communication is conveyed. Interpreters and translators are not responsible for what the parties communicate, only for complete and accurate transfer of the message. They do not allow bias to influence their performance; likewise they do not soften, strengthen or alter the messages being conveyed.

解释：口译员和笔译员在促进无通用语言的各方之间有效交流方面发挥重要作用。他们的目标是确保沟通的完整意图得以传达。口译人员和翻译人员对各方沟通的内容概不负责，只能完整和准确地传递信息。他们不允许偏见影响他们的表现；同样它们也不会弱化，加强或改变他们正在传送的信息。

5. ACCURACY 准确性

Interpreters and translators use their best professional judgment in remaining faithful at all times to the meaning of texts and messages.

口译员和笔译员用他们最专业的判断使文本和信息的含义始终忠于原文。

Explanation: Accuracy for the purpose of this Code means optimal and complete message transfer into the target language preserving the content and intent of the source message or text without omission or distortion.

解释：本准则的准确性意味着将最佳和完整的信息传输到目标语言中，不遗漏或歪曲，以保留源信息或文本的内容和意图。

6. CLARITY OF ROLE BOUNDARIES 明确角色界限

Interpreters and translators maintain clear boundaries between their task as facilitators of communication through message transfer and any tasks that may be undertaken by other parties involved in the assignment.

口译员和笔译员作为促进者，在其通过信息传递进行交流的任务和其他方可能承担的任何任务之间保持明确界限。

Explanation: The focus of interpreters and translators is on message transfer. Practitioners do not, in the course of their interpreting or translation duties, engage in other tasks such as advocacy, guidance or advice. Even where such other tasks are mandated by particular employment arrangements, practitioners insist that a clear demarcation is agreed on between interpreting and translating and other tasks. For this purpose, interpreters and translators will, where the situation requires it, provide an explanation of their role in line with the principles of this Code.

解释:口译员和笔译员的重点是信息传递。从业者在从事口译或笔译工作的过程中不从事其他工作,如倡导,指导或建议。即使在其他该任务由特定的职业安排授权的情况下,从业人员也坚持认为口译和翻译与其他任务之间的界限是明确的。为此,口译员和笔译员将在情况需要时按照本准则的原则对其职责作出解释。

7. MAINTAINING PROFESSIONAL RELATIONSHIPS 保持专业关系

Interpreters and translators are responsible for the quality of their work, whether as employees, freelance practitioners or contractors with interpreting and translation agencies. They always endeavor to secure satisfactory working conditions for the performance of their duties, including physical facilities, appropriate briefing, a clear commission, and clear conduct protocols where needed in specific institutional settings. They ensure that they have allocated adequate time to complete their work; they foster a mutually respectful business relationship with the people with whom they work and encourage them to become familiar with the interpreter or translator role.

口译员和笔译员对其工作质量负责，无论是作为职员，自由执业者还是具有口译和翻译机构的承包商。他们始终努力确保实现令人满意的工作条件来履行职责，包括物理设施，恰当的详情介绍，明确的佣金以及在特定机构环境中需要的明确的行为协议。他们确保他们有足够的时间完成他们的工作；与和他们共事的人建立互相尊重的业务关系，并鼓励他们熟悉口译员或笔译员的角色。

Explanation: Interpreters and translators work in a variety of settings with specific institutional demands and a wide range of professional and business contexts. Some settings involve strict protocols where the interpreter or translator is a totally independent party, while others are marked by cooperation and shared responsibilities. Interpreters and translators must be familiar with these contexts, and endeavour to have the people they work with understand their role. For practitioners who work through agencies, the agency providing them with the work is one of their clients, and practitioners maintain the same professional standards when working with them as when working with individual clients. At the same time agencies must have appropriate and fair procedures in place that recognise and foster the professionalism of interpreting and translating practitioners.

解释：口译员和笔译员在各种场合工作，具有特定的制度要求和广泛的专业背景和商业背景。有些设置涉及严格的协议，口译人员或翻译人员是完全独立的一方，而其他则以合作和共同责任为标志。口译员和笔译员必须熟悉这些背景，并努力让与他们共事的人了解他们的角色。对于通过代理机构工作的从业者,向他们提供工作的机构是他们的客户之一,且从业者在与他们一起工作时维持了与个人客户一起工作时相同的专业标准。同时,机构必须制定适当和公平的程序以认可和促进口译和笔译从业者的专业精神。

8. PROFESSIONAL DEVELOPMENT 专业水平提升

Interpreters and translators continue to develop their professional knowledge and skills.

口译员和笔译员须不断提升其专业知识和技能。

Explanation: Practitioners commit themselves to lifelong learning, recognizing that individuals, services and practices evolve and change over time. They continually upgrade their language and transfer skills and their contextual and cultural understanding. They keep up to date with the technological advances pertinent to their practice in order to continue to provide quality service. Practitioners working in languages where there is no standard training or credential may need to assess, maintain and update their standards independently.

解释:从业者承诺终身学习,并认识到个体,服务和实践会随着时间的推移而变化和发展。他们不断提高他们的语言和传递技能以及他们的语境和文化理解。他们跟上与他们的实践相关的技术进步,以继续提供优质的服务。从事没有标准培训或认证的语言的从业者可能需要独立评估,维护和更新他们的标准。

9. PROFESSIONAL SOLIDARITY 业内团结

Interpreters and translators respect and support their fellow professionals, and they uphold the reputation and trustworthiness of the profession of interpreting and translating.

口译员和笔译员须尊重和支持其业内专业人士,并且维护口译和笔译职业的声誉和可靠性。

Explanation: Practitioners have a loyalty to the profession that extends beyond their individual interest. They support and further the interests of the profession and their colleagues and offer each other assistance.

解释:从业者对专业的忠诚度超出了他们的个人兴趣。他们支持和促进行业和同行的利益,并提供相互援助。

AUSIT Code of Conduct

澳大利亚翻译协会行为准则

Obligations towards recipients of services

对服务接受者的义务

1. Professional conduct 职业操守

1.1 Interpreters and translators maintain their integrity and independence at all times.

口译员和笔译员始终保持正直和独立。

1.2 Interpreters and translators undertake appropriate preparations for all assignments.

口译员和笔译员为所有任务做好适当准备。

1.3 Interpreters and translators complete assignments they have accepted, unless they are unable to do so for ethical reasons (see 3.4 and 4.2 below).

口译员和笔译员完成他们接受的任务,除非他们出于道德原因不能接受(参见 3.4 和 4.2)。

1.4 Interpreters and translators adhere to appointment times and deadlines, or advise clients promptly of any hindrance.

口译员和笔译员遵守预约时间和截止日期,或有任何阻碍就立即通知客户。

1.5 Interpreters and translators do not exercise power or influence over their clients.

口译员和笔译员不会对其客户行使权力或影响力。

1.6 Interpreters and translators do not solicit or accept gratuities or other benefits. They may, however, accept typical small gifts in specific cultural contexts.

口译员和笔译员不会索取或收受小费或其他福利。但他们可能会在特定的文化背景下收受小礼物。

2. Confidentiality 保密

2.1 Interpreters and translators are bound by strict rules of confidentiality, as are the parties they work with in professional or business fields.

口译员和笔译员都必须遵守严格的保密规定,与他们共同在专业或商业领域工作的人员也必须遵守。

2.2 Where teamwork is required, the ethical obligation for confidentiality extends to all members of the team and/or agency.

在需要团队合作的情况下,保密的道德义务延伸到团队和/或机构的所有成员。

2.3 Practitioners do not seek to take advantage of information acquired during or as a result of their work.

从业者不会利用在工作期间或工作中获得的信息。

2. 4 Disclosure of information may be permissible with clients' agreement or when disclosure is mandated by law.

经客户的同意或法律规定的允许方可披露信息。

3. Competence 胜任能力

3.1 The acceptance of an interpreting or translation assignment is an implicit declaration of an interpreter's or translator's competence to carry out that assignment.

接受口译或笔译任务是委婉声明口译员或笔译员有执行该任务的能力。

3.2 Interpreters and translators are familiar with the varied contexts，institutional structures，terminology and genres of the areas in which they accept work.

口译员和笔译员熟悉他们接受的工作的领域的不同背景，制度结构，术语和体裁。

3.3 Interpreters and translators clearly state their qualifications in particular languages or language directions if requested by the client.

如客户要求，口译员和笔译员明确说明他们特定语言或语言方向的资格。

3.4 If it becomes apparent in the course of an assignment that expertise beyond their competence is required，interpreters and translators inform the client(s) immediately and work to resolve the situation，either withdrawing from the assignment or following another acceptable strategy.

如果在任务过程中专业知识明显超出其能力，口译员和笔译员立即通知客户，并致力于解决这种情况，无论是终止任务还是采纳另一个可接受的策略。

3.5 If a client wishes to change the language of the interpretation or translation to a different language, this can only be done if the interpreter or translator has relevant competence in the other language.

只有在口译员或笔译员具有其他语言的相关能力时,客户才能将口译或翻译的语言更改为其他语言。

4. Impartiality 公正性

4.1 Professional detachment is required for interpreting and translation assignments in all situations.

在所有情况下,口译任务和笔译任务都需要专业性的公正。

4.2 Where impartiality may be difficult to maintain because of personal beliefs or other circumstances, interpreters and translators do not accept assignments, or they offer to withdraw from the assignment.

如果由于个人信仰或其他情况难以维持公正性,口译员和笔译员不接受任务,或终止任务。

4.3 Interpreters and translators are not responsible for what clients say or write.

口译员和笔译员对客户说的和写的内容不负责任。

4.4 Interpreters and translators do not voice or write an opinion, solicited or unsolicited, on any matter or person during an assignment.

口译员和笔译员不会就任务期间的任何事情或个人发表或书写意见,或征求意见,或主动提出意见。

4.5 Interpreters and translators frankly disclose all conflicts of interest, e.g. in assignments for relatives or friends and those affecting their employers.

口译员和笔译员应坦率披露所有利益冲突,例如亲属或朋友的任务和影响其雇主的任务。

4.6 Interpreters and translators do not recommend to clients any business, agency, process, substance or material matters in which they have a personal or financial interest, without fully disclosing this interest to the clients.

口译员和笔译员在不完全向客户披露该利益时,不会向客户推荐任何有个人或经济利益的业务,代理,流程,物质或素材事宜。

5. Accuracy 准确性

5.1 Interpreters and translators provide accurate renditions of the source utterance or text in the target language. Accurate is defined for this purpose as optimal and complete, without distortion or omission and preserving the content and intent of the source message or text. Interpreters and translators are able to provide an accurate and complete rendition of the source message using the skills and understanding they have acquired through their training and education.

口译员和笔译员可以准确地翻译目标语言中的源语言或文本。准确性被定义为最优和完整的目的,没有歪曲或遗漏,并保留源信息或文本的内容和意图。口译员和笔译员能够利用他们通过培训和教育所获得的技能和理解,提供源语言信息准确完整的翻译。

5.2 Interpreters and translators do not alter, add to, or omit anything from the content and intent of the source message.

口译员和笔译员不会更改,添加或删除源信息内容和意图中的任何内容。

5.3 Interpreters and translators acknowledge and promptly rectify any interpreting or translation mistakes.

口译员和笔译员承认并及时纠正任何口译或笔译错误。

5.4 Where circumstances permit, interpreters and translators ask for repetition, rephrasing or explanation if anything is unclear.

在情况允许的时候,如有任何不清楚的,口译员和笔译员可以要求重复,改词或解释。

6. Clarity of role boundaries 明确角色界限

6.1 Interpreters and translators do not, in the course of their interpreting or translation duties, assume other roles such as offering advocacy, guidance or advice. Even where such other tasks are mandated(e.g. by specific institutional requirements for employees), practitioners insist that a clear demarcation is agreed on by all parties between interpreting and translating and other tasks.

口译员和笔译员在他们履行口译或笔译职责的过程中,不承担其他角色,如倡导,指导或建议。即使任务是强制性的(例如特定的机构对员工的要求),从业者坚持认为各方一致同意明确口译和笔译与其他任务之间的界限是明确的。

6.2 Interpreters and translators respect the professional boundaries of other participants involved in an assignment.

口译员和笔译员尊重与任务中其他参与者的专业界限。

6.3 Interpreters and translators draw attention to any situation where other parties misunderstand the interpreter or translator role or have inappropriate expectations.

口译员和笔译员要注意他方误解口译员或笔译员的角色或对其有不恰当的期待的任何情况。

6.4 Interpreters and translators understand, and help their clients understand, the difference between professional and personal interactions. They assume responsibility for establishing and maintaining appropriate boundaries between themselves and the other participants in the communicative interaction.

口译员和笔译员理解并帮助他们客户理解,专业与非专业交流的区别。他们承担责任,建立并保持他们与交际中其他参与者的恰当界限。

7. Maintaining professional relationships 保持专业关系

7.1 Practitioners follow this Code whenever they are interpreting or translating—as employees, as freelancers, as agency contractors or as supervisors or employers of other interpreters and translators.

从业者在任何时候翻译或笔译时应遵守本准则——作为员工,自由职业者,代理承包商或其他口译员和笔译员的主管或雇主。

7.2 When working as freelancers, interpreters and translators deal with clients and agencies honestly and transparently.

以自由职业者的身份工作时,口译员和笔译员应诚实透明地应对客户和机构。

7.3 When working through agencies, interpreters and translators maintain the same professional standards as when working with individual clients.

在机构工作时，口译员和笔译员应保持与个人客户合作时相同的专业标准。

7.4 Interpreters and translators request briefing and access to reference material and background information before their work commences.

口译员和笔译员在工作开始前要提供详情介绍，参考资料和背景信息。

7.5 In interpreting assignments, interpreters endeavor to secure a physical environment that enables optimal message transfer in the given context. This includes the use of any devices and aids which participants typically require for hearing and speaking, such as appropriate standard booths for conference interpreting or appropriate physical arrangements for confidentiality, or security measures in cases of physical risk. It also includes provision of seating and reasonable breaks to avoid interpreter fatigue.

在翻译任务中，口译员努力保证一个可实现在给定语境下的最佳信息传输的物理环境。包括使用参与者在听说中通常需要用到的任何设备和辅助工具，如恰当的会议口译标准展位或恰当的物理安排保密，或在物理风险情况下采取安全措施。它还包括提供座位和合理的休息以避免口译员疲劳。

7.6 In acknowledging the shared responsibility to provide effective language services, interpreters and translators can expect that agencies, employers or clients who stipulate this Code as mandatory for interpreter or translator behavior have appropriate procedures in place that recognize the professional obligations of the practitioners, and that they support interpreters and translators in securing the conditions outlined in 7.4 and 7.5 above.

口译员和笔译员在承认提供高校语言服务的共同责任时，可以期望为口译员行为制定强制性准则的机构，雇主或客户规定适当的程序，以承认从业者的专业义务。他们支持口译员和翻译员确保实现上述 7.4 和 7.5 中的条件。

8. Professional development 职业发展

8.1 Interpreters and translators enhance their skills and knowledge through continuing education and professional development throughout their professional career.

口译员和笔译员在整个职业生涯中通过继续教育和职业发展来提高他们的技能和知识。

8.2 Interpreters and translators maintain proficiency in the languages and familiarity with the cultures for which they offer professional interpreting and translation services.

口译员和笔译员须熟悉语言，熟悉他们提供的专业口译和笔译服务的文化。

8.3 Interpreters and translators support and encourage professional development within the profession and among their colleagues.

口译员和笔译员须支持和鼓励同行内和同行间的职业发展。

8.4 Interpreters and translators endeavour to keep themselves informed about new trends and developments and the results of research in the field to improve their competence and practice.

口译员和笔译员须不断致力于了解新的趋势和发展以及该

领域的研究成果,以提高他们的能力和实践。

9. Professional solidarity 业内团结

9.1 Interpreters and translators support and further the interests of the profession and their colleagues and offer each other assistance.

口译员和笔译员须支持和推动翻译行业和同行的利益,并相互提供帮助。

9.2 Interpreters and translators resolve any disputes with their interpreting and translating colleagues in a cooperative, constructive and professional manner.

口译员和笔译员以合作,建设性和专业的方式解决与口译和笔译同事之间的任何争议。

9.3 AUSIT members refer any unresolved disputes with other AUSIT members to the National Council. The conclusive direction of the Council is binding on members, with the provision of appeal or review in the interests of natural justice.

AUSIT 成员将与 AUSIT 其他成员之间未解决的争议提交给国家委员会。理事会的决定性指导对成员具有约束力,并为了自然正义的利益提供上诉或审查。

Conduct issues specific to interpreters
口译员特定的行为准则

Int1 Interpreters prepare themselves by obtaining from the initiator/client as much information and briefing as is necessary for the proper execution of their interpreting, and treat such material confidentially or as expressly agreed.

口译员通过从发起人/客户那里获得尽可能多的信息和简介，以便正确口译，并以保密方式或按照明确同意的方式处理这些材料。

Completeness in interpreting 口译完整性

Int2　In order to ensure the same access to all that is said or signed by all parties involved in a meeting, interpreters relay accurately and completely everything that is communicated.

为了确保参与会议的人各方所说或所签署的所有内容的知情权相同，口译员须准确完整地传达交流的所有内容。

Int3　Interpreters interpret in the first person.

口译员以第一人称口译。

Int4　Interpreters maintain the emotions of the speakers in their interpreting and do not soften or enhance the force of messages conveyed or language used. In specific contexts such as in court or psychometric assessments, incoherence, hesitations and unclear statements are maintained in the interpretation.

口译员在口译中保持讲话者的情绪，且不弱化或强化传达的信息或使用的语言的效力。在诸如法庭或心理测量评估等具体情况下，口译中要保留不一致、犹豫和不明确的陈述。

Int5　If obvious untruths are uttered, interpreters convey these accurately in the same manner as presented.

如发现明显的不真实情况，口译员将按照陈述时的相同方式准确传达这些信息。

Relations with other parties and the interpreting role in dialogue situations 与他方的关系以及在对话情况下口译的作用

Int6　In dialogue situations where some participants may be

unaccustomed to working with interpreters, the interpreter encourages such participants to address each other directly.

在一些参与者可能不习惯与口译员一起工作的对话情况下,口译员鼓励这些参与者直接互相对话。

Int7 In situations with a number of participants and where the interpreter is not interpreting aloud to all, the interpreter enables each participant to remain linguistically present where appropriate by whispered simultaneous interpreting or other suitable means, when other participants are communicating in the language not understood by the party or parties in question.

在有许多参与者且口译员没有对所有人大声口译的情况下,当其他参与者使用讨论中的其他各方不能理解的语言进行交流时,口译员可以通过耳语同声传译或其他合适的方式使每个参与者在适当的时候保持语言上的在场。

Int8 If anything is unclear, the interpreter asks for repetition, rephrasing or explanation, informing all participants of what is happening.

如果任何内容不清楚,口译员和笔译员必须要求对方重复、换种说法或是解释,并将发生的事情通知所有参与者。

Int9 In emergency situations where interpreters may not have had the opportunity to be adequately briefed or given enough time to prepare, or if there are safety/security issues, they communicate this to the responsible person or initiator who is participating in the session.

在紧急情况下,口译员可能没有机会获得充分的简介,或者没有足够的时间准备,或者如果存在安全/安保问题,他们会将此通知参加会议的负责人或发起人。

Int10　Interpreters keep the participants informed of any side comments made by any of the parties or of their attempts to engage the interpreter in a private or any other conversation. In business or intergovernmental contexts where one or more parties bring their own interpreter, it is appropriate for the interpreter to relay side comments of the other party to his or her own party.

口译员须让参与者了解任何一方提出的任何意见或任何涉及口译员的私人或其他谈话的企图。在商业或政府间环境中，一方或多方带来自己的口译员的，口译员将对方的意见转达给他/她自己的一方是合适的。

Int11　Various participants may place competing expectations on interpreters. These expectations may contravene the interpreters' ethics, therefore the onus is on interpreters to clarify the boundaries of their role and assist their clients in understanding how to achieve the best outcomes in an interpreted session. Interpreters take care that conversations that may arise during periods of waiting remain courteous but do not become personal, and that information divulged in the course of such conversations also remains confidential.

不同的参与者可能会对口译员提出不同的期望。这些期望可能会违背口译员的道德规范，因此口译员有义务澄清其角色的界限，并协助其客户了解如何在口译中取得最佳结果。口译员须注意在等待期间可能出现的对话仍须保持礼貌，且不能变成私人对话，并且对在对话过程中泄露的信息也须保密。

Int12　Interpreters testify to their qualifications and the accuracy of their interpreting and, when requested, explain their linguistic choices, but do not testify to participants' understanding of messages; this remains an issue for participants.

口译员证明他们的口译资质和口译的准确性,如有要求须解释他们的语言选择,但无需证明参与者对信息的理解;这是留给参与者的问题。

Remote interpreting 远程口译

Int13 Interpreters familiarise themselves with the increasing use of technology for interpreting, including telephone, video and internet interpreting, and diverse recording/transmitting devices. Interpreters who engage in interpreting using these technologies prepare themselves by understanding the purposes of their use and the way in which communication is shaped by these technologies. Institutions, agencies and clients who use these technologies are encouraged to develop protocols and brief interpreters on their use and on any particular requirements they may have.

口译员须熟悉口译中越来越多使用的技术,包括电话,视频和网络口译以及各种记录/传输设备。使用这些技术进行口译的口译员通过了解其使用目的以及这些技术塑造的沟通的方式。使用这些技术的机构和客户被鼓励制定协议并简要介绍其使用情况及其可能的任何特定要求。

Specific institutional settings of interpreting work 口译工作的特殊机构环境

Int14 Where interpreters have roles in addition to that of interpreting due to specific employment arrangements, they clearly indicate when they are acting as interpreters and do not switch roles without notice.

由于具体的雇用安排，口译员除了口译以外还有其他角色，他们清楚地表明他们何时担任口译员，并且不会在没有通知的情况下转换角色。

Int15　In specific institutional settings where duty of care or security rules regulate the behavior of all participants，such as in health care or high security settings，interpreters follow the relevant policies and procedures combining them with their interpreting code of ethics.

在特定的机构环境中，注意责任或安全规则规范所有参与者的行为，例如在医疗保健或高度戒备环境中，口译员应结合口译道德准则，遵循相关政策和程序。

附录十二　国际译联法庭口译员行为守则

Code of Conduct for Court Interpreters(FIT)

国际译联法庭口译员行为守则

http：//www.fit-europe.org/

Introduction 引言

The term court interpreter in this code of ethics refers to professional interpreters working in courts of law, including sign language interpreters. The function of the court interpreter in the court session is to render the proceedings accurately and reliably.

本道德准则中所称法庭口译员是在法院提供口译服务的专业口译员(包括手语译员)。法庭口译员的职责是在开庭期间准确且可靠地传达整个诉讼程序。

The court interpreter has a crucial role in ensuring a fair trial. Through the practice of his/her profession, he/she contributes to the upholding of basic rights and in particular to the principle of equal treatment in front of the law. His/her work may affect the lives and rights of others. Therefore he/she shall adhere to this code of ethics in his/her work.

法庭口译员在确保公平审判中具有重要作用。在法庭口译员的专业口译活动中，译员有助于维护基本权利，特别是维护法律面前人人平等的原则。译员的工作可能影响到其他人的生活与权利，故此，译员应当在其工作中严格遵守本道德准则。

Article 1　General principles

第 1 条　总则

1.1 This code of ethics shall be adhered to unless the law or statutes stipulate otherwise.

1.1 法庭口译员应遵守本道德准则，法律另有规定的情况除外。

1.2 The court interpreter shall prepare for his/her assignment as well as possible and carry it out assiduously and to the best of his/her abilities.

1.2 法庭口译员应尽可能做好翻译任务的准备工作，并竭尽全力，力求将其在翻译中展现。

1.3 The court interpreter shall liase with the chairman or other representative of the court to ensure that the working conditions are appropriate.

1.3 法庭口译员应与审判长或其他法庭代表保持联络，以确保译员工作环境良好。

Article 2　Disqualification

第 2 条　法庭口译员资格的取消

The court interpreter shall be deemed disqualified and shall not accept an assignment if performance of it were to place him/

her in a conflict of interest that might endanger the objectivity of the interpretation.

若翻译任务将法庭口译员置于可能危及其翻译客观性的利益冲突之中，则应认定其译员资格被取消且不应接受本次翻译任务。

Article 3 Confidentiality

第 3 条 保密

The court interpreter shall not reveal to any person confidential information that he/she has obtained in the performance of his/her assignment.

法庭口译员不得向任何人透露其在完成口译任务过程中获得的机密信息。

Article 4 Improper use of information

第 4 条 不当使用相关信息

The court interpreter shall not use information that he/she has obtained in the performance of his/her assignment for his/her own benefit, nor shall he/she help others to derive benefit from such information.

法庭口译员不应使用其在完成口译任务过程中获得的信息为自己谋利，亦不得使用此类信息为他人谋利。

Article 5 Impartiality and neutrality

第 5 条 公正和中立

The court interpreter shall at all times be impartial and neutral. He/she shall not allow his/her personal attitudes or opinions to influence the performance of his/her assignment.

法庭口译员应始终保持公正和中立。译员不得以个人态度或意见影响口译任务的执行。

Article 6　Professional skill

第 6 条　专业技能

The court interpreter shall only accept assignments for which he/she possesses the requisite knowledge and skill. The court interpreter shall be responsible for the correctness of his/her interpretation and shall correct any mistakes that he/she makes.

法庭口译员应视其专业知识与技能，接受与其水平相当的口译任务。法庭口译员为其所提供翻译的准确性负责，并应当改正其所犯任何错误。

Article 7　Professional development

第 7 条　专业能力提升

The court interpreter shall interact with his/her colleagues, develop his/her professional skills and act in a way that stands the profession in good stead.

法庭口译员应与其同行业者保持交流，提升其专业技能且以利于其专业技能提升的方式行事。

Article 8　Breach of the code of ethics

第 8 条　违反道德准则

This code of professional ethics has been drawn up by the Finnish Association of Translators and Interpreters, the Finnish Union of Translators, the Finnish Association of the Deaf and the Association of Finnish Sign Language Interpreters. Should there be reasonable grounds to suspect that the court interpreter has intentionally breached this code of ethics, he/she shall be granted the opportunity to be heard by the association or professional organization to which he/she belongs with a view to establishing the possible reasons. Should the court interpreter be found to have acted in contravention of this code of professional ethics, each organization shall take measures in accordance with the rules applying to its members.

本道德准则由芬兰口笔译者协会,芬兰译员联盟,芬兰听障者协会以及芬兰手语译员协会起草。如有合理理由怀疑法庭口译员故意违反本道德准则,则应由该译员所属协会或专业机构对其展开调查,以确定其做出此种行为的原因。如果发现法庭口译员的行为违反本职业道德准则,则各组织应根据适用于其成员的规则采取相应措施。

附录十三　英国全国公共服务口译员登记局行为准则

Code of Professional Conduct of National Register of Public Service Interpreters

英国全国公共服务口译员登记局行为准则

http://www.nrpsi.org.uk/

NRPSI is the UK's independent voluntary regulator of professional interpreters specialising in public service. We maintain a public register of professional, qualified and accountable interpreters. The National Register is free of charge to access and searchable online.

英国全国公共服务口译员登记局(NRPSI)是为英国专业公共服务口译员设立的独立的自发性监管机构。本机构为专业、合格且富有责任心的口译员提供公共登记服务。本口译员登记表可免费访问且支持在线检索。

The need for defendants in court to be able to understand the proceedings, using an interpreter if necessary, was identified in the landmark R v Iqbal Begum; Court of Appeal ruling which stated:

具有里程碑意义的 R v Iqbal Begum 判例中明确了被告人在法庭上能够理解诉讼程序的需要,并在必要的情况下可获得口译员的帮助;上诉法院判决:

"It is beyond the understanding of this court that it did not occur to someone that the reason for her[the defendant's] silence... was simply because she was not being spoken to in a language which she understood."

"令本庭不能理解的是,竟然有人不知道她(被告)沉默的原因。这仅仅是因为她(被告)根本没能理解人们用来跟她交流的语言而已。"

As a result, the 1993 Runciman Royal Commission on Criminal Justice recommended that a national register of qualified interpreters should be established with the aim of "using only interpreters with proven competence and skills, who are governed by a nationally recognised code of conduct". NRPSI was established in 1994.

由此,1993 年鲁尼曼皇家刑事司法委员会建议设立广纳合格口译员的国家登记册,其目的是"只使用能力和技能受认可且接受由国家认可的行为准则管理的口译员"。英国全国公共服务口译员登记局于 1994 年成立。

Every interpreter on our Register has met the standards that we set for education, training and practice in public service. All Registrants are subject to the NRPSI Code of Professional Conduct and we investigate allegations of professional misconduct.

登记册上的所有口译员都满足我们为公共服务领域的教育,培训和实践而制定的标准。所有注册口译员都必须遵守英国全国公共服务口译员登记局职业行为准则，并且我们对面临指控的不当行为进行调查。

Even today, parts of the public services are unaware of the need to use qualified interpreters. From the Serious Case Review following the death of Daniel Pelka, aged 5, in September 2013:

即使到了今天，也有部分公共服务领域未意识到使用合格口译员的必要性。在 5 岁的丹尼尔·佩尔卡去世后，人们于 2013 年 9 月举行了重大案件回顾，并意识到：

"Without proactive or consistent action by any professional to engage with him via an interpreter, then his lack of language and low confidence would likely have made it almost impossible for him to reveal the abuse he was suffering at home."

"如果没有专业人员通过口译员与他进行积极主动且持续的交谈，那么他对语言的缺乏和不自信可能使得揭露其在家中遭受的虐待变成不可能。"

Using the National Register to find an interpreter ensures that you not only employ a qualified professional practitioner but that the interpreter can be held accountable should their conduct or competence fall below the high standards expected of a Registered Public Service Interpreter(RPSI).

通过全国公共服务口译员登记册寻找口译员可确保您不仅聘用合格的专业从业人员，且如果其行为或能力低于对注册公共服务口译员(RPSI)所预期的高标准，可对口译员追究相关责任。

There are around 1 900 interpreters in 100 languages on the National Register covering the whole of the UK. It is a dynamic database, with Registrants' details constantly being updated and new Registrants added.

在英国全境,全国公共服务口译员登记册登记口译员约有1 900名,服务范围涵盖100个语种。随着注册口译员信息的不断更新及新口译员的加入,此口译员数据库也处在动态变化当中。

Code of Professional Conduct

行为准则

PREAMBLE

序言

The Code set out below is intended to regulate the professional conduct of the registrants on the National Register of Public Service Interpreters.

下文所列准则旨在规范英国全国公共服务口译员登记局登记口译员的专业行为。

The Code comes into effect on 22nd January 2016. The Code will remain in force until amended or abrogated by the Board of NRPSI.

本准则于2016年1月22日正式生效。本准则将继续有效,直至英国全国公共服务口译员登记局理事会对其作出修订或将其废除。

1.0 Definitions 定义

1.1 "NRPSI" means the company that maintains and operates the National Register of Public Service Interpreters.

"NRPSI"是指维护和运营英国全国公共服务口译员登记局的公司。

1.2 A "Practitioner" is a person defined in 2.1 carrying out work in a professional capacity.

"从业人员"是指本准则 2.1 款中所规定的以专业身份开展工作的人员。

1.3 A "Principal" is the person or body from whom a Practitioner accepts work and/or the end user of Practitioners.

"委托人"是向从业人员做出工作委托的个人或机构，或从业人员的最终用户。

1.4 The term "work" means either activity in a professional capacity as an interpreter or translator or the product of that activity. The interpretation of the term will be determined by the context.

"工作"是指口译员或笔译员以其专业能力参与的活动或该活动的产物。对本术语的解释应当视具体情况而定。

1.5 The "Code" means this Code of Professional Conduct or the Code for the time being in force.

"准则"是指本行为准则或现行行为准则。

1.6 A "Public Service Interpreter" means an interpreter who works in the context of public services, such as the legal profession, health services and local government related services, which include housing, education, welfare, environmental health and social services.

"公共服务口译员"是指在法律、卫生服务、地方政府等公共服务领域提供翻译的口译员，服务范围涵盖住房、教育、福利、环境卫生和社会服务诸多领域。

1.7 A "registrant" means a person registered on the National Register of Public Service Interpreters.

"登记口译员"是指在英国全国公共服务口译员登记局登记的口译员。

1.8 The "Register" or "National Register" means the database comprising registered interpreters held by NRPSI.

"登记册"或"全国公共服务口译员登记册"是指包含英国全国公共服务口译员登记局所有登记口译员信息的数据库。

2.0 General Framework 大纲

2.1 The Code shall apply to registrants on the National Register of Public Service Interpreters maintained by NRPSI, in regard to their duties, responsibilities and conduct as registrants on the National Register of Public Service Interpreters.

本守则规定了英国全国公共服务口译员登记局登记口译员的职责、责任及行为,适用于所有在英国全国公共服务口译员登记局登记的口译员。

2.2 The Code prescribes standards of professional conduct that must be adhered to in order to: maintain the integrity of the profession, and provide assurance of professional standards to users of language services and to the public at large.

本守则规定了所有登记口译员必须遵守的专业行为准则,以便维护行业一致性,并为语言服务用户和广大公众在行业标准方面提供保证。

2.3 Alleged contraventions of the Code will be addressed through the disciplinary procedures applicable. Not every alleged shortcoming on the part of a Practitioner will necessarily give rise to disciplinary proceedings.

涉嫌违反本守则的行为将由可适用的职业惩戒程序处理。

并非所有受指控从业人员的缺陷都必然面临职业惩戒程序的处理。

2.4 The Code may be supported by Guides to Good Practice and operating guidelines for specialist areas of practice issued from time to time by NRPSI.

本准则由《良好实践指南》及英国全国公共服务口译员登记局不定期发布的专业领域操作指南提供支持。

3.0 Over-arching Principles 总体原则

3.1 Practitioners, in recognition of their responsibility to society, their clients, their colleagues and the professional bodies of which they are members, shall always act with integrity and in accordance with the high standards appropriate to practitioners within the profession.

从业人员对社会、客户、同业人员及其所属的专业机构负有责任,应始终诚信行事,并以行业高标准要求自己。

3.2 Practitioners shall not bring the status of NRPSI or the National Register of Public Service Interpreters or the profession generally into disrepute by conducting themselves in a manner at variance with the high standards expected of a professional person.

从业人员不得以违背对本行业人员高期待的方式使英国全国公共服务口译员登记局或英国公共服务口译员或该行业的地位普遍受损。

3.3 Practitioners found guilty of a relevant criminal offence may be deemed to be in breach of the principle set out in 3.2. Practitioners have a duty to report, without delay, any unspent conviction (as defined by the Rehabilitation of Offenders Act

1974) or caution received in either the UK or overseas to NRPSI. NRPSI will act in accordance with its disciplinary procedures to determine, having regard to all the circumstances, what action(if any) shall be taken.

如从业人员身负相关刑事罪名则被视为违反本准则第3.2款所规定内容。从业人员有义务及时向英国全国公共服务口译员登记局报告其在英国或海外所犯任何未失效罪名或警告(根据1974年《罪犯改造法案》的定义)。

3.4 Practitioners shall not knowingly or negligently act in a way that is likely to be detrimental to the profession of linguist, to NRPSI or to the status of registrant on the National Register of Public Service Interpreters, or to the officers of NRPSI. This clause shall not preclude or prohibit the lawful exercise of the right to free expression and reasonable debate.

从业者不得以任何方式有意或无意地对语言行业,英国全国公共服务口译员登记局或英国全国公共服务口译员登记局登记口译员身份或英国全国公共服务口译员登记局工作人员带来损害。该条款并不排除或禁止合法行使言论自由和合理辩论的权利。

3.5 Except in fulfilment of a definable professional duty or where there is a clear public interest, Practitioners shall not knowingly and wiilfully act in a way that is likely to damage the reputation of a registrant on the National Register of Public Service Interpreters or an officer of NRPSI. This clause, shall, however, not preclude or prohibit the lawful exercise of the right to free expression and reasonable debate.

除非出于履行某一确定的专业职责或为了某一明确的公共利益，执业人员不得故意以可能损害英国全国公共服务口译员登记局登记口译员以及工作人员声誉的方式行事。该条款并不排除或禁止合法行使言论自由和合理辩论的权利。

3.6 Practitioners shall not accept or carry out work which they believe might render them liable to prosecution for criminal behaviour, which might incur civil liability or which contravenes the United Nations Universal Declaration of Human Rights.

出现以下情况时，从业人员不应接受或从事某项工作：该工作可能致使从业人员因犯罪行为卷入诉讼；该工作可能致使从业人员面临民事纠纷；该工作可能违背《联合国人权宣言》。

3.7 Practitioners shall not accept any work which would, directly or indirectly, infringe the Code, and shall not knowingly act in contravention of the Code, even if asked or instructed to do so by a Principal.

从业人员不得接受可能以直接或间接方式违反本准则的工作；即使是受委托人授意，从业人员亦不得故意违反本准则。

3.8 Practitioners shall only accept work which they believe they have the competence both linguistically and in terms of specialist knowledge or skill to carry out to the standard required by the client, unless they are to sub-contract the work under the terms of 4.6 or they are informed that their work will be revised by a person with the competence required to ensure that the work will satisfy the standards set out in this Code.

从业人员只有在认定其具有语言能力和专业知识或有能

力满足客户要求的情况下接受某一工作,依本准则第 4.6 款将工作分包或被告知其工作将由有能力确保该工作最终符合本准则所设定标准的人员进行把关的情况除外。

3.9 The competence to carry out a particular assignment shall include: a sufficiently advanced and idiomatic command of the languages concerned, with awareness of dialects and other linguistic variations that may be relevant to a particular commission of work; the particular specialist skills required; and, where appropriate, an adequate level of awareness of relevant cultural and political realities in relation to the country or countries concerned.

从业人员实行某一特定任务应具有的能力包括:深入且合乎其语言规范地掌握相关语言,熟悉可能与特定工作相关的方言及语言变体,所需的专业技能以及,在适当情况下对有关国家的文化和政治现状有足够了解。

3.10 Practitioners shall disclose any potential conflict of interest or other factor which may make it inappropriate for them to accept work in a particular case.

如有任何利益冲突或其他可能使其不适合接受某一特定工作的因素,从业人员应及时披露。

3.11 Subject to 3.13, Practitioners shall treat as confidential any information they acquire through a commission of work. They shall not disclose such information to a third party, unless instructed by the Principal to do so, and provided that such disclosure would not be unlawful or infringe the rights of any party concerned. Such information may include, for example, working practices and lists of clients.

根据第3.13条款，从业人员应将任何从工作委托中获取的信息视为机密。从业人员不得向第三方披露此类信息，有委托人授意或此种披露完全合法或不会损害任意一方权利的情况除外。此类信息包括：工作方式，客户名单等。

3.12 Practitioners shall at all times act impartially and shall not act in any way that might result in prejudice or preference on grounds of religion or belief, race, politics, gender, age, sexual orientation or disability otherwise than as obliged in order to faithfully translate, interpret or otherwise transfer meaning.

从业人员应始终公正行事，不得出于宗教、信仰、种族、政治、性别、年龄、性取向或残疾等做出任何可能导致歧视的行为，依其义务忠实地翻译、解释或以其他方式传达其含义的行为除外。

3.13 Practitioners shall respect confidentiality at all times and shall not seek to take advantage of information acquired during or as a result of their work. The duty of confidentiality shall not terminate on the completion of a commission of work and shall persist, where appropriate, beyond the cessation of registration as in 2.1.

从业者应始终遵守保密规定，不得利用其在工作期间或因其工作而获得的信息获利。工作委托结束后，保密义务尚未终止；适当情况下，保密义务在终止第2.1款所列登记之后仍然有效。

3.14 The duty of confidentiality shall not apply where disclosure is required by law.

本保密义务不适用法律要求披露相关信息的情况。

3.15 Except as described under 6.6, Practitioners are solely responsible for work whether it is carried out by the Practitioner or delegated or sub-contracted.

从业人员对其工作或其授权或分包的工作全权负责，本准则第6.6款所规定的情况除外。

3.16 Practitioners must respond to any complaints forwarded to them by NRPSI in a timely fashion and assist the Professional Conduct Committee and Disciplinary Committee in their investigation.

从业人员需对由全国公共服务口译员登记局对其所提出的任意投诉作出及时回应并协助专业行为委员会及纪律委员会的调查。

3.17 Practitioners shall not make any direct contact or provide a means to do so with a client or clients of a Principal without the Principal's express agreement.

未经委托人同意，从业人员不得与一名或多名客户或委托人的客户直接联系或提供其联系方式。

4.0 Obligations to Principals 委托人义务

4.1 Practitioners shall at all times strive to produce work of the highest standard, and shall ensure that the Principal is aware of any factor that may affect the standard of the work produced.

从业人员应始终以最高标准完成工作，并应确保委托人了解所有可能影响其工作质量的因素。

4.2 Practitioners are obliged (3.12 above) to carry out all work contracted to them with impartiality and shall immediately disclose to the Principal any factor which might jeopardise such impartiality. This shall include any financial or other interest they may have in the work contracted to them.

从业人员有义务(依第3.12款规定)以公正的态度完成其所承包的工作,并应立即向委托人透露任何可能危及此种公正性的因素,包括他们在与所承包的工作中可能拥有的任何经济或其他利益。

4.3 Practitioners are obliged(3.13 above) to treat work contracted to them with complete confidentiality and shall use their best endeavours to ensure that such confidentiality is also observed by others, whether checkers, revisers, editors or any other individuals employed by the Practitioner on a permanent or freelance basis or to whom work has been sub-contracted or delegated.

从业人员有义务(依第3.13款规定)将其所承包工作视作机密,且应尽其最大努力确保其他人,包括校对人、审稿人、编辑及其他所有受从业人员雇佣,接受其委托或分包工作的长期口译员或自由口译员亦遵守此种保密规定。

4.4 Practitioners shall carry out any consultation that may be necessary(for example on language or terminological difficulties) in a manner such that confidentiality is safeguarded.

从业人员应当在保密情况下对工作中遇到问题展开必要的咨询(如语言或术语问题)。

4.5 Practitioners shall not sub-contract work without the prior consent of the Principal.

未经委托人事前许可,从业人员不得将其工作分包给其他人。

4.6 Practitioners shall only sub-contract or delegate work to another person whom they have good reason to believe has the necessary competence and is subject to this Code or a comparable code of professional conduct.

从业人员只得将其工作分包给经其认定具有相关必须能力且并遵守本准则或类似专业行为准则的其他人。

4.7 Practitioners shall endeavour to carry out work by agreed dates and in accordance with other agreed terms, and shall advise Principals in good time of any delay or need to amend the agreed terms.

从业人员应依照约定期限及约定条款完成其工作,如有延误或需修改约定条款,应及时通知委托人。

4.8 Practitioners shall not, other than in exceptional circumstances, withdraw from or fail to complete a commission of work once accepted, without reasonable notice to the Principal.

从业人员一经接受委托,不得在未向委托人作出合理说明的情况下退出或不完成委托工作,有特殊情况的除外。

5.0 Interpreting 口译

5.1 Practitioners who are carrying out work as interpreters shall only carry out work which they believe is within their linguistic and relevant specialist competence.

从业人员所接受工作不得超出其语言及相关专业能力范围。

5.2 Practitioners shall, other than in exceptional circumstances, only interpret between the language(s) for which they are registered with NRPSI.

从业人员的业务范围应受其在英国全国公共服务口译员登记局所登记的语种限制,有特殊情况的除外。

5.3 Notwithstanding the provisions of 5.2, if a Principal requests that the Practitioner interpret between languages in which the Practitioner is competent at the required level but which are not registered as in 5.2, the Practitioner may proceed provided that the conditions of 5.1 are satisfied and that the Principal has been made aware of the potential disadvantages of proceeding in disregard of the principle expressed in 5.2.

尽管有前述第5.2款规定，如委托人要求从业人员在其专业能力达到要求但未依照第5.2款规定进行注册的语种之间提供翻译服务，从业人员可在满足以下条件时继续提供翻译服务：从业人员满足本准则第5.1款的规定且委托人了解其无视第5.2款规定要求口译员继续提供翻译服务所带来的不利后果。

5.4 Practitioners shall interpret truly and faithfully what is uttered, without adding, omitting or changing anything; in exceptional circumstances a summary may be given if requested.

从业人员应真实、忠诚地翻译发言人所讲内容，不得对其进行增加，省略或改变；特殊情况下，可应要求提供摘要。

5.5 Practitioners shall ensure that they understand the relevant procedures of the professional context in which they are working, including any special terminology.

从业人员应确保对其了解工作中专业领域所涉及相关程序，包括所有专门术语。

5.6 Where the Practitioner's lack of relevant background knowledge is such as to impair significantly his or her ability to carry out the commission of work, he or she shall inform all relevant parties and withdraw.

从业人员对相关背景知识的缺乏到了将显著损害其完成此项工作委托的程度时，应当告知有关各方并推出此项工作。

5.7 Practitioners shall disclose any difficulties encountered with dialects or technical terms and, if these cannot be satisfactorily remedied, withdraw from the commission of work.

从业人员应及时披露其所遇到的任何关于方言或专业术语难题，如该问题不能得到令人满意的解决，则口译员应当退出此工作委托。

5.8 Practitioners shall observe any special rules and protocols relating to interpreting in the professional context relevant to a particular commission of work.

从业人员应遵守在特定工作委托的专业领域中出现的翻译相关的规则和协议。

5.9 Practitioners carrying out work as Public Service Interpreters, or in other contexts where the requirement for neutrality between parties is absolute, shall not enter into discussion, give advice or express opinions or reactions to any of the parties that exceed their duties as interpreters; Practitioners working in other contexts may provide additional information or explanation when requested, and with the agreement of all parties, provided that such additional information or explanation does not contravene the principles expressed in 5.4.

从业人员以公共服务口译员身份或被要求在各方当中保持绝对中立的情况下工作，不得对任意一方做出超出其口译员职责范围的行为，包括参与讨论，给出建议，表达意见，进行回应。在其他情况下，从业人员可以应要求并经各方同意而做附加说明或解释，但此行为不得违反第 5.4 款中所述准则。

5.10 Practitioners shall, in advance where practicable, seek to ensure that the necessary conditions for effective interpreting are provided(e.g. being seated where they can see and be heard clearly; provision for adequate breaks, etc). Where this is not the case the interpreter shall make it known to the parties concerned and, where the deficiency is likely to be a serious impediment to effective interpreting, shall withdraw from the commission of work.

在可行的情况下，从业人员应尽力确保提供进行有效口译的必要条件（例如，坐在他们能够看到和听到的地方，提供足够的休息时间等）。如果实际情况与此相悖，口译员应将其通知有关各方，如果缺陷可能严重损害口译效果，则口译员应退出此项工作委托。

5.11 When a Practitioner withdraws from a commission of work in the circumstances described in the clauses above, and where the Practitioner has been commissioned by a Principal, the Practitioner shall inform the Principal of the withdrawal, and the reasons for it, in writing, as soon as possible.

当从业人员以前述条款所列方式退出由委托人委托的某项工作时，应及时以书面方式告知委托人其退出以及具体原因。

5.12 Practitioners shall not interrupt, pause or intervene except:

从业人员不得打断，暂停或干预发言，除非：

5.12.1 to ask for clarification;

需寻求进一步解释;

5.12.2 to point out that one party may not have understood something which the interpreter has good reason to believe has been assumed by the other party;

需指明其有理由相信,一方所作假设未被另一方理解;

5.12.3 to alert the parties to a possible missed cultural reference or inference; or

需提醒各方可能存在的文化引用和判断;

5.12.4 to signal a condition or factor which might impair the interpreting process(such as inadequate seating, poor sight-lines or audibility, inadequate breaks etc.).

需说明存在可能损害翻译效果的条件或因素(如座位不足,视线或听力效果不佳,休息时间不足等等。)。

5.13 Practitioners shall not delegate work, nor accept delegated work, without the full and informed consent of the Principal; where practicable such consent should be in writing.

未经委托人完全且知情同意,从业人员不得将工作委托。

5.14 When working in the legal system, disclose to the Principal at the outset any previous involvement in the same matter;

当在法律系统工作时,立即向委托人披露其此前对同一事项的所有参与;

5.14.1 disclose immediately if the interviewee or their immediate family is known or related to the Practitioner;

如受访者或其直系亲属认识或与从业人员有关系,则应立即向委托人披露;

5.14.2 refer the Principal, or their clients as applicable, back to the NRPSI, should they be unable to accept an engagement or commission of work, or complete a commitment; the Practitioner shall inform the Principal, either direct or through the client; where practicable such notification should be in writing;

如从业人员如法接受工作预约或工作委托或无法完成承诺,应告知委托人或客户(如适用)以将此工作转回英国全国公共服务口译员登记局;从业人员应直接或通过客户告知委托人;在可行的情况下以书面形式告知委托人;

5.14.3 not accept any form of inducement or reward, whether in cash or otherwise, for interpreting work other than payment from the Principal.

在工作中,不得接受除委托人所支付报酬以外的以现金或其他形式支付的任意报酬或奖金。

6.0 Translation 笔译

6.1 Practitioners who are carrying out work as translators shall only carry out work which they believe is within their linguistic and relevant specialist competence, or which is to be checked by someone with the relevant knowledge or competence.

从业人员从事翻译工作时,应确保其所接受工作不超出其语言及相关专业能力范围或该工作将由具有相关知识与能力的人审校。

6.2 Practitioners shall, other than in exceptional circumstances, only translate between the languages for which they are registered with NRPSI.

从业人员的业务范围应受其在英国全国公共服务口译员

登记局所登记的语种限制，有特殊情况的除外。

6.3 Notwithstanding the provisions of 6.2, if a Principal requests that the Practitioner translate out of a language in which the Practitioner is competent at the required level but which is not registered as in 6.2, or if a Principal requests that the Practitioner translate out of his or her language of habitual use(as may occur if the Principal believes that a mother-tongue translator will have a better understanding of the text), the Practitioner may proceed provided that the conditions of 6.1 are satisfied and that the Principal has been made aware of the potential disadvantages of proceeding in disregard of the principle expressed in 6.2.

尽管有前述第 6.1 款规定，如委托人要求从业人员在其专业能力达到要求但未依照第 6.2 款规定进行注册的语种之间提供翻译服务，或如果委托人要求从业人员要以期惯用语言进行翻译（委托人认为母语口译员会对语境会有更好的理解时会发生此种情况），在满足以下条件时从业人员可继续提供翻译：本准则第 6.1 款得到满足且委托人了解无视第 6.2 款规定继续进行翻译可能带来的不利后果。

6.4 Practitioners shall to the best of their ability render a faithful translation of the source text. This shall apply to both meaning and register except where a literal rendering or a summary is specifically required by the Principal.

从业人员应尽其所能忠实翻译原文。对原文含义和语域的翻译也应适用此原则，委托人明确要求提供文学表达和简要概括的情况除外。

6.5 Practitioners shall use their best endeavours and judgement to draw it to the attention of the Principal by appropriate means when the source text contains elements that need to be taken into account in carrying out the translation, such as ambiguities, factual inaccuracies, linguistic errors, imprecise terminology or language that in the judgement of the Practitioner expresses prejudice with reference to generally accepted anti-discrimination norms.

在翻译过程中，当源文本包含一些需要着重考虑的要素，如含义不清，事实不准确，语言错误，不精确的术语或译者认为某些语言违反了被普遍接受的反歧视准则，从而含有某些歧视含义，从业人员应尽其最大努力及依其判断，以适当的方式将其提请委托人注意。

6.6 If a Practitioner discovers at any stage that changes have been made to the final text of his or her translation without prior agreement, he or she shall inform all interested parties that he or she is no longer responsible for the text in the terms of 3.15.

如从业人员在任意阶段发现未经其事前允许翻译终稿被他人改动，口译员应告知各利益相关方，依照本准则第 3.15 款，该从业人员不再对该译稿负责。

附录十四 美国司法翻译协会道德与职业准则

NAJIT Code of Ethics and Professional Responsibilities
美国司法翻译协会道德与职业准则

https://najit.org/

The National Association of Judiciary Interpreters and Translators promotes the highest professional standards in legal interpreting. Professional legal interpreting is required to ensure due process, equal protection and equal access to the administration of justice for non-English or limited English proficient(LEP) individuals. Judiciary interpreters work in court settings, but also out of court, when the proceedings may have legal consequences. For example, professional legal interpreters are required for accurate interpretation during depositions, administrative hearings or attorney-client interviews. Professional legal interpreters are also used in law enforcement investigations, or in the review, transcription and translation of recorded evidence.

美国司法翻译协会旨提高法律翻译领域的行业最高标准。我们需要专业法律翻译确保非英语语言使用者及英语水平欠佳者享有正当程序原则，平等保护及平等诉诸法律的机会。法庭口译员工作场景不限于法庭，当诉讼可能产生法律后果时，译员也需在庭外工作；比如，专业法律译员需在宣誓作证、行政听证、律师及其客户会面等场景下提供准确翻译。专业法律口译员也在执法调查或对作为证据的录音文件的审查、转写及翻译中发挥作用。

NAJIT members include judiciary interpreters and translators, as well as conference, community and medical interpreters. NAJIT boasts a growing number of interpreters who work between English and **American Sign Language**（ASL）, and counts among its members judicial officers and administrators, language service providers, academics and interpreting and translation students. While most of our membership resides in the U. S., some members live and work in Latin America, Europe, Asia and Australia. Anyone with an interest in the field of legal interpreting and translating or who shares NAJIT's interests and objectives is welcome to join.

本协会会员包括法庭口译员及笔译员、会议口译员、社团口译员以及医学口译员。其中，能够进行英语及美式手语互译的口译员数量不断增长；本协会会员包括司法人员和行政人员，语言服务提供者，学者以及口译和笔译学生。本协会大多数会员居住在美国，其他会员则广泛生活及工作在拉丁美洲、欧洲、亚洲及澳大利亚。欢迎所有对法律口译和笔译感兴趣或与本协会有相同利益与目标的人加入我们。

Preamble
序言

Many persons who come before the courts are non-or limited-English speakers. The function of court interpreters and translators is to remove the language barrier to the extent possible，so that such persons' access to justice is the same as that of similarly situated English speakers for whom no such barrier exists. The degree of trust that is placed in court interpreters and the magnitude of their responsibility necessitate high，uniform ethical standards that will both guide and protect court interpreters in the course of their duties as well as uphold the standards of the profession as a whole.

许多出庭人不使用英语或英语水平有限。法庭口译员和笔译员的职能是尽可能地消除语言障碍，使其拥有与其他处境相同却不受语言阻碍的英语使用者相同的诉诸法律的权力。法庭口译员所肩负的信任及其重大责任使得建立一个统一的高要求道德准则变得有必要，该准则既能在其履责过程中指导和保护法庭口译员，又能维护整个行业的标准。

While many ethical decisions are straightforward，no code of ethics can foresee every conceivable scenario；court interpreters cannot mechanically apply abstract ethical principles to every situation that may arise. This Code is therefore intended not only to set forth fundamental ethical precepts for court interpreters to follow，but also to encourage them to develop their own，well-informed ethical judgment.

尽管大多数道德决策十分明确，但没有任何道德准则可以预见每一种可能的情况；法庭口译员不能机械地将抽象伦理原则应用于可能出现的情况。因此，该准则不仅旨在为法庭口译员提供基本的道德准则，而且还鼓励他们发展自己的，well-informed的道德判断。

Applicability 适用

All NAJIT members are bound to comply with this Code.

美国司法翻译协会全体成员应遵守此准则。

Canon 1. Accuracy

准则1 准确性要求

Source language speech should be faithfully rendered into the target language by conserving all the elements of the original message while accommodating the syntactic and semantic patterns of the target language. The rendition should sound natural in the target language, and there should be no distortion of the original message through addition or omission, explanation or paraphrasing. All hedges, false starts and repetitions should be conveyed; also, English words mixed into the other language should be retained, as should culturally bound terms which have no direct equivalent in English, or which may have more than one meaning. The register, style and tone of the source language should be conserved.

译员应保留原信息所有内容且采用与目标语相适应的句法及语意模式，忠实地将源语译为目标语。翻译后的语言应当自然流畅且不可因增译、漏译、解释说明及转述对原信息造成任何曲解。译员应完整传达发言中存在的所有模糊语，不完美陈述以及重复表达。此外，针对英语与其他语言混合而形成的词汇，受文化限制无法在英语中找到对应表达的词汇以及拥有不同汉语的词汇，译员应保留其原有形式。源语的语域、风格及语调应予以保留。

Guessing should be avoided. Court interpreters who do not hear or understand what a speaker has said should seek clarification. Interpreter errors should be corrected for the record as soon as possible.

法庭口译员应避免猜测所要翻译的内容。如译员漏听或未能理解发言人意思，则应寻求其作出解释。译员应对所犯错尽快作出修正以供记录在案。

Canon 2. Impartiality and Conflicts of Interest

准则 2　公正与利益冲突

Court interpreters and translators are to remain impartial and neutral in proceedings where they serve, and must maintain the appearance of impartiality and neutrality, avoiding unnecessary contact with the parties.

法庭口译员（包括口译员与笔译员）应当在其所参与的诉讼程序中保持公正与中立，且必须保持其公正与中立的形象，避免与诉讼当事方进行不必要的接触。

Court interpreters and translators shall abstain from comment on cases in which they serve. Any real or potential conflict of interest shall be immediately disclosed to the Court and all parties as soon as the interpreter or translator becomes aware of such conflict of interest.

法庭口译员（包括口译员与笔译员）不得对其参与的案件

发表评论。一旦法庭口译员意识到任何实际或潜在利益冲突，应立即向法院和各诉讼当事人说明。

Canon 3. Confidentiality

准则3　保密行性要求

Privileged or confidential information acquired in the course of interpreting or preparing a translation shall not be disclosed by the interpreter or translator without authorization.

未经许可，法庭口译员不得泄露其在口译过程中或笔译中获得的保密信息。

Canon 4. Limitations of Practice

准则4　限制参与程度

Court interpreters and translators shall limit their participation in those matters in which they serve to interpreting and translating, and shall avoid giving advice to the parties or otherwise engaging in activities that can be construed as the practice of law.

法庭口译员（包括口译员与笔译员）在为某案件提供口译或笔译服务时，应控制其对此案件的参与程度。法庭口译员（包括口译员与笔译员）不得向当事人提供任何建议或不得参与任何可被视作法律行为的活动。

Canon 5. Protocol and Demeanor

准则5　礼仪和举止要求

Court interpreters shall conduct themselves in a manner consistent with the standards and protocol of the court, and shall perform their duties as unobtrusively as possible. Court interpreters are to use the same grammatical person as the speaker. When it becomes necessary to assume a primary role in the communication, they must make it clear that they are speaking for themselves.

法院口译员应以符合法院标准和程序的方式行事,并应尽可能以不干扰法庭的方式履行其职责。法庭口译员在其翻译过程中应与发言人使用相同人称。如法庭口译员需在沟通中扮演主要角色,译员应声明其代表自己发言。

Canon 6. Maintenance and Improvement of Skills and Knowledge

准则 6　维护和提高技能和知识

Court interpreters and translators shall strive to maintain and improve their interpreting and translation skills and knowledge.

法院口译员和笔译员应努力保持和提高其口译和笔译技能与知识。

Canon 7. Accurate Representation of Credentials

准则 7　准确展现译员水平

Court interpreters and translators shall accurately represent their certifications, accreditations, training and pertinent experience.

法庭口译员所展现其所获得相关证书,资格认证,培训,相关经验所代表的水平。

Canon 8. Impediments to Compliance

准则 8　履行本准则受阻

Court interpreters and translators shall bring to the Court's attention any circumstance or condition that impedes full compliance with any Canon of this Code, including interpreter fatigue, inability to hear, or inadequate knowledge of specialized terminology, and must decline assignments under conditions that make such compliance patently impossible.

如法庭口译员（包括口译员与笔译员）遇将导致其无法完全履行本行为守则各项规定的情况（包括译员疲劳，无法听清发言者发言，对专业术语认识不清），应当向法庭作出声明。如遇将导致其明显无法完全履行此行为守则各项规定的情况，译员应拒绝继续完成此项翻译任务。

附录十五　美国威斯康星州州立法院自由职业法庭口译员手册（节选）

Freelance Court Interpreter Handbook of Wisconsin State Courts(Excerpts)

美国威斯康星州州立法院自由职业法庭口译员手册(节选)

Section 3: The Role of the Court Interpreter and Code of Ethics

第三款:法庭口译员职能和道德准则

The role of the court interpreter is to assist the court in bringing the Limited English Proficiency(LEP) speaker to equal linguistic footing with an English speaker. In doing so, the services of an interpreter enable the court to provide equal access to justice for LEP witnesses, victims and defendants.

法庭口译员的职责是协助法庭为英语能力有限(LEP)的发言人提供与讲英语的人士平等的语言基础。因此,口译员的服务使法院能够为 LEP 证人,被害人和被告提供平等的司法救助。

A court interpreter plays a critical role in the administration of justice as he/she transfers a message from one language to another, thus ensuring access, due process and participation of all parties involved. The goal of a court interpreter is two-fold: to enable the judge, the jury, counsel and parties involved to react in the same manner to a LEP speaker as they would to an English speaker and to enable the LEP defendant to "hear" everything and therefore participate as an English speaker would.

法庭口译在司法管理中发挥重要作用,因为他/她将一种语言的信息从一种语言转移到另一种语言,从而确保所有当事人的享用权、正当程序和参与。法庭口译员的目标有两方面:使法官、陪审团、律师和有关各方能够以对于英语发言者同样的方式对 LEP 发言人作出回应,让 LEP 被告可以"听审"所有事情,并因此以英语发言者身份参与。

The court interpreter must interpret the original source material without editing, summarizing, deleting, or adding, while at the same time conserving the language level, style, tone, and intent of the speaker. If it appears appropriate to provide an explanation to the LEP speaker, it must only be done in the presence of the English speaker and anything stated to the LEP speaker must be interpreted into English.

法庭口译员必须在不进行编辑、总结、删除或添加的情况下口译原始的原材料,同时保留说话者的语言水平、风格、语气和意图。如对 LEP 发言人进行解释是恰当的,则只能在有英语发言人在场的情况下才能进行解释,且对 LEP 发言人说的任何内容都必须被口译为英语。

The court interpreter may be the only bilingual person able to communicate with the LEP. This fact may further complicate the interpreter's role by creating expectations from both the LEP and the party with whom he/she needs to communicate as to what the interpreter may bring to the interaction. It is common for either party to relinquish control of the conversation and pass that control on to the interpreter. Such expectations and actions present ethical challenges that the interpreter needs to address. It is therefore important for the interpreter to remember that his/her ONLY role is to remove the language barrier by allowing true communication between the parties. To this end and to keep the interpreter on check, a generally accepted Code of Ethics and associated Professional Standards has been developed.

法庭口译员可能是唯一能够与 LEP 沟通的双语人士。该事实可能会让口译员的角色进一步复杂化，从而增加 LEP 和他/她需要沟通的一方对口译员能给交流带来什么的期望。任何一方当事人放弃交流控制权并将该控制权交给口译员是很平常的。这样的期望和行为给口译员带来了需要他解决的道德挑战。因此，口译员须谨记他/她的唯一职责是通过双方之间真正的沟通来消除语言障碍。为此，以及为了规范口译员，已经制定了基本公认的道德准则和相关专业标准。

Code of Ethics for Court Interpreters: SCR Chapter 63
法庭口译员道德职责:SCR 第 63 章

Interpreters, judges, and attorneys are often unaware of the proper role of the court interpreter and the professional responsibilities it demands. The purpose of a code of ethics is to articulate a core set of principles to guide the conduct of a court interpreter and to educate judges on the level of conduct expected. The code addresses accuracy and completeness, representation of interpreter qualifications, impartiality and conflict of interest, professional demeanor, confidentiality and restriction of public comment, limitations on giving legal and other advice, communicating interpreter limitations to the judge, reporting ethical violations, and professional skills development.

口译员、法官和律师往往不了解法院口译员的适当职责及其所要求的专业责任。道德准则的目的是阐明一套核心原则，指导法庭口译员的行为，并就预期的行为水平对法官进行教育。该准则涉及准确性和完整性，口译员资格的表示，公正性和利益冲突，专业风度，保密和限制公众意见，限制提供法律建议和其他建议，向法官说明口译员局限，举报道德违规和专业技能发展。

This code of ethics has been adopted by the Wisconsin Supreme Court to guide interpreter conduct while working in the courts of Wisconsin and to serve as a basis for interpreter education. In keeping with its general practice, the court has adopted the black letter provisions; the accompanying comments are published for information purposes. This code became effective on July 1, 2002.

威斯康星州最高法院通过了这一道德准则，用以指导在威斯康星州法院工作的口译员的行为，并作为口译员教育的基础。按照其一般惯例，法院规定了黑名单条款；随附的评论将出版以供参考。该准则于 2002 年 7 月 1 日生效。

Preamble
前言

Many persons are partially or completely excluded from participation in court proceedings due to limited proficiency in the English language, as described in ss. 885.37(1)(b) and 885.38 (1)(b), stats. Communication barriers must be removed as much as is reasonably possible so that these persons may enjoy equal access to justice. Qualified interpreters are highly skilled professionals who help judges conduct hearings justly and efficiently when communication barriers exist.

由于英语水平有限,许多人被部分或完全排除在参与法庭诉讼程序之外,据 885.37(1)(b)和 885.38(1)(b)统计。须尽可能合理消除沟通障碍,以便这些人可以享有平等的司法救助。合格的口译员是高度熟练的专业人员,在存在沟通障碍时协助法官公正合理地进行听审。

Applicability 适用

The code governs the delivery of services by foreign language and sign language interpreters working in the courts of the State of Wisconsin. Its purpose is to define the duties of interpreters and thereby enhance the administration of justice and promote public confidence in the courts. The code also applies to real-time reporters when functioning in the capacity of providing access to court users.

该准则适用于在威斯康星州法院工作的外语和手语口译服务。其目的是界定口译员的职责,从而加强司法管理,提高公众对法院的信心。该准则也适用于为法庭使用者提供进入权的实时记者。

Interpretation 口译

The comments accompanying this code are not adopted. The comments are intended as guides to interpretation, but the text of each rule is authoritative. If a court policy or routine practice appears to conflict with any provision of the code the policy or practice should be reviewed for modification.

该准则的评论未被采纳。评论旨在指导口译,但每条规则的文本都是权威性的。如果法院政策或常规做法似乎与准则的任何规定相冲突,则应对政策或惯例进行审查以进行修改。

1. Accuracy and completeness 准确性和完整性

Interpreters shall render a complete and accurate interpretation or sight translation by reproducing in the target language the closest natural equivalent of the source language message, without altering, omitting, or adding anything to the meaning of what is stated or written, and without explanation.

口译员应通过在目标语言中复制与源语言信息最接近的自然的等同信息,而不改变,省略或增加任何口头或书面内容的意思,且无需解释,从而提供完整和准确的口译或视译。

Comment: Interpreters have a twofold role: 1. to ensure that court proceedings reflect, in English, precisely what was said by persons of limited English proficiency; and 2. to place persons of limited English proficiency on an equal footing with persons who understand English. This creates an obligation to conserve every element of information contained in a source language communication when it is rendered in the target language.

评论指出口译员有两方面的职责：1.确保法庭诉讼用英文准确反映了英语能力有限人士所说的话；且 2.将英语能力有限的人与懂英语的人平等对待。这样做有义务保留以目标语言呈现时源语言交流中包含信息的每一个要素。

Therefore, interpreters are required to apply their best skills and judgment to preserve, as faithfully as is reasonably possible and without editing, the meaning of what is said, including the style or register of speech, the ambiguities and nuances of the speaker, and the level of language that best conveys the original meaning of the source language. Verbatim, "word for word," or literal oral interpretations are inappropriate when they distort the meaning of what was said in the source language. However, every spoken statement, even if it appears non-responsive, obscene, rambling, or incoherent should be interpreted. This includes apparent misstatements.

因此，口译员必须运用他们的最佳技能和判断，尽可能合理地且无需编辑地忠实保留所说的内容，包括发言的风格或语域，发言人的含糊和细微差别，以及最能表达源语言原始含义的语言水平。逐字逐句，即"字对字"或字面上的口头口译是不适当的，因为它们会扭曲源语言中所说的含义。然而，每一个口头陈述，即使它看起来无法回应，淫秽，散乱或不连贯，都应该被口译。包括明显的错误陈述。

Interpreters should not interject any statement or elaboration of their own. If the need arises to explain an interpreting problem, such as a term or phrase with no direct equivalent in the target language or a misunderstanding that only the interpreter can clarify, the interpreter should ask the court's permission to provide an explanation.

口译员不应插入他们自己的任何陈述或阐述。如果需要解释口译问题,例如目标语言中没有直接等同的术语或短语,或者只有口译员可以澄清的误解,则口译员应请求法院许可来提供解释。

Spoken language interpreters should convey the emotional emphasis of the speaker without reenacting or mimicking the speaker's emotions, or dramatic gestures. Sign language interpreters, however, must employ all of the visual cues that the language they are interpreting for requires—including facial expressions, body language, and hand gestures. Judges should ensure that court participants do not confuse these essential elements of the interpreted language with inappropriate interpreter conduct. Any challenge to the interpreter's conduct should be directed to the judge.

口语口译员应该表达发言人的情绪强调,而不要重演或模仿说话人的情绪或戏剧性的姿势。而手语口译人员必须使用其正在口译的语言所需的所有视觉提示,包括面部表情,肢体语言和手势。法官应确保法庭参与者不会将被口译语言的这些基本要素与不恰当的口译员行为混为一谈。任何对口译员行为的质疑都应该直接提交给法官。

The obligation to preserve accuracy includes the interpreter's duty to correct any errors of interpretation discovered during the proceeding. Interpreters should demonstrate their professionalism by objectively analyzing any challenge to their performance.

保持准确性的义务包括口译员有义务纠正在诉讼期间发现的任何口译错误。口译员应该通过客观分析对他们表现上的质疑来展现他们的专业精神。

The ethical responsibility to interpret accurately and completely includes the responsibility of being properly prepared for interpreting assignments. Interpreters are encouraged to obtain documents and other information necessary to familiarize themselves with the nature and purpose of a proceeding.

Prior preparation is generally described below, and is especially important when testimony or documents include highly specialized terminology and subject matter.

准确而完全解释的道德责任包括准备好口译任务的责任。鼓励口译员获取必要的文件和其他信息，以熟悉诉讼的性质和目的。先前的准备工作一般如上所述，且在证词或文件包含高度专业化的术语和主题时尤为重要。

In order to avoid any impropriety or appearance of impropriety, interpreters should seek leave of the court before conducting any preparation other than the review of public documents in the court file. Courts should in their discretion freely grant such leave in order to assist interpreters to discharge their professional responsibilities.

为避免不当行为或不当行为的发生，口译员应在做准备前，向法庭申请准许，除了在法庭档案中审查公共文件以外。法院应酌情自由准许，以协助口译人员履行其专业责任。

Preparation might include but is not limited to:

准备可能包括但不限于：

● review of public documents in the court file such as motions and supporting affidavits, witness lists and jury instructions, the criminal complaint, information, and preliminary hearing transcript in a criminal case, and the summons, complaint, and answer in a civil case;

审查法院档案中的公开文件，例如动议和支持宣誓书，证人名单和陪审团指示，刑事诉讼中的刑事申诉，信息和初步聆讯记录以及民事案件中的传票，投诉和起诉状；

● review of documents in the possession of counsel such as police reports, witness summaries, deposition transcripts, and presentence investigation reports;

审查律师拥有的文件，如警察报告、证人摘要、书面证词笔录和前期调查报告；

● contacting previous interpreters involved in the case for information on language use/style;

联系参与案件以前的口译员，了解有关语言使用/风格的信息；

● contacting attorneys involved in the case for additional information on anticipated testimony or exhibits; and anticipating and discussing interpreting issues related to the case with the judge, but only in the presence of counsel unless the court directs otherwise.

联系涉案人员，获取有关预期证词或展示证据的更多信息；除非法庭另有指示，只有在律师在场时与法官预测和讨论与案件有关的口译问题。

2. Representation of qualifications 代表资格

Interpreters shall accurately and completely represent their certifications, training, and experience.

口译员须准确完整地代表其认证,培训和经验。

Comment: Acceptance of a case by an interpreter presumes linguistic competency in legal settings. Withdrawing, or being asked to withdraw, after a court proceeding has begun is disruptive and wasteful of scarce public resources. It is therefore essential that interpreters present a complete and truthful account of their training, certifications, and experience prior to appointment so the court can fairly evaluate their qualifications for delivering interpreting services.

评论:口译员接受案例就推定其具有法律背景下的语言能力。在法庭诉讼后撤回或被要求撤回的行为是破坏性的,且会浪费稀少的公共资源。因此,口译员必须在被任用前提供完整和真实的培训,认证和经验记录,以便法院能够公正地评估他们提供口译服务的资格。

3. Impartiality and avoidance of conflict of interest 公正和避免利益冲突

Interpreters shall be impartial and unbiased, and shall refrain from conduct that may give an appearance of bias. Interpreters shall disclose any real or perceived conflict of interest to the judge and the parties.

口译员应公正无偏见,不得作出可能有偏见的行为。口译员应向法官和当事人披露任何实际或意识到的利益冲突。

Comment: Interpreters serve as officers of the court. Their

duties in a court proceeding are to serve the court and the public regardless of whether publicly or privately retained.

评论：口译员是法庭人员。他们在法庭诉讼中的职责是向法院和公众服务，无论是被公开还是私自聘请。

Interpreters should avoid any conduct or behavior that presents the appearance of favoritism toward anyone. Interpreters should maintain professional relationships with persons using their services, discourage personal dependence on the interpreter, and avoid participation in the proceedings other than as an interpreter.

口译员应避免表现出对任何人偏袒的任何行为或表现。口译员应与使用其服务的人员之间保持专业关系，防止对口译人员的依赖，除以口译员身份外避免参与诉讼除外。

During the course of the proceedings, interpreters of record should not converse with parties, witnesses, jurors, attorneys, or with friends or relatives of any party, except in the discharge of their official functions. Official functions may include an informal pre-appearance assessment to include the following:

在诉讼过程中，记录口译员不得与当事人、证人、陪审员、律师或任何一方的亲友交谈，履行公务时除外。官方职能可以包括非正式的预先评估，包括以下内容：

- culturally appropriate introductions;

恰当的文化介绍；

- a determination of variety, mode, or level of communication;

确定交流的种类、模式或水平；

- a determination of potential conflicts of interest; and

确定潜在的利益冲突；以及

● a description of the interpreter's role and function.

对口译员角色和功能的描述。

Interpreters should strive for professional detachment. Verbal and non-verbal displays of personal attitudes, prejudices, emotions, or opinions must be avoided at all times.

口译员应力求专业公正。在任何时候都必须避免表露口头和非言语上的个人态度、偏见、情绪或意见。

Interpreters shall not solicit or accept any payment, gift, or gratuities in addition to compensation from the court.

除了法院的补偿金外，口译员不得索取或收受任何款项，礼物或小费。

Any condition that interferes with the objectivity of an interpreter constitutes a conflict of interest and must be disclosed to the judge. Interpreters should only divulge necessary information when disclosing the conflict of interest. The disclosure shall not include privileged or confidential information. The following circumstances create potential conflicts of interest that must be disclosed:

任何干扰口译员客观性的情况都构成利益冲突，且必须向法官披露。口译员在披露利益冲突时，只能泄露必要的信息。披露不应包括特权或保密信息。发生以下情况须必须披露潜在的利益冲突：

● the interpreter is a friend, associate, or relative of a party, counsel for a party, a witness, or a victim(in a criminal case) involved in the proceedings;

口译员是参与诉讼程序的一方当事人的朋友,同伙或亲属,当事人的法律顾问,证人或受害人(在刑事案件中);

● the interpreter or the interpreter's friend, associate, or relative has a financial interest in the subject matter in controversy, a shared financial interest with a party to the proceeding, or any other interest that might be affected by the outcome of the case;

口译员或口译员的朋友,同事或亲属在争议事项中拥有经济利益,与诉讼当事人有共同经济利益,或可能受到案件结果影响的任何其他利益;

● the interpreter has served in an investigative capacity for any party involved in the case;

口译员曾为案件的任何当事人调查案件;

● the interpreter has previously been retained by a law enforcement agency to assist in the preparation of the criminal case at issue;

此前,执法机构聘请了口译员协助准备涉案刑事案件;

● the interpreter is an attorney in the case at issue;

口译员是本案中的律师;

● the interpreter has previously been retained for employment by one of the parties; or

口译员之前曾被一方当事人聘用就职;或

● for any other reason, the interpreter's independence of judgment would be compromised in the course of providing services.

由于任何其他原因,口译员的判断独立性在提供服务的过程中会妥协。

The existence of any one of the above-mentioned circumstances must be carefully evaluated by the court，but does not alone disqualify an interpreter from providing services if the interpreter is able to render services objectively. The interpreter should disclose to the court any indication that the recipient of interpreting services views the interpreter as being biased. If an actual or apparent conflict of interest exists，the court must decide whether removal is appropriate based upon the totality of the circumstances.

上述任何一种情况的存在都必须由法院仔细评估，但如果口译人员能够客观地提供服务，并不会就此取消口译员提供口译服务的资格。口译员应向法庭揭露口译服务接受者认为口译员有偏见的任何迹象。如果存在实际或明显的利益冲突，法院必须根据全部情况决定解除是否恰当。

4. Professional demeanor 专业风范

Interpreters shall conduct themselves in a manner consistent with the dignity of the court.

口译员应以符合法庭尊严的方式行事。

Comment：Interpreters should know and observe the established protocol，rules，and procedures for delivering interpreting services. When speaking in English，interpreters should speak at a rate and volume that enables them to be heard and understood throughout the courtroom. Interpreters should be as unobtrusive as possible and should not seek to draw inappropriate attention to themselves while performing their professional duties. This includes any time the interpreter is present，even though not actively interpreting.

评论:口译员应了解并遵守提供口译服务的既定协议,规则和程序。当用英语发言时,口译员应该以一定的速率和话量发言,以使他们能够在整个法庭被听到和理解。口译员应尽可能不引人注意,不应在履行职责时寻求对自己的不适当的关注。这包括口译人员在场的任何时候,即使其不在积极地口译。

Interpreters should avoid obstructing the view of anyone involved in the proceedings, but should be appropriately positioned to facilitate communication. Interpreters who use sign language or other visual modes of communication must be positioned so that signs, facial expressions, and whole body movements are visible to the person for whom they are interpreting and be repositioned to accommodate visual access to exhibits as necessary. Interpreters are encouraged to avoid personal or professional conduct that could discredit the court. Interpreters should support other interpreters by sharing knowledge and expertise with them to the extent practicable in the interests of the court.

口译员应避免妨碍参与诉讼的任何人的观点,但应适当定位以方便沟通。使用手语或其他视觉交流方式的口译员必须就位以便他们正在口译的人可以看到手势,面部表情和整个身体动作,并根据需要重新定位以适应对展示证据的视觉进入权。鼓励口译员避免可能令法庭失信的个人或专业行为。口译员应支持其他口译员,在法院利益的切实可行范围内与他们分享知识和专业知识。

5. Confidentiality 保密性

Interpreters shall protect the confidentiality of all privileged and other confidential information.

口译员应保护所有特权和其他机密信息的机密性。

Comment: Interpreters must protect and uphold the confidentiality of all privileged information obtained during the course of their duties. It is especially important that interpreters understand and uphold the attorney-client privilege that requires confidentiality with respect to any communications between attorney and client. This rule also applies to other types of privileged communications. Interpreters must also refrain from repeating or disclosing information obtained by them in the course of their employment that may be relevant to the legal proceeding.

评论:口译员必须保护并维护在其职责过程中获得的所有特权信息的机密性。更为重要的是口译员理解并维护律师与客户之间任何沟通所需要保密的律师——客户特权。该规则也适用于其他类型的特权通信。口译员还必须避免重复或披露他们在就业过程中获得的与法律诉讼相关的信息。

In the event that an interpreter becomes aware of information that indicates probable imminent harm to someone or relates to a crime being committed during the course of the proceedings, the interpreter should immediately disclose the information to the presiding judge. In an emergency, the interpreter should disclose the information to an appropriate authority. Interpreters shall never take advantage of knowledge obtained in the performance of duties, or by their access to court records, facilities, or privileges, for their own or another's personal gain.

如果口译员意识到表明可能对某人造成伤害的信息或与

在诉讼过程中发生的与犯罪有关的信息，口译员应立即向主审法官披露信息。在紧急情况下，口译员应将信息披露给有关当局。口译员不得利用从履行职责中获得的知识，或为他们自己或其他人的个人利益而利用他们查阅法庭记录或设施的权利或特权。

6. Restriction on public comment 公共评论的限制

Interpreters shall not publicly discuss, report, or offer an opinion concerning a matter in which they are or have been engaged, even when that information is not privileged or required by law to be confidential, except to facilitate training and education.

除为了培训和教育外，口译员不得公开讨论，报告或提供有关他们所从事或已经从事的事项的意见，即使这些信息并非有特权或未被法律要求保密。

Comment: Generally, interpreters should not discuss interpreter assignments with anyone other than persons who have a formal duty associated with the case. However, interpreters may share information for training and education purposes, divulging only so much information as is required to accomplish this purpose. Unless so ordered by a court, interpreters must never reveal privileged or confidential information for any purpose.

评论：一般来说，口译员不应与除与案件有正式主责的人以外的任何人讨论口译员的任务。然而，口译员可能会因培训和教育目而共享信息，只会泄露实现此目的所需的大量信息。除非法院下令，口译员不得出于任何目的透露特权或机密信息。

7. Scope of practice 实践范围

Interpreters shall limit themselves to interpreting or translating and shall not give legal or other advice, express personal opinions to persons using their services, or engage in any other activities that may be construed to constitute a service other than interpreting or translating while serving as an interpreter.

口译员应仅限于口译或翻译,不得提供法律意见或其他建议,向使用其服务的人员表达个人意见,或从事任何在其作为口译员时不是口译或翻译服务的活动。

Comment: Since interpreters are responsible only for enabling others to communicate, they should limit themselves to the activity of interpreting or translating only, including official functions as described in the commentary to Rule 63.03. Interpreters, however, may be required to initiate communications during a proceeding when they find it necessary to seek direction from the court in performing their duties. Examples of such circumstances include seeking direction for the court when unable to understand or express a word or thought, requesting speakers to adjust their rate of speech, repeat or rephrase something, correcting their own interpreting errors, or notifying the court of reservations about their ability to satisfy an assignment competently. In such instances, interpreters should make it clear that they are speaking for themselves.

评论:由于口译员只负责让其他人进行交流,他们应仅限于口译或翻译活动,包括规则 63.03 评注中所述的官方职能。但在口译员认为有必要在履行职责时寻求法院指示事,可以在诉讼期间发起沟通。这种情况的例子包括:在不能理解或表达一个词或思想时向法院寻求指示,要求发言人调整发言的速度，重复或改述某些事情，纠正他们自己的口译错误，或向法院通知保留他们胜任的能力。在这种情况下，口译员应该明确表示他们在为自己发言。

Interpreters may convey legal advice from an attorney to a person only while that attorney is giving it. Interpreters should not explain the purpose or contents of forms, services, or otherwise act as counselors or advisors unless they are interpreting for someone who is acting in that official capacity. Interpreters may translate language on a form for a person who is filling out the form, but should not explain the form or its purpose for such a person.

只有在律师提供法律意见时，口译员才能向律师传达法律意见。口译员不应解释表格，服务的目的或内容，或以其他方式担任律师或顾问，除非他们在为有该官方职能的人口译。口译员可以在填写表格的人员所填写的表格上翻译，但不应向其解释此类表格或其目的。

While engaged in the function of interpreting, interpreters should not personally perform official acts that are the official responsibility of other court officials.

在从事口译职能时，口译员不应亲自执行其他法庭人员职责的公务。

8. Assessing and reporting impediments to performance 评估和报告绩效障碍

Interpreters shall assess at all times their ability to deliver their services. When an interpreter has any reservation about his or her ability to satisfy an assignment competently, the interpreter shall immediately convey that reservation to the appropriate judicial authority.

口译员应随时评估他们提供服务的能力。当口译员对其胜任的能力有任何保留时,口译员应立即将该保留意见转达适当的司法当局。

Comment: If the communication mode, dialect, or speech of the person of limited English proficiency cannot be readily interpreted, the interpreter should notify the appropriate judicial authority, such as a supervisory interpreter, a judge, or another official with jurisdiction over interpreter matters.

评论:如英文能力有限的人的交流方式,方言或言语不易被口译,则口译员应通知适当的司法当局,例如监督口译员,法官或另一名对口译人员事务具有管辖权的人员。

Interpreters should notify the appropriate judicial authority of any circumstances(environmental or physical limitations) that impede the ability to deliver interpreting services adequately. These circumstances may include that the courtroom is not quiet enough for the interpreter to hear or be heard by the person of limited English proficiency, that more than one person is speaking at the same time, or that the speaker is speaking too quickly for the interpreter to adequately interpret. Sign language interpreters must make sure that they can both see and convey the full range of visual language elements that are necessary for communication, including facial expressions and body movements, as well as hand gestures.

口译员应向适当的司法当局通报妨碍充分提供口译服务的任何情况(环境或身体限制)。这些情况可能包括:法庭不够安静，口译员不能听到或不能被英语水平有限的人听到，不止一个人同时在说话，或者说话者语速太快而口译员无法充分口译。手语口译员必须确保他们能看到和传达交流所需的全部视觉语言元素，包括面部表情和身体动作，以及手势。

Interpreters should notify the judge of the need to take periodic breaks in order to maintain mental and physical alertness and prevent interpreter fatigue. Interpreters should inform the court when the use of team interpreting is necessary.

口译员应提醒法官定期休息的需要，以保持精神和身体的警觉性，并防止口译员疲劳。当需要使用团队口译时，口译员应通知法庭。

Even competent and experienced interpreters may encounter situations where routine proceedings suddenly involve slang, idiomatic expressions, regional dialects, or technical or specialized terminology unfamiliar to the interpreter such as the unscheduled testimony of an expert witness. When such situations occur, interpreters should request a brief recess in order to familiarize themselves with the subject matter. If familiarity with the terminology requires extensive time or more intensive research, interpreters should inform the judge.

即使有能力和经验丰富的口译员也可能遇到以下情况：惯常诉讼突然涉及俚语，惯用语，区域方言，或口译员不熟悉的技术或专业术语，例如专家证人的计划外证词。当这种情况发生时，口译员应该请求短暂的休息，以便熟悉这个主题。如果熟悉术语需要大量时间或更深入的研究，口译员应通知法官。

Interpreters should refrain from accepting a case if they believe its language and subject matter is likely to exceed their capacities. Interpreters should also notify the judge if during the course of a proceeding they conclude that they are unable to perform adequately for any reason.

口译员如果认为语言和主题可能超出其能力,应避免接受案件。如果在诉讼过程中口译员无法以任何理由充分履行职责,还应通知法官。

9. Duty to report ethical violations 举报道德违规行为的职责

Interpreters shall report to the proper judicial authority any effort to impede their compliance with any law, any provision of this code, or any other official policy governing court interpreting and translating.

口译员应向适当的司法当局报告任何妨碍其遵守任何法律,本守则的任何规定或管理法庭口译和翻译的任何其他官方政策的行为。

Comment: Because the users of interpreting services frequently misunderstand the proper role of interpreters, they may ask or expect interpreters to perform duties or engage in activities that run counter to the provisions of the code or other law, rules, regulations, or policies governing court interpreters. It is incumbent upon the interpreter to explain his or her professional obligations to the user. If, having been apprised of these obligations the person persists in demanding that the interpreter violates them, the interpreter should turn to a supervisory interpreter, a judge, or another official with jurisdiction over interpreter matters to resolve the situation.

评论:由于口译服务使用者经常误解口译员的正确职能,因此他们可能会要求或期望口译员履行职责或从事一些违反准则或其他法律,规则,法规或管辖法庭口译员政策的活动。口译员有责任向用户解释他或她的专业职责。如果在被告知这些义务时,仍坚持要求口译人员违反这些准则,则口译员应求助于一名监督口译员,法官或另一个对口译人员有管辖权的人员来解决这个问题。

10. Professional development 专业发展

Interpreters shall improve their skills and knowledge and advance the profession through activities such as professional training and education and interaction with colleagues and specialists in related fields.

口译员应通过诸如专业培训和教育以及与相关领域的同事和专家的互动等手段提高他们的技能和知识,并推动专业发展。

Comment: Interpreters must improve their interpreting skills and increase their knowledge of the languages they work in professionally, including past and current trends in slang, idiomatic expressions, changes in dialects, technical terminology, and social and regional dialects, as well as their applicability within court proceedings.

评论:口译员须提高他们的口译技巧,并增加他们工作的专业领域的语言知识,包括俚语,习惯用语,方言变化,技术术语,社会和地区方言过去和当前的趋势,以及他们在法庭程序中的适用性。

Interpreters should keep informed of all statutes，rules of court，and policies of the judiciary that govern the performance of their professional duties.

口译员应随时了解所有管理其专业职责表现的司法章程，法庭规则和政策。

Interpreters should seek to elevate the standards of the profession through participation in workshops，professional meetings，interaction with colleagues，and reading current literature in the field.

口译员应通过参与研讨会，专业会议，与同事的互动以及阅读专业当前文献，力求提升专业标准。

附录十六　美国明尼苏达州法院系统口译员行为准则

Code of Professional Responsibility for Interpreters in the Minnesota State Court System

美国明尼苏达州法院系统口译员行为准则

Preamble

序言

Code of Professional Responsibility for Interpreters in the Minnesota State Court System Prescribed and Ordered by the Minnesota Supreme Court September 18，1995C9-94-1898.

本准则由明尼苏达州最高法院于 1995 年 9 月 18 日制定（C9-94-1898）。

Many persons who come before the courts are partially or completely excluded from full participation in the proceedings due to limited English proficiency，or a speech or hearing impairment. It is essential that the resulting communication barrier be removed，as far as possible，so that these persons are placed in the same position as similarly situated persons for whom there is no such barrier. As officers of the court, interpreters help assure that such persons may enjoy equal access to justice and that court proceedings and court support services function efficiently and effectively. Interpreters are highly skilled professionals who fulfill an essential role in the administration of justice.

由于英语能力有限、语言或听力障碍，许多出庭人被部分或完全地排除在充分参与诉讼程序之外。我们必须尽可能消除由此产生的交流障碍，使这些人与没有此交流类障碍但处境相似的人拥有相同地位。作为法庭工作人员，口译员的职责是确保这些人享有平等的诉诸司法的机会以及确保诉讼程序和法院支持服务有效运行。口译人员作为技艺精湛的专业人员，在司法工作中发挥着重要作用。

Applicability 适用

This code shall guide and be binding upon all persons, agencies and organizations who administer, supervise, use or deliver interpreting services within the Minnesota state court system.

本守则应用于指导并约束明尼苏达州法院系统内管理、监督、使用或提供口译服务的所有人员、机构和组织。

Commentary

The use of the term "shall" is reserved for the black letter principles. Statements in the commentary use the term "should" to describe behavior that illustrates or elaborates upon the principles. The commentaries are intended to convey what the drafters of this code believe to be probable and expected behaviors. Wherever a court policy or routine practice appears to conflict with the commentary in this code, it is recommended that the reasons for the policy or practice as it applies to court interpreters be reviewed for possible modification.

注释

本准则中,“shall”一词仅用于以黑体字展示的主要准则。注释部分则用“shall”来阐述或具体解释以黑体字展示的主要准则。注释部分所列出的是本准则起草者认为可能会出现的或预期出现的行为。如果法院规定或惯例与本准则的注释部分发生冲突,则应分析审查法院规定或惯例适用于口译员的理由,以便(对本准则)作出可能的修改。

CANON 1: ACCURACY AND COMPLETENESS

准则1 准确性与完整性

Interpreters shall render a complete and accurate interpretation or sight translation, without altering, omitting, or adding anything to the meaning of what is stated or written, and without explanation.

口译员应提供完整且准确的口译或视译,不得对所听或书面内容的含义作出任何改变、省略或增加,亦不得对其作出解释。

Commentary

The interpreter has a twofold duty:

注释

口译员具有双重责任

1) to ensure that the proceedings reflect, in English, precisely what was said by a non-English speaking person, and

确保在诉讼程序中以英语准确表达非英语使用者所述内

容，同时

2）to place the non-English speaking person on an equal footing with those who understand English.

将非英语使用者与英语使用者置于同等地位。

This creates an obligation to conserve every element of information contained in a source language communication when it is rendered in the target language.

在源语向目标与的转换过程中，译者负有保留源语言中包含所有信息要素的义务。

Therefore, interpreters are obligated to apply their best skills and judgment to faithfully preserve the meaning of what is said in court, including the style or register of speech. Verbatim, "word for word" or literal oral interpretations are not appropriate when they distort the meaning of what was said in the source language, but every spoken statement, even if it appears non-responsive, obscene, rambling, or incoherent should be interpreted. This includes apparent misstatements.

因此，口译员应充分使用其能力和判断，使得法庭上所讲内容（包括语言风格或语域）的含义得到忠实地保留。如逐字对所述内容进行翻译会曲解原文本所包含内容的含义，则此翻译被视为不恰当的翻译，但是，庭上所作任何陈述都应被翻译出来，即使此内容听起来无法回应，淫秽，散漫或语无伦次。应当译出的内容还包括“明显的错误陈述”。

Interpreters should never interject any statement or elaboration of their own. If the need arises to explain an interpreting problem（e.g. a term or phrase with no direct equivalent in the target language or a misunderstanding that only the interpreter can clarify), the interpreter should ask the court's permission to provide an explanation. Spoken language interpreters should convey the emotional emphasis of the speaker without reenacting or mimicking the speaker's emotions, or dramatic gestures. Sign language interpreters, however, must employ all of the visual cues that the language they are interpreting for requires—including facial expressions and body language, in addition to hand gestures. Judges, therefore, should ensure that court participants do not confuse these essential elements of the interpreted language with inappropriate interpreter conduct. Any challenge to the interpreter's conduct should be directed to the judge.

口译员不得在翻译中插入自己的发言或阐述。如需对某一问题作出解释(如目标语言中不存在直接对等的词语或短语,或存在只有口译员才能澄清的误解),口译员应请求法院允许其作出解释。口译员翻译口头语时应着重传达说话人的所要表达的情感,而不是重演或模仿说话人的情感表达或夸张姿势。但手语译员必须动用他们所翻译的语言所需要的所有视觉线索,包括面部表情和肢体语言,以及手势。因此,法官应确保庭审参与者不会将口译员所提供翻译的基本要素与口译员的不当行为混为一谈。任何对口译员行为的质疑都应该直接提交给法官。

The obligation to preserve accuracy includes the interpreter's duty to correct any errors of interpretation discovered by the interpreter during the proceeding. Interpreters should demonstrate their professionalism by objectively analyzing any challenge to their performance.

口译员保持准确性义务还包括口译员应纠正在诉讼中所犯任何口译错误。口译员应当客观分析其履责过程中所面临的挑战，以体现其专业性。

The ethical responsibility to accurately and completely interpret includes the responsibility of being properly prepared for interpreting assignments. Interpreters are encouraged to obtain documents and other information necessary to familiarize themselves with the nature and purpose of a proceeding. Prior preparation is especially required when testimony or documents include highly specialized terminology and subject matter.

口译员应提供准确完整翻译的道德责任还包括其应为口译任务做适当准备。口译员应主动获取有助于其了解诉讼性质与目的的必要文件与信息。当证词或相关文件包含高度专业的术语及内容时，口译员应尤其注意做好事前准备。

CANON 2：REPRESENTATION OF QUALIFICATIONS

准则 2　能力展现

Interpreters shall accurately and completely represent their certifications，training，and pertinent experience.

口译员应当准确且完全展现其所获证书、训练、相关经验所代表的水平。

Commentary

Acceptance of a case by an interpreter conveys linguistic competency in legal settings. Withdrawing or being asked to withdraw from a case after it begins causes a disruption of court proceedings and is wasteful of scarce public resources. It is therefore essential that interpreters present a complete and truthful account of their training, certification and experience prior to appointment so the officers of the court can fairly evaluate their qualifications for delivering interpreting services.

注释

口译员接受某一翻译任务表明了其在法律背景下的语言能力。口译员如在翻译任务开始后退出或被要求退出本翻译任务会打乱法庭诉讼且造成稀缺公共资源浪费。因此，口译员在接受任务前必须完整且真实地说明其所接受过的培训、认证和经验，以便法院工作人员能够对其口译能力作出公平的评价。

CANON 3：IMPARTIALITY AND AVOIDANCE OF CONFLICT OF INTEREST

准则3　公正性与避免利益冲突

Interpreters shall be impartial and unbiased and shall refrain from conduct that may give an appearance of bias. Interpreters shall disclose any real or perceived conflict of interest.

口译员应保持公正且不得做出任何可能造成偏见的行为。口译员应披露任何实际或可能的利益冲突。

Commentary

The interpreter serves as an officer of the court and the interpreter's duty in a court proceeding is to serve the court and the public to which the court is a servant. This is true regardless of whether the interpreter is publicly retained at government expense or retained privately at the expense of one of the parties.

注释

口译员作为法院工作人员，其在法庭诉讼中的职责是为法院和法院所服务的公众服务。无论口译员是由政府出资公开聘用还是由一方出资私下聘用，都应遵守上述原则。

The interpreter of record should avoid any conduct or behavior that presents the appearance of favoritism toward any of the parties. Interpreters should maintain professional relationships with their clients, and should not take an active part in any of the proceedings. The interpreter should discourage a non-English speaking party's personal dependence.

口译员对证物进行翻译时不应做出偏袒任何一方的行为。口译员应使其与客户关系保持专业无私，同时不应积极主动参与任何诉讼。口译员应当打消非英语使用者对自己的依赖。

During the course of the proceedings, interpreters of record should not converse with parties, witnesses, jurors, attorneys, or with friends or relatives of any party, except in the discharge of their official functions. Official functions may include an informal pre-appearance assessment to include the following:

诉讼过程中，证物口译员不得与当事方、证人、陪审员、律师或任何当事方的朋友或亲属交谈，但履行公务时除外。此公务可能包括非正式的预先评估，包括以下内容：

1. culturally appropriate introductions;

契合文化的简介；

2. a determination of variety, mode, or level of communication;

确定谈话的种类，模式或水平；

3. a determination of potential conflicts of interest; and

确定可能的利益冲突；以及

4. a description of the interpreter's role and function.

对口译员所扮演角色和作用作出说明。

The interpreter should strive for professional detachment. Verbal and non-verbal displays of personal attitudes, prejudices, emotions, or opinions should be avoided at all times.

口译员应努力追求一种超然的专业态度。任何时候都应该避免以语言和非言语方表现出个人态度,偏见,情绪或意见。

Any condition that interfered with the objectivity of an interpreter constitutes a conflict of interest and must be disclosed to the judge. The interpreter should only divulge necessary information when disclosing the conflict of interest. The following are circumstances that create potential conflicts of interest that must be disclosed:

任何干扰口译员客观性的情形都构成利益冲突,必须向法官披露。在披露利益冲突时,口译员只应披露必要的信息。以下所列情形会造成潜在利益冲突,必须予以披露:

1. the interpreter is a friend, associate, or relative of a party or counsel for a party involved in the proceedings;

口译员是参与诉讼的当事人的或当事人律师的朋友,同事或亲属;

2. the interpreter or the interpreter's friend, associate, or relative has a financial interest in the subject matter in controversy, a financial interest in a party to the proceeding, or any other interest that would be affected by the outcome of the case;

口译员或口译员的朋友、同事或亲属在争议内容中存在经济利益，或与诉讼中任一方存在经济利益关系，或可能受案件结果影响的任何其他利益；

3. the interpreter has served in an investigative capacity for any party involved in the case at issue;

口译员曾在本争议案件中任意一方下担任调查职务；

4. the interpreter has previously been retained by a law enforcement agency to assist in the preparation of the criminal case at issue;

口译员曾由执法机构聘用，并协助其准备本争议刑事案件；

5. the interpreter has been involved in the choice of counsel or law firm for that case at issue;

口译员参与本争议案件的律师或律师事务所的选择；

6. the interpreter is an attorney in the case at issue;

口译员是本争议案件辩护律师；

7. the interpreter has previously been retained for private employment by one of the parties to interpret in the case at issue; or

口译员曾被一方私人雇员，并在本争议案件中担任口译员；或者

8. for any other reason, the interpreter's independence of judgment would be compromised in the course of providing services.

由于其他任何原因，口译员在提供翻译服务过程中独立判断能力受到损害。

The existence of any one of the above-mentioned circumstances does not alone disqualify an interpreter from providing services as long as the interpreter is able to render services objectively. An interpreter may serve if the judge and all parties consent. If an actual or apparent conflict of interest exists, the interpreter may, without explanation to any of the parties or the judge, decline to provide services.

如口译员能够客观地提供翻译服务，上述任何一种单一情形不会剥夺其口译员资格。如法官和涉案各方同意，口译员可以提供翻译服务。如存在实际或明显的利益冲突，口译员可拒绝提供服务，无需向任何一方或法官作出解释。

Should an interpreter become aware that a non-English speaking participant views the interpreter as having a bias or being biased, the interpreter should disclose that knowledge to the judge.

如口译员意识到本案中非英语使用者认为口译员有偏见或存在偏见，口译员应该向法官披露这一情况。

CANON 4：PROFESSIONAL DEMEANOR

准则 4　职业素养

Interpreters shall conduct themselves in a manner consistent with the dignity of the court.

口译员应以符合法院尊严的方式行事。

Commentary

Interpreters should know and observe the established protocol, rules, and procedures for delivering interpreting services. When speaking in English, interpreters should speak at a rate and volume that enables them to be heard and understood throughout the courtroom. If an interpreter is not actively interpreting, the interpreter should not engage in any distracting activity in the courtroom such as reading newspapers or magazines or engaging in conduct that may call inappropriate attention to the interpreter. Interpreters should dress in a manner that is consistent with the dignity of the proceedings of the court.

注释

口译员应了解并遵守为口译服务而设的既定协议,规则和程序。当口译员以英语发言时,其语速与音量应保持在适当水平,保证庭内人员能够听到并理解其发言。如口译员未能积极行使翻译职责,则其不应做出任何可能分散其注意力的行为,如阅读报纸或杂志亦或者会使口译员"不当走神"的行为。口译员的着装应符合法庭诉讼的庄严性。

Interpreters should avoid obstructing the view of any of the individuals involved in the proceedings, but should be appropriately positioned to facilitate communication. Interpreters who use sign language or other visual modes of communication must, however, be positioned so that signs, facial expressions, and whole body movements are visible to the person for whom they are interpreting.

口译员不应阻碍任何诉讼当事人发表个人观点,而应当确保本人处于合理位置以方便交流。使用手语或其他视觉交流方式的口译员必须处于合理的位置,以便接受其翻译服务的所有人可以看到其的手语,面部表情以及全身动作。

Interpreters are encouraged to avoid personal or professional conduct, which could discredit the court.

口译员应避免做出可能会令法庭失信的个人或职业行为。

CANON 5：CONFIDENTIALITY

准则 5 保密

Interpreters shall protect the confidentiality of all privileged and other confidential information.

口译员应当对所有保密信息进行保密。

Commentary

Interpreters must protect and uphold the confidentiality of all privileged information obtained during the course of their duties. It is especially important that the interpreter understand and uphold the attorney-client privilege that requires confidentiality with respect to any communication between attorney and client. This rule also applies to other types of privileged communications.

注释

口译员必须为其在履行职责期间所获取的保密信息保密。尤其重要的是，口译员需理解并维护律师与客户的保密特权，该特权要求对律师与客户之间的一切沟通进行保密。这规则亦对其他保密沟通适用。

Interpreters must also refrain from repeating or disclosing information obtained by them in the course of their employment that may be relevant to the legal proceeding.

口译员还必须避免重复或披露其在履责过程中获得的与诉讼相关的信息。

In the event that an interpreter becomes aware of information that indicates probable imminent harm to someone or relates to a crime being committed during the course of the proceedings, the interpreter should immediately disclose the information to the presiding judge. If the judge is not available, the interpreter should disclose the information to an appropriate authority in the judiciary.

如口译员从某些信息中了解到某人可能面临紧迫危险或此诉讼进行时某一犯罪正在发生,则应立即向审判长披露此类信息。如未能向审判长完成以上披露,则应向司法机关有关当局再次披露。

CANON 6: RESTRICTION OF PUBLIC COMMENT

准则 6　限制公开评论

Interpreters shall not publicly discuss report or offer an opinion concerning a matter in which they are or have been engaged, even when that information is not privileged or required by law to be confidential, except to facilitate training and education.

口译员不得就其正在或已经参与的事项进行公开讨论、发布相关信息或发表意见,即使法律未要求对此类信息进行保密,出于培训和教育目的情况除外。

Commentary

Generally, interpreters should not discuss outside of the interpreter's official duties, interpreter assignments, persons involved or the facts of the case. However, interpreters may share information for training and educational purposes. Interpreters should only share as much information as is required to accomplish their purpose. An interpreter must not reveal privileged or confidential information.

但口译员可以出于培训和教育目的进行信息分享。口译员只得分享完成其目的所需的信息。口译员不得泄露机密信息。

CANON 7: SCOPE OF PRACTICE

准则 7　职责范围

Interpreters shall limit themselves to interpreting or translating and shall not give legal advice, express personal opinions to individuals for whom they are interpreting, or engage in any other activities which may be construed to constitute a service other than interpreting or translating while serving as an interpreter.

口译员提供翻译服务时其职责仅限于提供口译与笔译服务，且不应向接受其翻译服务的个人提供任何法律意见，表达任何个人见解，不得参与任何可能被视作口译笔译服务以外的其他活动。

Commentary

Since interpreters are responsible only for enabling others to communicate, they should limit themselves to the activity of interpreting or translating only, including official functions as described in the commentary to Canon 3. Interpreters, however, may be required to initiate communications during a proceeding when they find it necessary to seek direction from the court in performing their duties. Examples of such circumstances include seeking direction from the court when unable to understand or express a word or thought, requesting speakers to moderate their rate of communication or repeat or rephrase something, correcting their own interpreting errors, or notifying the court of reservations about their ability to satisfy an assignment competently. In such instances, they should make it clear that they are speaking for themselves.

注释

口译员的职责在于帮助他人进行交流，口译员应只参与口译或笔译活动，包括准则 3 注释中所述职责。但是，如果口译员在诉讼期间认为有必要在其提供翻译服务时向法庭申请发言，则其可应法庭要求做出发言。口译员向法庭提出发言申请的情况包括：口译员无法理解或表达某一词或想法，或要求发言者降低语速或重复或改述其所说某些内容，或纠正自己所犯翻译错误，或通知法院对其胜任某项任务的能力持保留意见。在这种情况下，他们应该表明他们是在为自己发言。

An interpreter may convey legal advice from an attorney to a person only while that attorney is giving it. An interpreter should not explain the purpose or contents of forms, services, or otherwise act as counselors or advisors unless they are interpreting for someone who is acting in that official capacity. The interpreter may translate language on a form for a person who is filling out the form, but should not explain the form or its purpose for such a person.

口译员只得在律师向某人给出相关意见时，向该人传达律师的法律意见。口译员不得对表格内容或填表目的，服务作出解释，亦不得给充当律师或顾问除非口译员正在为以此身份工作的某官方人员提供翻译服务。口译员可以为填表人翻译表格所载语言，但不应为调表人解释表格或其填表目的。

While engaged in the function of interpreting, interpreters should not personally perform official acts that are the official responsibility of other court officials including, but not limited to, court clerks, pretrial release investigators or interviewers, or probation counselors.

口译员在履行口译职能时，不得以个人身份行使法院其他官员的法定职责。该处所指其他官员包括但不限于法庭办事员、审前释放调查员、审前释放调面试官或缓刑顾问。

CANON 8: ASSESSING AND REPORTING IMPEDIMENTS TO PERFORMANCE

准则 8　评估和报告口译困难

Interpreters shall assess at all times their ability to deliver their services. When interpreters have any reservation about their ability to satisfy an assignment competently, they shall immediately convey that reservation to the appropriate judicial authority.

口译员应当始终对其提供翻译服务的能力作出评估。如口译员对其是否能胜任某项翻译任务持保留意见，则应立即向有关当局传达此种保留意见。

Commentary

If the communication mode or language variety of the non-English-speaking person cannot be readily interpreted, the interpreter should notify the appropriate judicial authority, which includes a supervisory interpreter, a judge, or another official with jurisdiction over interpreter matters.

如某非英语使用者的说话方式，语言变化无法被轻易译出，则口译员应当将此情况通知有关当局，包括一位主管口译员、一位法官、一位对翻译问题具有管辖权的官方工作人员。

Interpreters should notify the appropriate judicial authority of any environmental or physical limitation that impedes or hinders their ability to deliver interpreting services adequately, e.g., the courtroom is not quiet enough for the interpreter to hear or be heard by the non-English speaker, more than one person at a time is speaking, or principals or witnesses of the court are speaking at a rate of speed that is too rapid for the interpreter to adequately interpret. Sign language interpreters must ensure that they can both see and convey the full range of visual language elements that are necessary for communication, including facial expressions and body movement, as well as hand gestures.

如存在任何阻碍口译员充分提供翻译服务的环境或条件限制，如法庭太过嘈杂，口译员无法听到讲话人讲话或非英语使用者无法听到口译员讲话，或者当事人或证人讲话速度过快，口译员无法进行充分翻译。手语口译员应当保证双方能够能看到且理解实现交流所需要的任何视觉语言要素，如面部表情，身体动作以及手势。

Interpreters should notify the judge of the need to take periodic breaks in order to maintain mental and physical alertness and prevent interpreter fatigue. Interpreters should recommend and encourage the use of team interpreting whenever necessary.

口译员应告知法官口译员需定期休息以保持思维和身体的敏锐度，防止口译员疲劳。如有必要，口译员应鼓励推荐使用口译员团队提供翻译服务。

Interpreters are encouraged to make inquiries as to the nature of a case whenever possible before accepting an assignment. This enables interpreters to match more closely their professional qualifications, skills, and experience to potential assignments and more accurately assess their ability to satisfy competently those assignments.

口译员应当在接受翻译任务前尽可能询问案件的性质，使得口译员能够更紧密地将其专业资格，技能和经验与潜在翻译任务相匹配，且能够帮助口译员准确地评估其能力是否能够完全胜任此类翻译任务。

Even competent and experienced interpreters may encounter situations where routine proceedings suddenly involve technical or specialized terminology unfamiliar to the interpreter, e. g., the unscheduled testimony of an expert witness. When such situations occur, interpreters should request a brief recess in order to familiarize themselves with the subject matter. If familiarity with the terminology requires extensive time or more intensive research, interpreters should inform the judge.

即使是称职且经验丰富的口译员也可能在常规诉讼中遇到其不熟悉的技术性或专业术语，例如临时出现的专家证人举证。如有此类情况发生，口译员应该请求短暂休息以便其熟悉相关内容。如需大量时间或更深入的研究以熟悉术语，口译员应将此情况告知法官。

Interpreters should refrain from accepting a case if they feel the language and subject matter of that case is likely to exceed their skills or capacities. Interpreters should notify the judge if they feel unable to perform competently, due to lack of familiarity with terminology, preparation, or difficulty in understanding a witness or defendant.

如口译员认为翻译任务的语言和内容可能超出其能力范

围，则不应接受此类翻译任务。如口译员因对相关术语缺乏足够认识，准备不足，或无法理解证人与被告所讲内容而不能胜任此项翻译任务，应将此情况告知法官。

CANON 9：DUTY TO REPORT ETHICAL VIOLATIONS

准则 9　举报违反道德行为之责任

Interpreters shall report to the proper judicial authority any effort to impede their compliance with any law，any provision of this code，or any other official policy governing court interpreting and translating.

口译员应向适当的司法机关举报妨碍其遵守法律，本准则规定或对法庭口笔译具有约束力的官方规定的行为。

Commentary

Because the users of interpreting services frequently misunderstand the proper role of the interpreter，they may ask or expect the interpreter to perform duties or engage in activities that run counter to the provisions of this code or other law，rules，regulations，or policies governing court interpreters. It is incumbent upon the interpreter to explain their professional obligations to the user. If，having been apprised of these obligations，the person persists in demanding that the interpreter violate them，the interpreter should turn to a supervisory interpreter，a judge，or another official with jurisdiction over interpreter matters to resolve the situation.

注释

由于口译服务使用者常常对口译员职责存在某些误解，他们可能会要求或希望口译员以违反本准则或其他法律，规定，法规或对法庭口译员有约束力的规定的方式行使口译员职责或参与到某些事项当中。口译员有责任向其用户解释其职责。如被告知口译员职责后，该用户依然坚持要求口译员违反上述规定，口译员应求助于主管口译员、法官或对口译员有管辖权力的另一官员。

CANON 10：PROFESSIONAL DEVELOPMENT

准则 10 专业能力提升

Interpreters shall continually strive to improve their skills and knowledge and advance the profession through activities such as professional training and education, and interaction with colleagues, and specialists in related fields.

口译员应通过专业培训、教育、与同业人员，相关专业人员交流等活动，不断提高自身技能和知识，促进专业能力提升。

Commentary

Interpreters must continually strive to improve their interpreting skills and increase their knowledge of the languages they work in professionally, including past and current trends in technical terminology and social and regional dialects as well as their applicable within court proceedings.

口译员必须不断努力提高口译技能，增加对其工作语言的知识，其中包括专有术语、社会和地方方言的过去和当前的发展趋势以及其在法庭诉讼中的适用。

Interpreters should keep informed of all statutes, rules of court and policies of the judiciary that govern the performance of their professional duties.

口译员应随时关注对其职责履行具有约束力的所有法规、

法院规则和司法政策。

An interpreter should seek to elevate the standards of the profession through participation in workshops, professional meetings, interaction with colleagues, and reading current literature in the field.

口译员应通过参加讲习班、专业会议、与从业人员交流和阅读该领域的现有文献资料，努力提高专业水平。

图书在版编目(CIP)数据

法庭口译员角色研究/曹嫵著. —上海:上海人民出版社,2018
ISBN 978-7-208-15356-1

Ⅰ. ①法… Ⅱ. ①曹… Ⅲ. ①法庭-口译-法律工作者-社会角色-研究 Ⅳ. ①D916.17

中国版本图书馆 CIP 数据核字(2018)第 163045 号

责任编辑 秦 堃
封面设计 陈 酌

法庭口译员角色研究
曹 嫵 著

出　　版 上海人民出版社
　　　　 (200001 上海福建中路 193 号)
发　　行 上海人民出版社发行中心
印　　刷 上海商务联西印刷有限公司
开　　本 890×1240 1/32
印　　张 14.75
插　　页 2
字　　数 351,000
版　　次 2018 年 6 月第 1 版
印　　次 2018 年 6 月第 1 次印刷
ISBN 978-7-208-15356-1/D・3261
定　　价 50.00 元